AUTOCOMPAIXÃO

Kristin Neff

AUTOCOMPAIXÃO
Pare de se torturar e deixe a insegurança para trás

Tradução de Beatriz Marcante Flores

© 2010 Kristin Neff
Esta obra é uma tradução do livro:
Self-compassion: Stop Beating Yourself Up and Leave Insecurity Behind

Direitos desta edição:
© 2017 Editora Lúcida Letra

Coordenação editorial: Vitor Barreto
Preparação: Thaís Carlo
Revisão: Josiane Tibursky, Joice Costa, Celina Karam
Revisão técnica: Caroline Bertolino
Projeto gráfico: Aline Haluch (Studio Creamcrackers) sobre aquarela de Cristina Motta

1ª edição 11/2017, 16ª tiragem 02/2025

Dados Internacionais de Catalogação na Publicação (CIP)

N383a	Neff, Kristin.
	Autocompaixão: Pare de se torturar e deixe a insegurança para trás / Kristin Neff ; tradução de Beatriz Marcante Flores. – Teresópolis, RJ : Lúcida Letra, 2017. 304 p. ; 23 cm.
	ISBN 978-85-66864-46-5
	1. Autoaceitação. 2. Compaixão. 3. Segurança (Psicologia). I. Flores, Beatriz Marcante. II. Título.
	CDU 159.947.3
	CDD 158.1

Índice para catálogo sistemático:
1. Autoaceitação   159.947.3

(Bibliotecária responsável: Sabrina Leal Araujo – CRB 10/1507)

Sumário

Agradecimentos 9

Parte um: Por que autocompaixão?

    Capítulo um: Descobrindo a autocompaixão 12

    Capítulo dois: Acabando com a loucura 26

Parte dois: Os principais componentes da autocompaixão

    Capítulo três: Ser gentil consigo mesmo 46

    Capítulo quatro: Estamos juntos nessa 66

    Capítulo cinco: Estar plenamente atento ao que é 85

Parte três: Os benefícios da autocompaixão

    Capítulo seis: A resiliência emocional 112

    Capítulo sete: Saindo do jogo da autoestima 137

    Capítulo oito: Motivação e crescimento pessoal 160

Parte quatro: A autocompaixão em relação aos outros

    Capítulo nove: Compaixão pelos outros 186

    Capítulo dez: Pais autocompassivos 205

    Capítulo onze: Amor e sexo 219

Parte cinco: A alegria da autocompaixão

    Capítulo doze: A borboleta emerge 242

    Capítulo treze: Autoapreciação 263

    Conclusão 278

    Notas 279

    Índice de exercícios 296

    Sumário detalhado 298

Para Rupert e Rowan

*Pela alegria, pelo milagre, pelo amor
e pela inspiração que me dão*

Agradecimentos

Em primeiro lugar, quero agradecer ao meu marido, Rupert, por me encorajar a escrever este livro, ajudar a elaborar a proposta e o livro em si e por ser meu principal editor. Ele me ensinou a abandonar o estilo acadêmico e a escrever de forma simples. Eu não poderia ter um mentor mais brilhante e eloquente.

Obrigada, também a Elizabeth Sheinkman, minha amiga e agente, que acreditou em mim e, de certa forma, conseguiu fazer do meu sonho uma realidade.

Obrigada a todas as pessoas amáveis e solidárias da HarperCollins, que viram em mim uma possibilidade e fizeram este livro acontecer.

É com grande reconhecimento que agradeço aos vários professores que me ajudaram a entender o significado e o valor da autocompaixão. Meu professor de longa data Rodney Smith contribuiu muito para o meu conhecimento do darma e tem sido um guia compassivo e sábio ao longo dos anos. Muitos outros tiveram um grande impacto em mim, ao conduzirem retiros de meditação e/ou escreverem livros: Sharon Salzberg, Howie Cohen, Guy Armstrong, Thich Nhat Hahn, Joseph Goldstein, Jack Kornfield, Pema Chödrön, Tara Brach, Tara Bennett-Goleman, Ram Dass, Eckhart Tolle, Leigh Brasington, Shinzen Young, Steve Armstrong, Kamala Masters e Jon Kabat-Zinn, para citar apenas alguns. Também devo agradecer a Paul Gilbert, por seu pensamento e sua pesquisa brilhantes sobre compaixão, e por encorajar meu trabalho.

Meu parceiro no crime, Christopher Germer, tem sido um amigo maravilhoso e um colega incrível — espero que continuemos juntos ensinando e escrevendo sobre autocompaixão nos próximos anos. Gostaria de agradecer ainda a Mark Leary, pela oportunidade quando publicou meus artigos iniciais teóricos e empíricos sobre a autocompaixão. Ele também é um brilhante pesquisador e fico feliz que o estudo da autocompaixão tenha capturado seu interesse.

Muitos outros desempenharam papel essencial para tornar este livro possível. São nomes demais para mencionar aqui.

Finalmente, gostaria de agradecer à minha mãe e ao meu pai. Cada um à sua maneira me abriu a mente e o coração para a espiritualidade ainda criança, de modo que minha personalidade se formou em torno do desejo de despertar.

Parte um
Por que autocompaixão?

# Capítulo um:
Descobrindo a autocompaixão

> *Este tipo de preocupação compulsiva com "eu, mim e meu" não é o mesmo que amar a nós mesmos... Amar a nós mesmos nos conduz a habilidades como resiliência, compaixão e compreensão, que são simplesmente parte de se estar vivo.*
> Sharon Salzberg, *The Force of Kindness* (A Força da Bondade)

Quantos de nós nos sentimos realmente bem nesta sociedade extremamente competitiva? Sentir-se bem parece uma coisa fugaz. Especialmente porque, para nos sentirmos merecedores, precisamos nos sentir *especiais e acima da média*. Qualquer coisa menor soa como fracasso. Lembro-me de quando era caloura na faculdade e, depois de passar horas me preparando para uma grande festa, reclamei para meu namorado que o meu cabelo, maquiagem e roupa não estavam adequados. Ele tentou me tranquilizar, dizendo: "Não se preocupe, você está bem."

"Bem? Ah, tá. Era isso que eu queria. Estar bem..."

O desejo de se sentir especial é compreensível. O problema é que, por definição, é impossível estarmos *todos* acima da média ao mesmo tempo. Embora existam qualidades que nos destacam, sempre há alguém mais inteligente, mais bonito, mais bem-sucedido. Como lidar com isso? Não sabemos muito bem. Para vermos a nós mesmos de forma positiva, temos a tendência de inflar nosso próprio ego e rebaixar o dos outros, para que possamos nos sentir bem em relação a eles. Mas essa estratégia tem um preço: impede-nos de alcançar o nosso potencial pleno na vida.

Espelhos distorcidos

Se for preciso me sentir melhor do que você para eu estar bem comigo, será que realmente vejo você com clareza? Será que sou capaz de enxergar a mim mesma? Digamos que tenha tido um dia estressante no trabalho e por isso ficado mal-humorada e irritada com meu marido quando ele chegou em casa mais tarde naquela noite (puramente hipotético, é claro). Se eu estiver muito interessada em ter uma autoimagem positiva e não quiser correr o risco de me ver sob uma luz negativa, minha interpretação dos fatos garantirá que qualquer atrito entre nós seja culpa do meu marido, e não minha.

> *"Que bom que está em casa. Fez as compras que pedi?"*
> *"Acabei de passar pela porta. Que tal dizer 'é bom ver você, querido, como foi seu dia?"*
> *"Ora, se você não fosse tão esquecido, talvez eu não precisasse perguntar sempre."*
> *"O fato é que eu fiz as compras."*
> *"Oh... Bem, hum... É a exceção que confirma a regra. Eu queria poder confiar em você sempre."*

Essa não é exatamente a receita para a felicidade.

Por que é tão difícil admitir quando agimos mal, quando somos rudes ou impacientes? Porque satisfazemos o nosso ego quando projetamos nossas falhas e deficiências nas outras pessoas. *A culpa é sua, não minha.* Basta pensar em todas as discussões e brigas que crescem a partir dessa simples dinâmica. Cada pessoa culpa o outro por ter dito ou feito algo errado, justificando suas próprias ações como se sua vida dependesse disso. Lá no fundo do coração, ambos sabemos que se um não quer, dois não brigam. Quanto tempo desperdiçamos com isso? Não seria muito melhor se pudéssemos apenas admitir isso e jogar limpo?

Mas é mais fácil falar do que fazer. Se não pudermos nos ver com clareza, torna-se quase impossível percebermos nossas características que causam problemas para os outros ou que nos impedem de alcançar o nosso pleno potencial. Como podemos crescer se não conseguimos identificar nossas próprias fraquezas? Temporariamente, podemos nos sentir melhor em relação a nós mesmos ignorando nossas falhas ou acreditando que nossos problemas e dificuldades são culpa de outra pessoa. Mas, em longo prazo, só nos prejudicamos, ficando presos em intermináveis ciclos de estagnação e conflitos.

O PREÇO DO AUTOJULGAMENTO

Alimentar continuamente nossa necessidade de autoavaliação positiva é um pouco como se empanturrar de doces. Ficamos embriagados de açúcar e, em seguida, vem uma queda brusca. Na queda, entramos em desespero. É quando percebemos que, por maior que seja a nossa vontade, nem sempre podemos culpar os outros por nossos problemas. Nem sempre podemos nos sentir especiais e acima da média. Muitas vezes, o resultado é devastador. Olhamos no espelho e não gostamos do que vemos (literal e figurativamente), e então a vergonha começa a tomar forma. A maioria de nós é extremamente dura em relação a si quando consegue admitir alguma falha ou defeito. Pensamos: "Eu não sou bom o suficiente. Sou um inútil". Por isso, preferimos esconder a verdade de nós mesmos, pois recebemos a honestidade como uma dura condenação.

Em áreas difíceis de nos enganarmos – por exemplo, quando comparamos o nosso peso ao de modelos de revistas ou as nossas contas bancárias às dos ricos e bem-sucedidos –, causamo-nos uma imensa dor emocional. Perdemos a fé em nós mesmos, começamos a duvidar de nosso potencial e perdemos a esperança. Naturalmente, esse estado de tristeza apenas produz mais autocondenação por sermos perdedores que não fazem nada. Assim, caímos cada vez mais.

Mesmo quando conseguimos nos sair bem, as regras do jogo para atingir o "suficientemente bom" parecem sempre permanecer fora de alcance, o que é frustrante. Precisamos ser inteligentes *e* atléticos *e* elegantes *e* interessantes *e* bem-sucedidos *e sexies*. Ah, e espiritualizados também. Não importa o quanto façamos algo bem, sempre haverá alguém que parece fazer melhor. O resultado dessa linha de pensamento é preocupante: milhões de pessoas precisam tomar medicamentos todos os dias apenas para lidar com o seu cotidiano. A insegurança, a ansiedade e a depressão são extremamente comuns em nossa sociedade, e muito disso é devido ao autojulgamento, por nos martirizarmos quando sentimos que não estamos vencendo no jogo da vida.

Outra maneira

Então, qual é a resposta? É preciso parar com o autojulgamento de uma vez por todas e exercitar as autoavaliações. Parar com os rótulos de "bom" ou "mau" e simplesmente se aceitar de coração aberto. Devemos nos tratar com a mesma bondade, carinho e compaixão que dedicamos a um bom amigo ou mesmo a um estranho. Não há quase ninguém a quem tratemos tão mal quanto a nós mesmos.

Quando me deparei com a ideia de autocompaixão, minha vida mudou quase imediatamente. Foi no último ano do meu doutorado sobre Desenvolvimento Humano na Universidade de Berkeley, na Califórnia, quando estava dando os retoques finais na minha tese. Eu passava por um momento muito difícil com o fim do meu primeiro casamento e estava cheia de vergonha e autoaversão. Tive a ideia de me inscrever em aulas de meditação em um centro budista perto dali. Quando pequena, já nutria um interesse pela espiritualidade oriental. Fui criada nos arredores de Los Angeles por uma mãe de mente aberta, mas nunca tinha levado a meditação a sério. Além disso, nunca tinha examinado a filosofia budista porque a minha exposição ao pensamento oriental foi mais na linha *New Age* da Califórnia. Como parte da minha busca, li o clássico livro da Sharon Salzberg, *Loving Kindness* (*A Bondade Amorosa*) e nunca mais fui a mesma.

Eu sabia que os budistas falavam muito sobre a importância da compaixão, mas nunca antes tinha considerado que a compaixão por *si mesmo* podia ser tão importante quanto a compaixão pelos outros. Do ponto de vista budista, você tem de cuidar de si mesmo antes que possa realmente se preocupar com as outras pessoas. Se você se julga e se critica continuamente enquanto tenta ser gentil com os outros, acaba desenhando fronteiras e distinções artificiais que só levam a sentimentos de separação e isolamento. Esse movimento é oposto à unidade, à interconexão e ao amor universal – objetivos finais da maioria dos caminhos espirituais, não importa qual seja a tradição.

Meu novo noivo, o Rupert, ia comigo às reuniões semanais do grupo de budistas. Lembro-me de como ele balançava a cabeça com espanto e dizia: "Quer dizer que é possível se permitir ser *bom* consigo mesmo e ter autocompaixão diante do fracasso ou de momentos difíceis? Não sei... Se eu for muito autocompassivo não vou estar apenas sendo preguiçoso e egoísta?" Levei um tempo para colocar a minha cabeça em ordem. Mas lentamente percebi que a autocrítica, apesar de ser sancionada pela sociedade, não era de forma alguma útil. Na verdade, ela só piorava as coisas. Eu não me tornava uma pessoa melhor por me bater o tempo todo. Em vez disso, sentia-me inadequada e insegura e jogava a minha frustração nas pessoas próximas. Mais do que isso, havia muitas coisas que eu não admitia, porque tinha muito medo do auto-ódio que viria se eu encarasse a verdade.

Rupert e eu aprendemos a fornecer a nós mesmos, individualmente, doses de amor, aceitação e segurança que, antes, esperávamos extrair do nosso relacionamento. Isso significou um aumento desses sentimentos em nossos corações para darmos um ao outro. Estávamos tão comovidos com o conceito da autocompaixão que, em nossa cerimônia de casamento, ainda naquele ano, cada um terminou os votos, dizendo: "Acima de tudo, prometo te ajudar a ter compaixão por ti mesmo, para que possas prosperar e ser feliz."

Depois do meu doutorado, fiz dois anos de pós-doutorado com uma pesquisadora especialista em autoestima. Queria saber mais sobre como as pessoas determinam o seu senso de autoestima, e aprendi rapidamente que o campo da psicologia estava se desencantando com a teoria da autoestima como o suprassumo da saúde mental. Apesar dos milhares de artigos escritos sobre a importância da autoestima, os investigadores começam a apontar todas as suas armadilhas: narcisismo, egocentrismo, raiva hipócrita, preconceito, discriminação e assim por diante. Percebi que a autocompaixão era a alternativa perfeita para a busca incessante da autoestima. Por quê? Porque oferece a mesma proteção contra a dura autocrítica, mas sem a necessidade de nos vermos como seres perfeitos ou como melhores do que os outros. *Em outras palavras, a autocompaixão proporciona os mesmos benefícios que a autoestima elevada, mas sem as suas desvantagens.*

Quando consegui um emprego como professora assistente na Universidade de Austin, no Texas, decidi que, assim que estivesse instalada, gostaria de realizar pesquisas sobre a autocompaixão. Embora ninguém ainda houvesse definido autocompaixão numa perspectiva acadêmica – muito menos feito qualquer pesquisa a esse respeito –, eu sabia que esse seria o trabalho da minha vida.

Então, o que é autocompaixão? O que ela significa exatamente? Em geral, acho que a melhor maneira de descrever a autocompaixão é começando com uma experiência mais familiar – compaixão pelos outros. Afinal de contas, a compaixão que direcionamos a nós mesmos é a mesma que damos a outras pessoas.

Compaixão pelos outros

Imagine que você está preso no trânsito no caminho para o trabalho e um sem-teto pede um trocado para lavar o vidro do seu carro. *"Ele é tão insistente!" Você pensa. Ele vai me fazer perder o sinal e chegar tarde. Provavelmente só quer o dinheiro para bebida ou drogas. Se eu ignorá-lo, talvez ele me deixe em paz.* Mas ele não ignora você, que permanece sentado odiando-o, enquanto limpa o vidro; você vai se sentir culpado se não lhe der algum dinheiro e ressentido se o fizer.

Até que um dia algo muda subitamente. Lá está você, no mesmo trânsito, no mesmo sinal, na mesma hora, e lá está o homem, com seu balde e rodo, como de costume. No entanto, por alguma razão desconhecida, hoje você o vê de forma diferente. Você o vê como uma pessoa e não como um mero aborrecimento. Você percebe o seu sofrimento. *Como ele sobrevive? A maioria das pessoas simplesmente o expulsa. Ele enfrenta esse trânsito e essa fumaça todos os dias e certamente não ganha muito. Pelo menos está tentando oferecer algo em troca de dinheiro. Deve ser muito difícil quando as pessoas são hostis com você o tempo todo. Qual será a história dele?*

Como foi parar nas ruas? No momento em que você vê o homem como um ser humano real que está sofrendo, seu coração se conecta com ele. Em vez de ignorá-lo, você se encontra – para seu espanto – reservando um momento para pensar em como a vida dele deve ser difícil. Você está movido pela sua dor e sente o desejo de ajudá-lo de alguma forma. E, mais importante, se o que você sente é a verdadeira compaixão, em vez de mera piedade, você diz para si mesmo: *Graças a Deus. Se eu tivesse nascido em circunstâncias diferentes, ou se tivesse tido apenas azar, também poderia estar lutando para sobreviver como ele. Somos todos vulneráveis.*

Claro, esse pode ser o momento em que você endurece o seu coração completamente – o seu próprio medo de acabar na rua o leva a desumanizar esse amontoado horrível de trapos e barba. Muitas pessoas agem assim. Mas endurecer o coração não torna ninguém mais feliz. Não nos ajuda a lidar com as tensões do trabalho, com nossos cônjuges ou filhos quando chegamos em casa. Não nos ajuda a enfrentar nossos próprios medos. Esse endurecimento do coração envolve achar-se *melhor* do que o sem-teto e, se muda algo, muda tudo para pior.

Mas suponhamos que você não se fecha e realmente experimenta a compaixão pela infelicidade do sem-teto. Como você se sente? Esse é um sentimento muito bom. É maravilhoso quando o seu coração se abre – você se sente imediatamente mais conectado, vivo, presente.

Agora, imaginemos que o homem não estivesse tentando lavar os vidros em troca de algum dinheiro. Talvez ele estivesse apenas *pedindo* dinheiro para comprar álcool ou drogas. Você ainda sentiria compaixão por ele? Sim. Você não tem que convidá-lo para ir à sua casa nem lhe dar dinheiro. Você pode decidir dar-lhe um sorriso amável ou um sanduíche se sentir que é a coisa mais responsável a fazer. Mas sim, ele ainda é digno de compaixão. Todos nós somos. A compaixão não é relevante apenas para as vítimas inocentes, mas também para aqueles cujo sofrimento decorre de falhas, fraqueza pessoal ou decisões ruins. Você sabe: do tipo que você e eu cometemos todos os dias.

A compaixão, portanto, envolve o reconhecimento e a visão clara do sofrimento. Ela também envolve sentimentos de bondade pelas pessoas que sofrem, de modo que o desejo de ajudar a amenizar o sofrimento cresce. Finalmente, a compaixão envolve reconhecer a nossa condição humana compartilhada, imperfeita e frágil como ela é.

COMPAIXÃO POR NÓS MESMOS

A autocompaixão, por definição, envolve as mesmas qualidades. Em primeiro lugar, é necessário que reconheçamos nosso próprio sofrimento. Não podemos ser movidos por nossa própria dor sem ao menos reconhecermos que ela existe. Claro que, às vezes, o fato de estarmos sofrendo é absolutamente óbvio e não conseguimos pensar em mais nada. No entanto, com mais frequência do que se imagina, *não* reconhecemos quando estamos sofrendo. Grande parte da cultura ocidental tem a forte tradição do "nariz empinado". Somos ensinados a não reclamar, devemos apenas *continuar*. Se estamos em uma situação complicada ou estressante, raramente paramos para dar um passo atrás e reconhecer como aquele momento é difícil para nós.

Quando a nossa dor vem do autojulgamento, é ainda mais difícil vê-la como um momento sofrido. É o que acontece quando você sente raiva de si mesmo por maltratar alguém ou por fazer alguma observação estúpida em uma festa. Foi o que aconteceu quando, certa vez, perguntei a uma amiga de barriguinha saliente que eu não via há algum tempo: "Está esperando bebê?". "Eu, não", ela respondeu. "Engordei um pouco ultimamente." "Ah...", eu disse, e meu rosto ficou vermelho de vergonha. Normalmente não reconhecemos esses momentos como um tipo de dor digno de uma resposta compassiva. Afinal de contas, eu errei. Não significa que deveria ser punida? Bem, você pune os seus amigos ou a sua família quando eles cometem erros? Está bem, talvez às vezes um pouco, mas você se sente bem com isso?

Todos cometem erros eventuais, é um fato da vida. E, pensando bem, por que você deveria ser diferente? Onde está aquele contrato que assinou antes do nascimento, prometendo ser perfeito, nunca falhar e seguir sua vida exatamente do jeito que você queria? *Er, com licença. Deve haver algum erro. Eu me inscrevi para o plano "tudo sairá às mil maravilhas até o dia em que eu morrer. Posso falar com o gerente, por favor?"* É um absurdo! Ainda assim, a maioria de nós age como se algo estivesse completamente errado quando falhamos ou quando a vida toma um rumo indesejado ou inesperado.

Há desvantagens na nossa cultura fomentadora da ética da independência e da realização individual. Se não alcançamos continuamente nossos objetivos, sentimo-nos culpados. E se falhamos significa que não merecemos compaixão, certo? A verdade é que *todo mundo* é digno de compaixão. O próprio fato de sermos seres humanos conscientes experienciando a vida no planeta significa que somos intrinsecamente valiosos e merecedores de atenção. De acordo com o Dalai Lama, "os seres humanos, por natureza, querem a felicidade, e não o sofrimento. Com esse sentimento, todo mundo tenta alcançar a felicidade e se livrar do sofrimento, e todos têm o direito básico de fazê-lo... Basicamente, do ponto de vista do valor humano real, somos todos iguais". Sem dúvida foi esse o mesmo sentimento que inspirou a Declaração de Independência dos Estados Unidos: "Consideramos estas verdades como autoevidentes, que todos os homens são criados iguais, que são dotados pelo Criador de certos Direitos inalienáveis, que entre estes estão a Vida, a Liberdade e a busca da Felicidade". Não precisamos ganhar o direito à compaixão: é nosso direito de nascença. Somos humanos e nossa capacidade de pensar e sentir, combinada com o nosso desejo de sermos felizes ao invés de sofrermos, garante a compaixão por si só.

Contudo, muitas pessoas são resistentes à ideia da autocompaixão. Essa não seria, na verdade, apenas uma forma de autocomiseração? Ou uma palavra bonita para a autoindulgência? Vou mostrar ao longo deste livro por que essas suposições são falsas e vão diretamente contra o real significado da autocompaixão. Você verá que a autocompaixão envolve querer saúde e bem-estar para si, e leva a um comportamento proativo. Busca-se melhorar a situação, e não permanecer na passividade. Sobretudo, a autocompaixão não significa considerar os meus problemas mais importantes do que os seus, significa apenas colocar ambos os problemas no mesmo nível de importância, entendendo-os como dignos de serem atendidos.

Portanto, em vez de se condenar por seus erros e fracassos, você pode usar a experiência do sofrimento para amolecer seu coração. Pode se desvencilhar dessas expectativas irreais de perfeição que o fazem sentir-se tão insatisfeito e abrir a porta à satisfação real e duradoura, dando-se a compaixão de que você precisa no momento.

A pesquisa que meus colegas e eu realizamos na década passada mostra que a autocompaixão é uma maneira poderosa para alcançar o bem-estar emocional e o contentamento em nossas vidas. Quando nos damos bondade incondicional e conforto ao abraçarmos a experiência humana, por mais difícil que seja, evitamos os padrões destrutivos do medo, da negatividade e do isolamento. Ao mesmo tempo, a autocompaixão promove estados mentais positivos, como a felicidade e o otimismo. Cultivar a qualidade da autocompaixão nos permite florescer e apreciar a beleza e a riqueza da vida, mesmo em tempos difíceis. Quando acalmamos nossas mentes agitadas com a autocompaixão, somos mais capazes de perceber o que está certo e o que está errado. Podemos nos orientar na direção do que nos dá alegria.

A autocompaixão fornece uma ilha de calmaria, um refúgio dos mares tempestuosos do interminável autojulgamento, positivo e negativo, para que finalmente possamos parar de perguntar: "Sou tão bom quanto eles? Sou bom o suficiente?" Bem aqui, ao nosso alcance, temos os meios para fornecer a nós mesmos o apoio cuidadoso e caloroso que desejamos profundamente. Quando bebemos da nossa fonte interior de bondade, reconhecendo a natureza compartilhada da nossa condição humana imperfeita, nos sentimos mais seguros, mais aceitos e mais vivos.

De muitas formas, a autocompaixão é como mágica porque tem o poder de transformar o sofrimento em alegria. Tara Bennet-Goldman, em seu livro *Alquimia Emocional: como a mente pode curar o coração*, usa a metáfora da alquimia para simbolizar a transformação espiritual e emocional possibilitada pelo ato de abraçarmos nossa própria dor com uma preocupação atenciosa. Quando nos entregamos à compaixão, o nó apertado do autojulgamento negativo começa a se dissolver e é substituído por uma sensação de calma e aceitação – o diamante brilhante que emerge do carvão.

Exercício Um
Como você reage a si mesmo e à sua vida?

Como você costuma reagir a si mesmo?

- Que tipo de coisas você normalmente julga e critica em si mesmo? Aparência, carreira, relacionamentos, seus pais etc.
- Que tipo de linguagem você usa consigo quando nota alguma falha pessoal ou comete algum erro? Você se insulta ou adota um tom mais gentil e compreensivo?
- Quando você é muito autocrítico, como você se sente?
- Quais são as consequências de ser tão rígido consigo mesmo? Você fica mais motivado ou será que tende a ficar mais desanimado e deprimido?
- Como você acha que se sentiria caso pudesse, de fato, se aceitar exatamente como é? Essa possibilidade o assusta, lhe traz esperança ou ambos?

Como você reage DIANTE das dificuldades da vida?

- Como você trata a si mesmo quando enfrenta os desafios da sua vida? Tende a ignorar o fato de que está sofrendo e se concentra exclusivamente em corrigir o problema? Ou é capaz de se cuidar e de se confortar?
- Você se deixa levar pelo drama de situações difíceis? Transforma a dificuldade em um problema maior do que é? Ou você tende a manter as coisas numa perspectiva equilibrada?
- Você tende a se sentir rejeitado pelos outros quando as coisas dão errado, mantendo o sentimento irracional de que todo mundo está numa situação melhor do que você? Ou procura lembrar que todos experimentam dificuldades na vida?

Se você sente que lhe falta autocompaixão, pergunte a si mesmo: você está se criticando por isso também? Em caso afirmativo, pode parar. Tente sentir compaixão por ser difícil ser imperfeito nesta nossa sociedade extremamente competitiva. Nossa cultura não enfatiza a autocompaixão, muito pelo contrário. Somos informados de que não importa o quanto tentemos, o nosso melhor nunca é bom o suficiente. É hora de algo diferente. Todos podemos nos beneficiar quando aprendemos a ser mais autocompassivos, e agora é o momento perfeito para começar.

Será que tudo isso é relevante para você, leitor? Cada capítulo deste livro contém exercícios que o ajudarão a entender o quanto o seu contínuo autojulgamento o prejudica. Há também exercícios para desenvolver mais autocompaixão, para que este sentimento se torne rotineiro na vida diária, o que permite estabelecer uma forma mais saudável de se relacionar consigo mesmo. Você pode determinar o seu nível preciso de autocompaixão usando a escala que desenvolvi na minha pesquisa. Vá ao meu *site* www.self-compassion.org e entre no *link* "How Self-Compassionate Are You?" (Como está seu nível de autocompaixão?)". Depois de preencher uma série de perguntas, o seu nível de autocompaixão será calculado. Você pode gravar a sua pontuação e fazer o teste novamente depois de ler o livro para poder determinar se o seu nível de autocompaixão aumentou com a prática.

Não há como ter a autoestima sempre elevada. Sua vida continuará a ter falhas e imperfeições, mas a autocompaixão estará sempre lá, esperando por você como um porto seguro. Nos bons e maus momentos, se você está no topo do mundo ou no fundo do poço, a autocompaixão vai ajudá-lo a se encaminhar para um lugar melhor. Ela assume o trabalho de mudar os hábitos enraizados da autocrítica. No fim das contas, você só precisa relaxar, permitir que a vida seja como ela é e abrir seu coração para si mesmo. É mais fácil do que você imagina e pode mudar a sua vida.

Exercício Dois
Explorando a autocompaixão por meio da escrita de uma carta

Parte Um

Todo mundo reconhece em si algo de que não gosta. Algo que provoca vergonha, insegurança ou a sensação de não ser "bom o suficiente". Ser imperfeito faz parte da condição humana. Sentimentos de fracasso e inadequação são parte da experiência de viver. Tente pensar numa situação que cause em você um sentimento de inadequação ou de insatisfação consigo mesmo (aparência física, problemas no trabalho, nos relacionamentos etc.). Como você se sente de verdade? Assustado, triste, deprimido, inseguro, irritado? Que emoções surgem quando você pensa a respeito desse aspecto de si mesmo? Por favor, tente ser o mais honesto possível e evite reprimir qualquer sentimento. Ao mesmo tempo, procure não ser melodramático. Tente apenas sentir suas emoções exatamente como são: nem mais, nem menos.

Parte Dois

Pense num amigo imaginário incondicionalmente amável, aberto, bondoso e compassivo. Imagine que esse amigo possa ver todos os seus pontos fortes e todas as suas fraquezas, incluindo o aspecto de si mesmo em que você acabou de pensar. Reflita sobre como esse amigo se sente em relação a você. Você é amado e aceito exatamente como é, com todas as suas imperfeições humanas. Esse amigo reconhece os limites da natureza humana e é amável e tolerante com você. Em sua grande sabedoria, esse amigo compreende sua história, além das milhões de coisas que aconteceram na sua vida que fizeram você ser como é neste momento. Sua inadequação particular pode estar ligada a tantas coisas sobre as quais você não teve escolha: seus genes, sua história familiar, circunstâncias de vida, coisas que estavam fora do seu controle.

Escreva uma carta para si mesmo a partir da perspectiva desse amigo imaginário, focando na tendência a se julgar pela inadequação que sente. O que ele diria a respeito da sua "falha" segundo a perspectiva da compaixão ilimitada? Como transmitiria a profunda empatia que sente por você e especialmente pelo desconforto gerado pelo seu duro autojulgamento? O que esse amigo escreveria para lembrá-lo que você é apenas humano e que todas as pessoas têm pontos fortes e fracos? Você acha que esse amigo sugeriria possíveis mudanças para você fazer? Como essas sugestões seriam incorporadas aos sentimentos de compreensão incondicional e compaixão? Quando escrever para si mesmo adotando a perspectiva desse amigo, tente infundir na carta um forte senso de aceitação pessoal, bondade e carinho, além de desejos de saúde e felicidade.

Depois de escrever a carta, deixe-a guardada por um período. Só após um tempo volte a lê-la, deixando que as palavras penetrem de verdade. Sinta a compaixão enquanto ela entra em você, acalmando-o e confortando-o como uma brisa fresca em um dia quente. O amor, a conexão e a aceitação são os seus primeiros direitos ao nascer. Para reclamá-los, você só precisa olhar para dentro de si.

Capítulo dois:
Acabando com a loucura

> *O que é este "eu" dentro de nós, este observador silencioso*
> *Crítico severo e calado, que pode aterrorizar-nos*
> *E induzir a atividade fútil*
> *E, no fim, julga-nos ainda mais severamente*
> *Pelos erros que sua própria censura nos levou a cometer?*
> T. S. Elliot, The Elder Statement

Antes de examinar a autocompaixão em mais detalhes, vale a pena analisar como são, de fato, os nossos estados mentais habituais doentios. Quando começamos a ver o funcionamento de nossa psique de forma mais clara, começamos a perceber o quanto distorcemos a nossa percepção do mundo a fim de nos sentirmos melhor em relação a nós mesmos. É como se estivéssemos continuamente lapidando nossa autoimagem para tentar deixá-la mais ao nosso gosto, mesmo distorcendo radicalmente a realidade. Ao mesmo tempo, criticamo-nos impiedosamente quando estamos aquém de nossos ideais, reagindo tão duramente que a realidade fica igualmente distorcida na direção oposta. O resultado pode parecer um quadro de Salvador Dalí, superdeformado. Quando começamos a aprender que a autocompaixão é uma alternativa viável a essa loucura, fica fácil julgarmos as disfunções do próprio ego. "Eu sou tão autossuficiente, deveria ser mais humilde!". Ou então: "Me sinto tão pequeno, deveria ser mais gentil comigo mesmo e me aceitar melhor!". É muito importante parar de se condenar por causa de padrões tão infrutíferos. A única maneira de realmente exercitar a autocompaixão é percebendo que esses ciclos neuróticos do seu ego não são escolha sua, eles são naturais e universais. Simplificando: nascemos com nossas disfunções, elas fazem parte da nossa herança humana.

Então por que oscilamos entre distorções egocêntricas e a implacável autocrítica? Porque queremos estar seguros. Nosso desenvolvimento, tanto como espécie quanto como indivíduos, baseia-se em instintos básicos de sobrevivência. Como os seres humanos tendem a viver em grupos sociais hierárquicos, os seres dominantes dentro do seu grupo são menos propensos a serem rejeitados e têm mais acesso a recursos valiosos. Da mesma forma, aqueles que aceitam sua condição subordinada também têm um lugar seguro na ordem social. Não podemos correr o risco de sermos banidos pelas pessoas que nos mantêm seguros. Não se quisermos permanecer vivos. Certamente esse comportamento não precisa ser julgado – como poderia o desejo de estar seguro e protegido ser outra coisa que não o normal e natural para qualquer organismo vivo?

A NECESSIDADE DE SE SENTIR MELHOR DO QUE OS OUTROS

Garrison Keillor descreve de forma memorável a cidade ficcional de Lake Wobegon como um lugar onde "todas as mulheres são fortes, todos os homens têm boa aparência e todas as crianças são acima da média." Por essa razão, os psicólogos às vezes usam a frase "o efeito Lake Wobegon" para descrever a tendência comum de pensar em si mesmo como superior ao outro em uma longa lista de traços de personalidade desejáveis. A exemplo, uma pesquisa mostrou que 85% dos estudantes pensam que estão acima da média em termos de convivência; 94% dos membros do corpo docente de faculdades se consideram professores melhores do que seus colegas e 90% dos motoristas se julgam mais qualificados do que os seus colegas de estrada. Mesmo pessoas que acabaram de causar um acidente se acreditam motoristas melhores! A pesquisa mostra que as pessoas tendem a pensar que são mais engraçadas, mais lógicas, mais populares, mais bonitas, mais simpáticas, mais confiáveis, mais sábias e mais inteligentes do que os outros. Ironicamente, a maioria também pensa que está acima da média na capacidade de ver a si mesmo com objetividade. Seguindo a lógica, se a nossa autopercepção fosse precisa, apenas metade das pessoas poderia se dizer acima da média em alguma característica em particular – a outra metade admitiria estar abaixo.

Mas isso quase nunca acontece. Na nossa sociedade, é inaceitável estar na média. Diante do espelho quase todo mundo vê a realidade através de lentes cor de rosa. Não à toa, todos os participantes de talento mínimo do *American Idol* parecem ficar realmente chocados quando são excluídos do programa.

Pode-se supor que a tendência de ver a si próprio como melhor e superior a outras pessoas é encontrada principalmente em culturas individualistas, como a dos Estados Unidos, onde a autopromoção é um modo de vida. Onde mais Muhammad Ali poderia ter dito, "eu não sou o maior, sou o *dobro* do maior"? Em culturas asiáticas mais coletivistas, onde a presunção é desaprovada, as pessoas não são mais modestas? Sim, a maioria dos asiáticos se considera mais modesta do que os outros. Uma pesquisa sugere que todas as pessoas se autovalorizam, mas apenas em relação aos traços que são valorizados na sua cultura. Enquanto os americanos tendem a pensar que são independentes, autossuficientes, originais e líderes natos, os asiáticos acreditam ser mais cooperativos, generosos, respeitosos e humildes do que seus pares. *Eu sou mais modesto do que você!* O esquema é o mesmo em quase toda parte.

E nós não nos vemos apenas como "melhores", também vemos os outros como "piores". Os psicólogos chamam de "comparação social descendente" a nossa tendência de ver os outros sob uma luz negativa para que possamos nos sentir superiores. Se estou tentando dourar meu próprio ego, pode ter certeza absoluta de que vou tentar manchar o seu. "Você é rico, mas olha a sua careca!" Essa tendência foi brilhantemente ilustrada no filme *Meninas Malvadas*. Na verdade, o filme foi baseado no livro homônimo de não ficção escrito por Rosalind Wiseman, em que a autora descreve como as "panelinhas" das meninas na escola estabelecem e mantêm o *status* social. *Meninas Malvadas* conta a história de três meninas lindas, ricas e bem vestidas que parecem ter tudo. Certamente é nisso que elas acreditam. Como dizem, "Sinto muito pelas pessoas com tanta inveja de mim... Eu não posso fazer nada se sou tão popular". As meninas, no entanto, são odiadas apesar de sua popularidade. Essa "panelinha" tem algo que chamam de "livro do arraso", um caderno ultrassecreto cheio de segredos e fofocas sobre as outras meninas da escola. "Veja", diz uma delas, "nós cortamos as fotos das meninas do anuário da escola e depois escrevemos coisas sobre elas. *A Trang Pak é uma cadela horrenda*. Ainda é. É sim. *A Dawn Schweitzer é uma virgem gorda*. Ainda é meia verdade". Quando a existência do livro foi revelada para todo o corpo escolar, acabou causando uma revolta imensa. O filme foi um sucesso de público nos Estados Unidos e gerou comoção na plateia. Mesmo que exagerado, para ter um efeito cômico, o fenômeno das meninas malvadas (e dos meninos malvados) é algo com o qual estamos todos muito familiarizados.

Embora a maioria de nós não chegue ao ponto de manter um "livro do arraso", é muito comum procurarmos falhas e deficiências nos outros como forma de nos sentirmos melhores. Por que gostamos mais das imagens das estrelas de cinema quando elas aparecem de biquíni, com umas gordurinhas sobrando, cometendo gafes ou passando por maus momentos? Essa abordagem, enquanto gratificante para o ego por alguns instantes, tem inconvenientes graves. Quando vemos sempre o pior nos outros, nossa percepção é obscurecida por uma nuvem de negatividade. Nossos pensamentos se tornam maléficos e esse é, então, o universo mental que habitamos. As comparações sociais descendentes realmente prejudicam ao invés de ajudar. Ao colocarmos os outros para baixo para elevarmos a nós mesmos, é como se estivéssemos cortando fora o nariz para desprezar o rosto, criando e mantendo um estado de desconexão e isolamento que, na verdade, desejamos evitar.

Exercício Um
Vendo-se como você é

Muitas pessoas pensam que estão acima da média em relação aos traços pessoais que a sociedade valoriza. Acreditam ser mais amigáveis, mais inteligentes e mais atraentes do que a média. Essa tendência nos ajuda a nos sentirmos bem, mas também pode provocar o sentimento de mais independência e separação. Este exercício foi concebido para nos ajudar a nos autoavaliarmos com clareza, aceitando-nos exatamente como somos. Todas as pessoas têm traços culturalmente valorizados que podem ser considerados "melhores" do que a média. Alguns estão apenas na média e outros, abaixo. Conseguimos aceitar essa realidade com bondade e serenidade?

A. Faça uma lista de cinco traços valorizados culturalmente que em você estão acima da média:

1. _____
2. _____
3. _____
4. _____
5. _____

B. Faça uma lista de cinco traços valorizados culturalmente que em você estão na média:

1. _____
2. _____
3. _____
4. _____
5. _____

C. Faça uma lista de cinco traços valorizados culturalmente que em você estão abaixo da média:

1. _____
2. _____
3. _____
4. _____
5. _____

D. Considere a lista completa das características. Você consegue aceitar todas essas facetas de si mesmo? Ser humano não significa ser melhor do que os outros. Ser humano significa abranger toda a gama da experiência humana positiva, negativa e neutra. Ser humano significa que você **está** na média em muitos aspectos. Você consegue celebrar a experiência de estar vivo neste planeta, com toda a sua complexidade e magia?

POR QUE É TÃO DIFÍCIL PARARMOS DE NOS MALTRATAR?

Talvez a nossa tendência para a autocrítica seja mais desconcertante do que o desejo de nos enxergar positivamente. Mas ambos são igualmente fortes. Como o escritor britânico Anthony Powell observou, "o amor-próprio muitas vezes parece não ser correspondido". Quando não conseguimos reinterpretar a realidade, a fim de nos sentirmos melhores que os outros, quando somos forçados a, finalmente, enfrentar o fato de que nossa autoimagem é mais desonrosa do que gostaríamos que fosse, o que acontece? Com frequência, emergem das sombras a Malévola ou o bicho-papão, que atacam nossos "eus" imperfeitos com uma agressividade surpreendente. E a linguagem da autocrítica fere como faca afiada.

A maioria dos nossos pensamentos autocríticos assume a forma de um diálogo interno, comentários constantes avaliando o que estamos experimentando. Por não haver censura social quando o nosso diálogo interno é áspero ou insensível, muitas vezes falamos a nós mesmos de uma forma especialmente brutal. "Você é tão gordo e nojento!". "Foi muito estúpido o que você disse". "É um perdedor, mesmo. Não admira que ninguém o queira". Esse autoabuso é muito comum. *Floccinaucinihilipilification*, palavra que significa considerar algo trivial, é uma das palavras mais longas no idioma inglês. O motivo pelo qual usamos o autoabuso é tão misterioso e perturbador quanto a pronúncia dessa palavra.

No entanto, nosso comportamento pode se tornar mais compreensível se entendermos que, assim como o autoengrandecimento, a autocrítica é um comportamento de segurança, projetado para garantir a aceitação dentro de um grupo social maior. Apesar de o cão alfa começar a comer primeiro, a matilha que deita no chão e mostra a barriga também consegue comer. A autocrítica é um comportamento submisso, porque faz com que nos humilhemos diante de outras pessoas imaginárias que nos julgam e depois recompensam nossa submissão com migalhas. Quando somos forçados a admitir nossos erros, apaziguamos julgamentos mentais, submetendo-nos às suas opiniões negativas.

Considere, por exemplo, como as pessoas muitas vezes se criticam na frente dos outros: "Eu pareço uma vaca neste vestido", "Sou analfabeto com computadores", "Eu tenho o pior sentido de direção de todas as pessoas que conheço!" (Estou sempre falando essa última frase, especialmente quando estou levando meus amigos a algum lugar e me perco pela enésima vez.) É como se estivéssemos dizendo: "Vou me criticar antes que você o faça. Reconheço minhas falhas e imperfeições. Sou assim e não preciso ouvir broncas repetindo o que eu já sei. Espero a sua empatia em vez de julgamentos. Além disso, quero que você me convença de que não sou tão ruim quanto imagino". Essa postura defensiva decorre do desejo natural de não ser rejeitado e abandonado, e faz sentido quando falamos dos nossos instintos mais básicos de sobrevivência.

O PAPEL DOS PAIS

O grupo social mais importante para a sobrevivência é, claro, a família. Os filhos dependem de seus pais para ter alimento, conforto, calor e abrigo. Instintivamente, confiam na sua orientação para interpretar o significado das coisas, para lidar com novos desafios assustadores, para mantê-los a salvo de perigo. As crianças não têm escolha, a não ser contar com os pais para sobreviverem no mundo. Infelizmente, porém, muitos pais não proporcionam conforto e apoio. Pelo contrário, tentam controlar os seus filhos por meio da crítica constante. Muitos de vocês cresceram nesse contexto.

Quando as mães ou pais usam críticas duras para manter seus filhos longe de problemas ("Não seja tão estúpido ou você vai ser atropelado por um carro"), ou para melhorar o seu comportamento ("Você nunca vai conseguir entrar na faculdade se continuar recebendo essas notas horríveis"), os filhos entendem que a crítica é uma ferramenta motivacional útil e necessária. Como o comediante Phyllis Diller cita, "passamos os primeiros 12 meses da vida de nossos filhos ensinando-os a andar e a falar, e os 12 meses seguintes dizendo-lhes para se sentar e calar a boca". Sem surpresa alguma, uma pesquisa mostra que indivíduos com pais muito críticos na infância são mais propensos a serem autocríticos quando adultos.

As pessoas internalizam profundamente as críticas de seus pais. Os comentários depreciativos recorrentes dentro de suas cabeças são muitas vezes reflexos das vozes passadas de seus pais, replicadas ao longo de gerações. Um homem me disse uma vez: "Não consigo calar essa voz. Minha mãe costumava pegar no meu pé, não importava o que eu fizesse – reclamava que eu comia como um porco, vestia as roupas erradas para ir à igreja, assistia a muita TV, fosse o que fosse. 'Você nunca vai ser nada na vida', ela costumava dizer. Eu a odiava e prometi a mim mesmo que nunca criaria meus filhos assim. A ironia é que, embora eu seja um pai amoroso e solidário com meus filhos, sou um canalha completo comigo. Eu me despedaço o tempo todo, de forma muito pior do que a minha mãe fazia". As pessoas com pais críticos aprendem cedo a mensagem de que são ruins e falham em tudo, como se não tivessem o direito a serem aceitos como são.

Na esperança de conseguir moldar seus filhos, pais críticos fazem o jogo duplo de bom e mau policial: são maus quando punem comportamentos indesejáveis e bons quando recompensam comportamentos desejáveis. Diante desta abordagem, as crianças sentem medo e desconfiança, e passam a acreditar que apenas sendo perfeitos é que serão dignos de amor. Como a perfeição é impossível, elas logo assimilam a inevitabilidade da rejeição.

Embora a maioria das pesquisas sobre as origens da autocrítica enfoque a relação entre pais e filhos, *qualquer* figura importante – um avô, um irmão, um professor, um treinador – pode levar a criança a experimentar demônios interiores na vida futura. O problema é a crítica constante. Eu tenho um amigo inglês, chamado Kenneth, que é extremamente duro consigo mesmo. Não importa o sucesso que faça, está sempre atormentado por sentimentos de inadequação e insegurança. Sua personalidade passa a fazer sentido quando ele fala sobre a sua infância: "Quase todo mundo na minha vida me dizia que eu era uma porcaria. Minha irmã foi a pior. Ela gritava: 'Você é nojento!' só porque pensava que eu estava respirando muito alto, e então se escondia embaixo da cama até eu sair do quarto. Minha mãe não me defendia. Pelo contrário, muitas vezes me fazia pedir desculpas à minha irmã para acalmá-la e tentar manter a paz".

A resposta natural das crianças que estão sendo verbalmente agredidas é se proteger, e às vezes a defesa mais garantida é não ter nada que possa ser atacado. Em outras palavras, as crianças começam a acreditar que a autocrítica irá impedi-las de cometer erros no futuro, contornando, dessa forma, as críticas dos outros. No mínimo, conseguem enfraquecer a força da crítica tornando-a redundante, porque a agressão verbal não tem exatamente o mesmo poder quando só repete o que você já disse para si mesmo.

O PAPEL DA CULTURA

A tendência de nos criticarmos e nos sentirmos inúteis pode ter sido resultado, em parte, de amplas mensagens culturais. Na verdade, há uma história bem conhecida a respeito de um grupo de estudiosos ocidentais que foi ao encontro de Sua Santidade Dalai Lama. Sua Santidade estava confuso com o conceito de autoestima, o qual foi preciso ser-lhe explicado, e perguntou aos ocidentais como poderiam ajudar as pessoas que se avaliam negativamente. Ele olhou para o grupo de estudiosos e pessoas bem-sucedidas e lhes perguntou: "Quem aqui sente baixa autoestima?". Os ocidentais se entreolharam e responderam: "Todos nós". Uma das desvantagens de viver em uma cultura que enfatiza a ética da independência e da realização individual é que, se não atingirmos nossos objetivos ideais, sentimos que a culpa é só nossa.

Os ocidentais não são os únicos duramente críticos consigo mesmos, é claro. Recentemente, realizamos um estudo nos Estados Unidos, na Tailândia e em Taiwan. Em Taiwan, onde o confucionismo é bastante forte, também se acredita muito que a autocrítica seja uma força motivadora. O ideal confucionista prega que você deve criticar a si próprio, a fim de manter-se correto, focando em atender às necessidades dos outros em vez das suas. Em países onde o budismo desempenha um papel importante no dia a dia, como a Tailândia, as pessoas são consideravelmente mais autocompassivas. Na verdade, nesse estudo de cruzamento cultural, descobrimos que, entre os três povos estudados, os tailandeses tinham os mais altos níveis de autocompaixão. Taiwan apresentou o pior resultado e os Estados Unidos ficaram no meio termo. Em todos os três países, no entanto, a autocrítica estava fortemente relacionada à depressão e à insatisfação com a vida. Parece que o impacto negativo da autocrítica pode ser universal, apesar de diferentes culturas a incentivarem em maior ou menor grau.

UM MEIO PARA UM FIM

Se olharmos mais profundamente para a dura autocrítica, vemos que é frequentemente utilizada para encobrir outra coisa: o desejo de controle. Levando em conta que os pais de autocríticos são, em geral, excessivamente controladores, a mensagem de que o autocontrole é possível é recebida desde o início. Quando os pais culpam os filhos por cometerem erros, as crianças aprendem que são pessoalmente responsáveis por todas as suas falhas. O fracasso passa a ser uma escolha que não deve ser feita e a imperfeição se torna algo que pode e *deve* ser evitado. Certamente, se eu tentar o suficiente serei sempre capaz de ter sucesso, não?

E não seria bom? Se pudéssemos fazer mágica mexendo o nariz como a bruxinha Samantha, do seriado de TV *A Feiticeira*? Nunca sair da dieta, nunca errar uma tarefa importante do trabalho e nunca dizer alguma coisa com raiva para depois se arrepender. Mas não é assim que a vida funciona. As coisas são muito complicadas para sermos capazes de exercer controle total, tanto em circunstâncias externas quanto nas nossas respostas internas a elas. Esperar o contrário é como esperar que o céu seja verde, e não azul.

Ironicamente, o desejo de ser superior é *alimentado* pelo processo da autocrítica. Nossa autoestima é multifacetada e conseguimos nos identificar com diferentes partes de nós mesmos a qualquer momento. Quando nos julgamos e nos agredimos verbalmente, estamos assumindo ambos os papéis, de crítico e criticado. Adotamos ao mesmo tempo a perspectiva de quem segura o chicote e a de quem treme de medo no chão. Conseguimos gerar um sentimento de justa indignação em relação às nossas próprias inadequações, o que faz com que nos sintamos muito bem. "Pelo menos eu sou inteligente o suficiente para ver o tamanho da estupidez do comentário que acabei de fazer". "Sim, eu tratei aquela pessoa muito mal, foi imperdoável, mas sou tão justo e correto que agora vou me punir sem piedade". A raiva, muitas vezes, dá uma sensação de força e poder. Por isso, quando nos rebaixamos por causa das nossas falhas durante a raiva, também temos a chance de nos sentirmos superiores nos aspectos que julgamos. Assim, reforçamos o nosso senso de autoridade. Nas palavras de Thomas Hobbes, este é "o privilégio do absurdo, ao qual nenhuma outra criatura viva está sujeita, apenas o homem".

Da mesma forma, quando estabelecemos padrões irreais e ficamos desapontados por não conseguirmos atingi-los, sutilmente reforçamos o nosso sentimento de supremacia por termos esses padrões. Quando reclamamos miseravelmente porque engordamos e temos que usar calças de tamanho 44, por exemplo, ou quando recebemos um pequeno comentário negativo do chefe em uma avaliação ao fim de um ano que foi brilhante, estamos enviando a mensagem de que normalmente estamos muito acima da média. O "bom" não é o suficiente para alguém tão acostumado à excelência.

Quando usada com senso de humor, é claro, a autocrítica pode ser uma maneira de cativarmos os outros. "É melhor que eles riam *com* você, do que *de* você", diz o ditado. Um bom exemplo disso pode ser encontrado na cena de abertura de *Uma Verdade Inconveniente*. Al Gore, ex-candidato a presidente dos EUA, sobe ao palco na frente de um público imenso, com uma tela maior ainda atrás dele, e as primeiras palavras que saem da sua boca são: "Olá, meu nome é Al Gore, e eu ia ser o próximo presidente dos Estados Unidos". Ao destacar seu fracasso de uma maneira tão alegre, o público passa a comer na sua mão. Mas há uma diferença entre o humor autodepreciativo saudável e a autodepreciação doentia. O primeiro indica que alguém é autoconfiante o suficiente para zombar de si próprio. A segunda revela inseguranças profundas sobre mérito e valor pessoal.

UMA PROFECIA AUTORREALIZÁVEL

Como os autocríticos têm, muitas vezes, famílias que não os apoiam, tendem a não confiar nos outros. Eles costumam pensar que as pessoas com quem se preocupam acabarão por tentar prejudicá-los em algum momento. Isso cria um estado constante de medo, causando problemas nas relações interpessoais. Por exemplo, pesquisas mostram que pessoas altamente autocríticas tendem a ser insatisfeitas em seus relacionamentos românticos, pois pensam que seus parceiros as julgam da mesma forma dura que elas julgam a si próprias. A percepção equivocada de frases – até bastante neutras – como sendo depreciativas frequentemente leva a reações ultrassensíveis e conflitos desnecessários. Isto significa que os autocríticos muitas vezes minam a proximidade e o apoio nos relacionamentos que tão desesperadamente procuram.

Minha amiga Emily era assim. Era um pouco estranha, desajeitada e tímida, como uma criança. Sua mãe ficava envergonhada e sempre dizia: "Por que você sempre se esconde num canto? Fica reta. Olha os modos. Por que você não pode ser como sua irmã mais velha?". Emily cresceu e se tornou uma dançarina profissional, em parte para apaziguar as críticas de sua mãe. Emily era uma mulher bonita e graciosa, qualquer um pensaria que seria fácil para ela encontrar um bom relacionamento, o amor e a aceitação que desejava. Não foi bem assim. Ela certamente não tinha problemas para atrair os homens e começar relacionamentos, mas tinha dificuldade em fazê-los durar. Tinha tanta certeza de que estava sendo julgada como inadequada que reagia de forma exagerada ao mais ínfimo movimento de seu parceiro. Comportamentos inocentes, como se esquecer de ligar na primeira noite em que ele estava longe viajando a negócios, eram vistos como prova de que realmente não se preocupava com ela. Se o namorado não elogiasse seu vestido novo, ela interpretava como se a achasse feia. Essas reações exageradas acabavam por cansar seus parceiros e eles iam embora. Dessa forma, para Emily, o medo da rejeição foi se transformado em realidade muitas e muitas vezes.

Para tornar as coisas ainda mais difíceis, as pessoas que se julgam com severidade são muitas vezes o seu pior inimigo, principalmente quando se trata de escolher parceiros para relacionamentos. O psicólogo social Bill Swann argumenta que as pessoas querem ser conhecidas pelos outros pelas suas crenças e sentimentos firmemente mantidos sobre si mesmos. Este é um modelo conhecido como a "teoria da autoverificação". Ou seja, elas querem que sua autovisão, ou a visão que têm de si mesmas, seja validada, porque isso proporciona uma sensação de estabilidade em suas vidas. Essa pesquisa mostra que até mesmo as pessoas que fazem fortes avaliações negativas de si próprias seguem esse padrão. Elas procuram interagir com pessoas que não gostam delas, de modo que as suas experiências sejam mais familiares e coerentes.

Agora você sabe por que você e seus maravilhosos e bem-sucedidos amigos continuam escolhendo os parceiros errados. Os autocríticos são, muitas vezes, atraídos pelo julgamento por parceiros românticos que confirmam seus sentimentos de inutilidade. A certeza da rejeição parece mais segura do que não saber o que esperar depois. É o demônio conhecido. Infelizmente, estou muito familiarizada com esse padrão doentio.

MINHA HISTÓRIA: ABANDONADA E INDIGNA DE SER AMADA

Nunca fui uma autocrítica extremamente voraz. Pelo menos não era fora do comum. Felizmente, durante minha infância, minha mãe era uma presença amorosa, e não crítica. Mas, ainda assim, eu era muito autocrítica. A autocrítica é incrivelmente comum em nossa sociedade, especialmente entre as mulheres. O mesmo problema que aflige muitas de nós era o que também me paralisava: questões com o meu pai.

Minha mãe e meu pai se conheceram numa faculdade no sul da Califórnia. Ela era linda como uma princesa: o cinto, os sapatos e a bolsa sempre combinavam. Ele era "popular no *campus*": inteligente, atlético, ambicioso e bonito. Depois que meu pai se formou, os dois se casaram, alugaram uma casa no subúrbio e tiveram um lindo casal de filhos. Meu pai logo se tornou um jovem executivo em ascensão em uma grande empresa, ao passo que minha mãe deixou os estudos e ficou em casa para cuidar das crianças. O sonho americano. Só que os anos 50 se foram e, naquele momento, estávamos nos anos 60 – uma época de revolução social sem precedentes.

Meu pai se alinhou às mudanças ao seu redor e reconheceu a prisão das formalidades que haviam moldado sua vida. Mas não soube lidar com isso de forma madura. Largou minha mãe, meu irmão e eu (na época com apenas três anos), virou *hippie* e se mudou para uma comunidade em Maui, no Hawaii. Uma vez que ele vivia tão longe, na minha infância, eu só via o meu pai a cada dois ou três meses, principalmente no período das férias do verão. Embora ele fosse carinhoso e amoroso durante suas visitas, estava tão estagnado nessa comunidade *hippie* que não conseguia ver as coisas com muita clareza. Sequer admitia para si mesmo que, na realidade, havia nos abandonado. "É tudo nosso carma", gostava de dizer.

Certo dia, quando eu tinha uns oito anos, depois de usar a palavra *Pai* para lhe perguntar alguma coisa, ele se virou para mim e meu irmão e pediu com toda a seriedade para não o chamarmos mais de *Pai*. Queria que usássemos seu nome novo: "Irmão Dionísio", porque "todos somos apenas irmãos e irmãs, afinal de contas – os filhos de Deus". Eu tinha me agarrado ao relacionamento superficial e ocasional que tínhamos, mas, nesse momento, sua rejeição ao papel paterno parecia completa. Meu pai tinha realmente me deixado, tanto emocional quanto fisicamente. Fiquei sem chão, mas não podia chorar. Não podia expressar qualquer reação. Não queria correr o risco de danificar qualquer fiozinho de ligação que ainda podia existir. Assim, por mais de 20 anos, me encontrei em situações embaraçosas por não saber – nas raras ocasiões em que ele estava por perto – como me dirigir ao meu pai. Eu não conseguia usar o seu nome *hippie* ridículo, então acabava não usando nenhum vocativo. "Um, ei, uh, com licença, poderia passar o sal, por favor?" Essa rejeição precoce causou algumas cicatrizes profundas em minha psique.

Você tinha que ver os meninos que namorei na escola. Embora fosse uma aluna nota dez em todas as matérias, além de ser atraente e sociável, eu só gostava de caras que não gostavam de mim. Sentia-me atraída por meninos que tinham muito menos atrativos do que eu, mas mesmo assim me viam de forma equivocada. Eu não tinha ideia do meu próprio mérito e valor. De certa forma, estava inconscientemente tentando restabelecer meu relacionamento com meu pai, como se, num passe de mágica, eu pudesse transformar a experiência de rejeição em aceitação. Quase todos os meus namorados acabaram me deixando. Na época, isso me surpreendia, mas hoje vejo sentido nesse padrão. Estava simplesmente recriando situações que validavam o meu "eu" como uma menina não digna de ser amada e que sempre seria abandonada.

O QUANTO PODE FICAR RUIM?

Meus sentimentos de insegurança resultaram em decisões ruins, me fazendo infeliz. Ainda assim, o sentimento não era *tão* extremo. Infelizmente, os danos causados pelo autojulgamento podem ficar muito, muito piores. A inadequação e a inferioridade são associadas a atos de autoflagelo, como o uso abusivo de álcool, a direção perigosa proposital ou ao ato de cortar os pulsos, tentativas reais de exteriorizar e liberar a dor emocional. Em casos extremos, quando a autocrítica passa anos sem ser controlada, um autoflagelo implacável pode se tornar um estilo de vida e pode-se optar por fugir da dor escapando da própria vida. Uma série de estudos em larga escala descobriu que autocríticos extremistas são muito mais propensos a tentar o suicídio do que os outros. Sentimentos de vergonha e insignificância podem levar a uma desvalorização de si mesmo, a ponto de dominar o nosso instinto mais básico e fundamental: a vontade de permanecer vivo. Os padrões de pensamento que ligam a autocrítica ao suicídio são evidentes nesta postagem de um *blog* tirado de uma página da internet sobre depressão:

> *Estive deprimido por toda a minha vida. Sempre senti que havia algo de errado comigo, sou estúpido, feio e grosseiro. Quero ter mais amigos, mas não sei como. Conseguia ter um ou dois amigos às vezes, mas a amizade nunca durava. Alguns me traíram e me magoaram e nunca consegui descobrir o que fiz para me odiarem tanto. Não costumo falar em público porque posso dizer algo idiota e sofrer deboche e humilhação. Mesmo quando alguém é bom e quer estar comigo, eu acabo afastando essa pessoa. Sou tão sozinho que, às vezes, parece melhor estar morto. Penso em morrer porque sou simplesmente inútil e ninguém me ama. Eu não me amo. Morrer deve ser melhor do que estar morto por dentro.*

Essa linha trágica de pensamento é muito mais comum do que se pode imaginar. No mundo, estima-se que entre dez e 20 milhões de pessoas tentam suicídio a cada ano. Infelizmente, esse ato chocante de violência é, muitas vezes, apenas uma manifestação exterior da violência interna mais familiar para nós: a dura autocrítica.

A SAÍDA

Embora seja importante vermos com clareza os nossos padrões psicológicos, é igualmente importante não nos julgarmos com base nisso. Se você é um autocrítico habitual, lembre-se de que o seu comportamento, na verdade, representa uma forma distorcida de autocuidado, uma tentativa de se manter seguro e no caminho certo. *Não se critique por ser autocrítico na vã esperança de que isso vá, de alguma forma, fazer você parar de se criticar.* Assim como o ódio não pode vencer o ódio, e apenas o torna mais forte, o autojulgamento não consegue frear o autojulgamento.

Portanto, a melhor maneira de combater a autocrítica é compreendê-la, ter compaixão por ela e, depois, substituí-la por uma resposta mais amável. Ao nos deixarmos comover pelo sofrimento que experimentamos nas mãos de nossa própria autocrítica, fortalecemos nosso desejo de nos curarmos. Por fim, depois de batermos a cabeça contra a parede por muito tempo, damos um basta e exigimos o fim da nossa dor autoimposta.

Felizmente, podemos fornecer a nós mesmos a segurança e o estímulo que desejamos. Conseguimos reconhecer que a fraqueza e a imperfeição são parte da experiência humana compartilhada. Conseguimos sentir, na viagem da vida, mais conexão com os nossos companheiros que são tão imperfeitos e vulneráveis como nós. Ao mesmo tempo, liberamo-nos dessa necessidade de nos sentirmos melhores do que os outros e, assim, conseguimos ver através das distorções do egocentrismo, que infla nossos próprios egos à custa dos outros.

De qualquer forma, quem quer ficar preso a uma caixa com o rótulo de "bom"? Não é mais interessante transitar por toda a gama da experiência humana? Ao invés de tentarmos controlar nossas vidas e a nós mesmos para obter um ideal perfeccionista, por que não abraçar a vida como ela é, tanto a luz quanto a sombra? Que aventuras podem acontecer se nos libertamos dessa maneira? A felicidade é encontrada quando seguimos com o fluxo da vida, não quando nos fechamos contra ela, e a autocompaixão pode nos ajudar a navegar por essas corredeiras turbulentas com um coração aberto e sábio.

Exercício Dois
O Crítico, o Criticado e o Observador Compassivo

Este exercício tem como modelo o diálogo de duas cadeiras estudado pela terapeuta Leslie Greenberg, da linha Gestalt. Nesse exercício, os pacientes sentam-se em cadeiras diferentes para ajudá-los a entrar em contato com diferentes partes de si mesmos, muitas vezes conflitantes, experimentando como cada aspecto é sentido naquele momento.

Para começar, organize três cadeiras vazias em um arranjo triangular. Em seguida, pense num problema que muitas vezes o incomoda, e que muitas vezes provoca uma autocrítica severa. Designe uma cadeira para ser a voz de sua autocrítica interna, outra como a parte de você que se sente julgado e criticado, e a terceira para representar a voz de um observador sábio e compassivo. Assuma todos os papéis: as três partes do seu eu – você, você e você. Pode parecer um pouco bobo no começo, mas você vai se surpreender com o que surge quando realmente começa a deixar seus sentimentos fluírem.

1. Pense no seu "problema". Em seguida, sente-se na cadeira do autocrítico. Ao tomar esse lugar, fale o que sua parte autocrítica está pensando e sentindo. Por exemplo, "Eu odeio o fato de você ser uma pessoa fraca e não ser autoconfiante o suficiente". Observe as palavras e o tom de voz que a sua parte autocrítica usa, e também como ela está se sentindo. Preocupada, irritada, moralmente superior, exasperada? Preste atenção na sua postura corporal. Forte, rígida, ereta?

2. Em seguida, sente-se na cadeira do aspecto criticado de si mesmo. Tente entrar em contato com a forma como você se sente sendo criticado dessa maneira. Fale sobre como você se sente, respondendo diretamente para o seu interior crítico. Por exemplo, "Eu estou tão magoado com você" ou "Não tenho apoio algum". Basta falar o que vem à sua mente. Novamente, observe o tom de sua voz. É triste, desanimado, infantil, assustado, indefeso? Qual é a sua postura corporal? Você está caído, curvado, está franzindo a testa?

3. Realize um diálogo entre essas duas partes de si mesmo por um tempo, alternando as cadeiras do crítico e do criticado. Tente realmente experimentar cada aspecto de si mesmo para que cada um saiba como o outro se sente. Permita que cada um expresse totalmente o seu ponto de vista e seja ouvido.

4. Agora, ocupe a cadeira do observador compassivo. Invoque a sua mais profunda sabedoria, as profundezas de sua preocupação afetiva e dirija-se tanto ao crítico quanto ao criticado. O que diz o seu eu compassivo para o seu eu crítico, qual a introspecção que isso causa? Por exemplo, "Você parece muito com a sua mãe", ou "Vejo que você está realmente com medo e está tentando me ajudar a não estragar tudo". O que diz o seu eu compassivo a seu eu criticado? Por exemplo, "Deve ser incrivelmente difícil ouvir esse julgamento tão duro todos os dias. Vejo que você está sofrendo de verdade", ou "Tudo o que você quer é ser aceito tal como é". Tente relaxar, deixando que seu coração amoleça e se abra. Que palavras de compaixão surgem naturalmente? Como é o seu tom de voz? Suave, gentil, caloroso? Qual é a sua postura corporal, equilibrada, centrada, relaxada?

5. Quando o diálogo terminar – pare sempre que sentir vontade –, reflita sobre o que aconteceu. Você tem novas ideias a respeito de onde vêm os seus padrões, novas formas de pensar sobre a sua situação que sejam mais produtivas? Enquanto contempla o que aprendeu, estabeleça a intenção de se relacionar consigo mesmo de maneira mais gentil e mais saudável no futuro. É possível decretar uma trégua na sua guerra interior. A paz é possível. Seus velhos hábitos de autocrítica não precisam governar para sempre. O que você precisa fazer é ouvir a voz que já está lá, mesmo que um pouco escondida – o seu eu sábio e compassivo.

Parte dois:
Os principais componentes da autocompaixão

Capítulo três:
Ser gentil consigo mesmo

> *Quando você começa a tocar o seu coração ou deixa seu coração ser tocado, descobre que ele não tem fundo, não tem resolução definida, esse coração é enorme, vasto e ilimitado. Você começa a descobrir o quanto há de calor e gentileza nele, assim como a quantidade de espaço.*
> Pema Chödrön, *Comece Onde Você Está.*

Conforme já defini antes, a autocompaixão envolve três componentes principais. Primeiramente, exige a autobondade, ou seja, que sejamos gentis e compreensivos conosco, sem fazermos críticas e julgamentos duros. Em segundo lugar, requer o reconhecimento da nossa humanidade comum, através da qual nos sentimos conectados com os outros na experiência da vida, em vez de estarmos isolados ou alienados pelo sofrimento. Por fim, demanda atenção plena: mantermos nossa experiência na consciência equilibrada, sem ignorar a dor ou levá-la ao exagero. Devemos alcançar e combinar esses três elementos essenciais, a fim de sermos verdadeiramente autocompassivos. Neste capítulo e nos dois seguintes, foco em cada componente isolado da autocompaixão, uma vez que todos são igualmente importantes. Vamos começar com o que talvez seja o ingrediente mais evidente da autocompaixão: a autobondade.

O CAMINHO DA AUTOBONDADE

A cultura ocidental enfatiza a importância de sermos gentis com nossos amigos, familiares e vizinhos que estão lutando na vida. Contudo, não nos ensina a adotar a gentileza conosco. Quando alguém comete um erro ou falha de alguma forma, tem mais propensão a bater em sua própria cabeça com um pedaço de pau do que a se abraçar em demonstração de acolhimento. Provavelmente até o pensamento de se autoconfortar parece absurdo. Mesmo quando nossos problemas decorrem de forças fora do nosso controle, a autobondade não é uma resposta culturalmente válida. Em algum lugar, ao longo da vida, recebemos a mensagem de que indivíduos fortes devam ser estoicos e silenciosos, capazes de controlar o seu próprio sofrimento – como John Wayne num filme do velho oeste. Infelizmente, essas atitudes roubam um dos nossos mecanismos mais poderosos de enfrentamento quando lidamos com as dificuldades da vida.

A autobondade, por definição, significa interromper o autojulgamento constante e os comentários depreciativos internos que a maioria de nós vê como algo normal. Ela nos obriga a *compreender* as nossas manias e fraquezas em vez de condená-las. Leva-nos a vermos com clareza os nossos limites para a autocrítica implacável, terminando, assim, a nossa guerra interna.

Mas, a autobondade é mais do que simplesmente parar com o autojulgamento. Também é a nossa capacidade de nos autoconfortarmos *de forma ativa*, agindo da mesma forma que faríamos com um amigo querido em sofrimento. Isso significa se permitir ser emocionalmente movido pela sua própria dor, parando tudo para dizer: "Está bem difícil agora. Como posso me cuidar e me confortar neste momento?" Com a autobondade, apaziguamos e acalmamos a nossa mente perturbada. Ofertamos a paz, a cordialidade, a gentileza e a simpatia de nós para nós mesmos, de modo que a verdadeira cura possa ocorrer.

Se a nossa dor é causada por algum passo errado que tomamos – esse é o exato momento de nos darmos compaixão. Lembro-me do que aconteceu no meu primeiro encontro com um menino pelo qual eu estava apaixonada quando estava no ensino médio. Estava um pouco resfriada, mas nem pensei muito nisso. A certa altura da conversa, enquanto eu falava e ria tentando exibir minha inteligência e meu senso de humor, ele me olhou meio de lado e levantou as sobrancelhas. Fiz uma pausa e perguntei qual era o problema, e ele respondeu: "Você está com meleca no nariz".

Fiquei arrasada de vergonha e humilhação por semanas. Senti-me totalmente imperfeita e repeti isso várias e várias vezes a mim mesma. Eu gostaria de ter sabido na época o que sei hoje.

Em vez de nos maltratarmos incansavelmente quando estamos para baixo, mesmo que a queda tenha sido desastrosa, temos outra opção: podemos reconhecer que todos têm o seu momento de abrir mão de tudo para nos tratarmos com gentileza. Talvez não sejamos capazes de seguir em frente naquele momento, mas tentamos. Além disso, cair de cara no chão é uma parte inevitável da vida. Na verdade, uma parte bem honrosa.

Infelizmente, muitas pessoas acreditam que não *devem* ser gentis consigo mesmas, especialmente se receberam essa mensagem na infância. Mesmo os indivíduos que *querem* ser mais gentis e ficariam felizes em acabar com o seu tirano interior muitas vezes acreditam que essa mudança não seja possível. Por terem desenvolvido um hábito tão enraizado de autocrítica, não acreditam ser realmente *capazes* de exercitar a autobondade. Felizmente, no entanto, ser gentil consigo mesmo é mais fácil do que você pensa.

O SISTEMA DE CONEXÃO E DE CUIDADO

Nosso cérebro e nosso corpo têm a capacidade inata de dar e receber cuidados. É parte da nossa herança genética. A sobrevivência não depende apenas do instinto de luta ou de fuga, também depende do instinto que diz: "Cuide e seja amigo". Em tempos de ameaça ou estresse, os animais, protetores de sua prole, são mais propensos a passar seus genes com sucesso para a próxima geração, significando que as gerações seguintes terão como função a adequação do comportamento do cuidado.

Por essa razão, todos os mamíferos nascem com um "sistema de conexão", um conjunto de comportamentos que permite fortes laços emocionais entre os cuidadores e seus filhotes. Diferentemente dos répteis, que não se importam com seus filhos quando saem de seus ovos – na verdade, muitas vezes até os comem – os mamíferos dedicam tempo e energia consideráveis cuidando de seus filhotes, certificando-

-se de que estejam adequadamente alimentados, quentes e seguros. Os mamíferos nascem em um estado imaturo. Os recém-nascidos não conseguem cuidar de si mesmos e contam com os pais até que estejam prontos para sair de casa. A evolução assegurou que os mamíferos conseguissem dar e receber nutrição, que os pais não abandonassem seus filhos após o nascimento e não deixassem as crianças vagando sozinhas no perigo da natureza. A emoção de cuidar surge naturalmente para nós e, sem ela, a nossa espécie não seria capaz de sobreviver. Isso significa que a capacidade de sentir afeto e conexão faz parte de nossa natureza biológica. Nosso cérebro é, de fato, concebido para cuidar.

O famoso psicólogo Harry Harlow foi um dos primeiros a analisar, na década de 1950, o desenvolvimento do sistema de conexão de mamíferos. Em uma série de experimentos inteligentes (ainda que eticamente questionáveis), Harlow estudou o comportamento de macacos-rhesus recém-nascidos que foram separados de suas mães e criados sozinhos em uma gaiola. O objetivo era descobrir se os filhotes passariam mais tempo com um pano macio de veludo, que fazia o papel de mãe e oferecia um pouco de calor e conforto, ou com uma figura feia de arame suportando uma garrafa de leite. A resposta era clara. Os filhotes de macaco se agarravam às suas mamães de pano como se suas vidas dependessem disso e apenas iam para perto da figura feia de arame por tempo suficiente para tomar leite. A descoberta impressionante é que o conforto emocional oferecido por um pano pareceu criar uma unidade mais forte entre os macacos do que a própria comida. O cuidado era uma necessidade de sobrevivência tão poderosa quanto à nutrição. Como diz a Bíblia: "O homem não pode viver só de pão". Harlow interpretou suas experiências como evidências para a base biológica do sistema de conexão.

John Bowlby, outro psicólogo influente do mesmo período, estudou o apego mais a fundo, em humanos. Afirmou que as crianças desenvolvem um vínculo de conexão segura com os adultos toda vez que suas necessidades são supridas de forma consistente. Se os filhos são consolados e apoiados pelos pais quando estão chateados ou com medo, aprendem a confiar neles. Cada vez que a mãe carrega e embala o bebê que chora, o pequeno começa a sentir que o mundo é um lugar seguro e que é possível chamar a mamãe para pedir apoio quando necessário. O apego permite, então, que as crianças usem seus pais como "porto seguro". Elas podem explorar confiantes o mundo que as cerca porque sabem que a ajuda está sempre à mão. Se os pais fornecem suporte inconsistente ou são frios e rejeitam seus filhos, as crianças desenvolvem uma ligação de apego inseguro. A insegurança significa que os filhos não podem confiar em seus pais para aliviar sua angústia, beijar a ferida e fazê-la curar. Os pequenos aprendem que o mundo não é realmente seguro e não é possível invocar seus pais diante do perigo, o que tende a prejudicar sua confiança ao explorar o mundo: um distúrbio que muitas vezes se estende até a idade adulta.

Bowlby argumentou que o laço de apego precoce com os pais afeta a formação do "modelo de trabalho interno" do *self* em relação aos outros. Este é um retrato mental profundo e inconsciente de quem somos e do podemos esperar dos outros. Se os filhos têm um apego seguro aos pais, sentem que são dignos de amor. Geralmente crescem para se tornar adultos saudáveis e felizes, confiantes de que podem contar com os outros para lhes proporcionar conforto e apoio. Mas se os filhos são inseguros em relação a esse apego parental, tendem a sentir que são indignos de amor e que não podem confiar em outras pessoas. Assim, cria-se uma profunda insegurança, que pode causar sofrimento emocional em longo prazo e que afeta a capacidade de construir relacionamentos íntimos estáveis na vida futura.

Diante disso, nossa pesquisa provavelmente não surpreende ao mostrar que pessoas sem esse vínculo parental seguro têm menos autocompaixão do que aquelas com um apego saudável aos pais. Em outras palavras, nossos modelos internos de *self* têm um impacto significativo na forma de como tratamos a nós mesmos – com desprezo ou compaixão. E se nossos modelos internos nos dizem que não podemos depender da presença dos outros nos momentos de necessidade, não vamos permitir que sejamos consolados por eles também. Assim como a Emily, a dançarina profissional cuja história contei no capítulo anterior, é mais fácil presumirmos o pior e agirmos de acordo do que deixarmos nosso coração vulnerável, permitindo que outros entrem nele. Mas, ao fazer isso, desligamo-nos da felicidade humana.

A boa notícia é que os nossos modelos internos não estão gravados em pedra, eles podem ser alterados. A capacidade de dar e receber cuidados é inata e nossos botões de conexão podem ser redefinidos. Uma pessoa que teve um vínculo parental instável quando criança, mas conseguiu encontrar um parceiro romântico e amoroso que lhe dá apoio, pode sim aprender que existem vínculos seguros. Relacionamentos românticos saudáveis nos permitem perceber que, na verdade, somos valiosos e dignos de atenção, e que podemos confiar nos outros para atender às nossas necessidades. Os terapeutas habilidosos também podem ajudar a mudar os laços de apego inseguros, fornecendo apoio incondicional a seus pacientes. O espaço seguro e a escuta atenciosa fornecidos por um terapeuta permitem o acesso aos padrões arraigados formados na nossa infância, trazendo-os à superfície para serem reformados.

Certamente é problemático depender de outras pessoas para mudarmos a forma de pensar a nosso respeito. Os relacionamentos românticos podem acabar, os terapeutas podem se afastar ou se tornarem inviáveis. Aqueles dos quais dependemos muitas vezes têm seus próprios dragões para matar – doença, depressão, estresse do trabalho – que os impedem de estar sempre disponíveis quando precisamos deles. Felizmente, não temos que confiar apenas nos outros para mudar nosso próprio ponto de vista. Quando oferecemos a nós mesmos carinho e compreensão consistentes também nos sentimos dignos de atenção e aceitação. Ao nos oferecermos empatia e apoio, aprendemos a confiar que a ajuda está sempre à mão. Quando nos envolvemos no abraço caloroso da autobondade, sentimo-nos seguros e protegidos.

Felizmente, a Emily acabou aprendendo isso. Ela percebeu que, a menos que tivesse compaixão pelo sentimento de insegurança tramado profundamente dentro do tecido da sua personalidade, iria continuar afastando os homens devido às suas reações defensivas. Então, Emily começou a prática de ser mais amável e tolerante consigo mesma. Toda vez que uma onda de insegurança lhe tomava conta, dizia silenciosamente: "eu me amo e me aceito exatamente como sou". Toda vez que começava a se criticar ou a interpretar as ações de outra pessoa como uma rejeição deliberada, repetia: "eu me amo e me aceito exatamente como sou". Por fim, os poços profundos da tristeza emergiram e ela se permitiu sentir toda a extensão da dor causada pela rejeição e desaprovação de sua mãe. Mas, enquanto repetia essa frase, descobriu que podia sentir suas emoções sem ser oprimida por elas.

Quando a dor começou a diminuir, ela começou a confiar nos outros mais uma vez. Começou a perceber o quanto tinha para oferecer aos outros e que seu passado não tinha mais nada a ver com seu presente. Na última vez que ouvi falar dela, a Emily estava noiva de um homem maravilhoso que a amava e a apreciava profundamente; amor e apreço que ela poderia, enfim, permitir-se receber.

A QUÍMICA DO CUIDADO

O poder da autobondade não é apenas uma ideia, uma noção de bem-estar insubstancial que, na verdade, não muda nada. É muito real. Quando acalmamos nossa própria dor, estamos acionando o sistema de dar cuidado apresentado por todos os mamíferos. Uma forma importante de fazer esse sistema de prestação de cuidados funcionar é desencadeando a liberação de ocitocina. Os pesquisadores chamaram a ocitocina de "hormônio do amor e da união" por causa do seu papel importante nas relações sociais. Por exemplo, um estudo descobriu que o nível de ocitocina medido em mulheres grávidas durante o primeiro trimestre prevê a força do vínculo mãe-filho após o nascimento. A pesquisa mostrou também que esse nível elevado aumenta muito o sentimento da confiança, calma, segurança, generosidade e conectividade, além de facilitar a capacidade de sentirmos empatia e compaixão por nós mesmos. A ocitocina reduz o medo e a ansiedade e pode neutralizar o aumento da pressão arterial e do cortisol, associados ao estresse. Curiosamente, o MDMA (também conhecido como Ecstasy), uma droga distribuída em festas, imita as ações da ocitocina. Seus usuários relatam sentirem-se mais relaxados, amorosos e abertos em relação a si próprios e aos outros quando se encontram sob efeito dessa substância.

A ocitocina é liberada em diferentes situações sociais: quando a mãe amamenta seu bebê, quando os pais interagem com seus filhos pequenos ou quando alguém dá ou recebe uma carícia afetuosa. Como os pensamentos e as emoções têm o mesmo efeito no nosso corpo, quer sejam dirigidos a nós ou aos outros, essa pesquisa sugere que a autocompaixão pode ser um gatilho poderoso para a liberação de ocitocina.

A autocrítica parece ter um efeito muito diferente em nosso corpo. A amígdala encefálica é a parte mais antiga do cérebro de que se tem conhecimento. Sua função é detectar com rapidez ameaças no ambiente. Quando experimentamos uma situação de risco, ela aciona uma resposta de luta ou de fuga: a amígdala envia sinais que aumentam a pressão arterial, a adrenalina e o hormônio cortisol, mobilizando a força e a energia necessárias para enfrentar ou evitar uma ameaça. Embora esse sistema tenha se desenvolvido conforme a evolução humana para lidar com ataques físicos, ele é ativado da mesma forma para ataques emocionais vindos de nós mesmos ou de outros. Ao longo do tempo, o aumento dos níveis de cortisol leva à depressão, esgotando vários neurotransmissores envolvidos na capacidade de sentir prazer.

Além disso, evidências neurológicas mostram que a autobondade e a autocrítica operam de forma bastante diferente em termos de funcionamento do cérebro. Um estudo recente, utilizando a tecnologia da fMRI (imagem por ressonância magnética funcional), analisou reações ao fracasso pessoal. Foram apresentadas situações hipotéticas aos participantes enquanto o cérebro era escaneado, tais como "chegou pelo correio uma carta recusando sua terceira tentativa de conseguir um emprego". Os participantes foram orientados a imaginar a reação à situação de maneira delicada e, também, usando a autocrítica. A autocrítica ativou as laterais do córtex pré-frontal e do anterior dorsal do cíngulo, áreas do cérebro associadas com o processamento de erro e resolução de problemas. Em contrapartida, o comportamento gentil e compreensivo consigo mesmo ativou o polo temporal esquerdo e a ínsula, áreas do cérebro associadas a emoções positivas e à compaixão. Portanto, em vez de nos vermos como um problema a ser corrigido, a autobondade permite que nos vejamos como seres humanos valiosos e dignos de atenção.

Quando experimentamos sentimentos calorosos e carinhosos em relação a nós mesmos, nosso corpo e nossa mente se alteram; em vez de nos sentirmos preocupados e ansiosos, sentimo-nos calmos, contentes, confiantes e seguros. A autobondade permite uma sensação de segurança quando reagimos a experiências dolorosas, de tal forma que já não operamos mais na área do medo. Uma vez que deixamos a insegurança ir embora, podemos realizar nossos sonhos com a confiança necessária para realmente alcançá-los.

Exercício Um
A prática do abraço

Uma maneira fácil de se acalmar e se confortar quando você está se sentindo mal é dar-se um abraço suave. Parece um pouco bobo no começo, mas seu corpo não sabe disso. Ele responde ao gesto físico de calor e de cuidados, assim como um bebê responde quando está seguro nos braços da mãe. Nossa pele é um órgão extremamente sensível. A pesquisa indica que o contato físico libera ocitocina e proporciona uma sensação de segurança, acalmando as emoções angustiantes e diminuindo o estresse cardiovascular. Então, por que não tentar?

Se você perceber que está se sentindo tenso, chateado, triste ou autocrítico, tente se dar um abraço caloroso, acariciando com carinho o seu braço ou o seu rosto, balançando suavemente seu corpo. O importante é que você faça um gesto claro que transmita sentimentos de amor, cuidado e ternura. Se outras pessoas estiverem com você, cruze os braços disfarçadamente e, de uma maneira não óbvia, aperte-se com suavidade e de forma confortável. Você também pode apenas *imaginar* que está abraçando a si mesmo se não puder fazer o gesto físico real.

Observe como seu corpo se sente depois de receber o abraço. Será que está mais quente, mais suave, mais calmo? É incrível como é fácil explorar o sistema da ocitocina e mudar a sua experiência bioquímica.

Tente se abraçar várias vezes ao dia quando estiver sofrendo, por um período de, pelo menos, uma semana. Assim, você vai começar a desenvolver o hábito de se confortar fisicamente quando for necessário, tirando o máximo dessa forma surpreendentemente simples – e fácil – de ser gentil consigo.

O PODER DE UMA CARÍCIA GENTIL

O abraço caloroso da autobondade torna o nosso sofrimento suportável, proporcionando um bálsamo que suaviza as arestas da nossa dor. Quando tratamos a nós mesmos da forma como um amigo querido faria, não ficamos mais totalmente absorvidos pelo desempenho do papel de quem está sofrendo. *Sim, eu me machuco. Mas também me cuido e me preocupo comigo. Sou quem dá conforto e quem precisa de cuidado. Há mais para mim do que a dor que estou sentindo agora, e eu sou a resposta sincera a essa dor.* Quando percebemos a dificuldade da vida num certo momento, de alguma forma esse momento não fica tão difícil quanto há apenas um segundo. Adicionamos um ingrediente novo à nossa experiência, proporcionando alívio como uma fonte fresca borbulhando em um deserto quente e seco.

Lembro-me de uma vez em que eu estava me sentindo realmente para baixo depois de ouvir algo bem ruim que tinham dito a meu respeito; era alguém que não me conhecia, mas que ainda assim estava fazendo suposições negativas sobre a minha honestidade e integridade. Senti como se tivesse sido atropelada por um carro. Isso é tão injusto! Que descaramento! Quem ela pensa que é? Eu criei todo o tipo de vingança na minha cabeça: imaginava-me apontando publicamente seu erro para deixá-la roxa de vergonha. Contudo, esses filmes mentais só pioraram o meu sentimento, fazendo-me reviver a dor várias vezes. Então me lembrei. *O que eu preciso fazer é ter compaixão por mim mesma por causa da dificuldade da situação.* Acariciei meus braços gentilmente e falei num tom amável e simpático: "Pobre menina. Está realmente difícil agora". Consolei-me pela dor de ter sido tratada com tanta injustiça.

Era isso o que eu realmente precisava naquele momento. Em vez de, simplesmente ventilar a minha raiva, precisava me sentir amada e compreendida para ser vista como quem eu realmente era. Esse foi o único remédio capaz de curar a minha dor. No momento em que eu mudei a minha abordagem, senti o meu humor começar a mudar. Parei com a obsessão da vingança e, assim, percebi que a negatividade dessa pessoa não tinha nada a ver comigo; era problema dela. Fui capaz de deixar essa dificuldade passar relativamente rápido e segui em frente, com meu equilíbrio restaurado e o impacto das palavras ofensivas bastante diminuído.

A escolha de se relacionar consigo mesmo com bondade em vez de desprezo é altamente pragmática. Não temos muito controle sobre nossas características pessoais, nossa personalidade inata, nosso tipo de corpo, nossa saúde, a boa ou má sorte das circunstâncias que nos cercam. Mas o que podemos fazer é começarmos a ser gentis conosco ao confrontarmos nossas limitações. Assim, sofreremos menos por causa delas.

Podemos lançar mão de uma das maneiras mais importantes para sermos gentis conosco: a mudança da nossa autoconversa crítica. Marshall Rosenberg, autor do livro best-seller *Comunicação Não-Violenta*, salienta a importância de usar a linguagem solidária, em vez do julgamento quando falamos conosco. Ele argumenta que, para estarmos em paz, devemos reenquadrar nossos diálogos internos de maneira que eles expressem empatia com as nossas necessidades humanas básicas. Para executarmos o método sugerido por Rosenberg precisamos fazer quatro perguntas simples:

- O que estou observando?
- O que estou sentindo?
- Estou precisando de que agora?
- Tenho algum pedido a fazer a mim mesmo ou a qualquer outra pessoa?

Essas quatro questões permitem que escutemos profundamente o que mais precisamos naquele momento.

Por exemplo, digamos que você esteja trabalhando em casa e faça uma pausa para um chá. Quando você entra na cozinha, vê uma montanha de pratos sujos empilhados. A primeira etapa requer que você perceba se a sua fala é de crítica e julgamento. Você pode dizer coisas como "sou mesmo bagunceiro!". A próxima etapa envolve sintonizar os sentimentos subjacentes com suas palavras duras. Você está se sentindo frustrado, devastado, irritado consigo mesmo ou com a situação? O terceiro passo implica em examinar as necessidades não satisfeitas na condução da sua reação. Talvez você esteja frustrado porque sabe que precisa de um senso de ordem para lidar com as demandas prementes de seu trabalho, e o caos na cozinha está lhe impedindo. Por fim, considere se há qualquer coisa que você queira solicitar a você mesmo, ou a alguém para ajudar a atender às suas necessidades. Talvez você possa pedir a seu melhor amigo um apoio até o prazo final do seu trabalho. Ou talvez possa solicitar a si mesmo um adiamento de meia hora no seu projeto de trabalho enquanto limpa, de modo que possa ter a sensação de harmonia de que precisa para se concentrar. O ponto principal é que ouça e valide as suas necessidades naquele momento, expressando empatia com você mesmo, em vez de condenação.

Exercício Dois
Mudando sua autoconversa crítica

Este exercício deve ser feito ao longo de várias semanas. Trata-se de um projeto para alterar a forma como você se relaciona consigo em longo prazo. Algumas pessoas acham que é útil trabalhar seu interior crítico escrevendo um diário, outros ficam mais confortáveis com diálogos internos. Se você gosta de escrever as coisas para ler mais tarde, um diário pode ser uma excelente ferramenta para a transformação. Se você, como eu, nunca consegue ser consistente na escrita, faça qualquer outra coisa que funcione: pode ser falar em voz alta ou pensar em silêncio.

1. O primeiro passo para mudar a forma como você se trata é perceber quando estiver sendo autocrítico. Sua voz autocrítica pode surgir com tanta frequência que você, como muitos de nós, nem a perceba. Sempre que estiver se sentindo mal com alguma coisa, pense no que acabou de dizer para si. Tente ser o mais preciso possível, observando o seu discurso textual interior. Quais palavras você realmente usa quando se torna autocrítico? Há frases-chave que surgem de vez em quando? Qual é o tom da sua voz? Dura, fria, com raiva? Será que a voz o faz lembrar alguém em seu passado que foi crítico com você? Você quer ser capaz de conhecer bem o autocrítico interior e se tornar consciente de quando o juiz interno está ativo? Por exemplo, se você acabou de comer metade de uma caixa de bombom, a sua voz interior diz algo do tipo "como você é nojento" ou "você me deixa enojado"? Tente ter uma noção realmente clara de como você diz a si mesmo.

2. Faça um esforço efetivo para suavizar a voz autocrítica. Deve fazê-lo com compaixão e não com autojulgamento (ou seja, não diga "você é uma megera" para o seu interior crítico!). Diga algo como "eu sei que você está tentando me manter seguro e apontar caminhos que preciso melhorar, mas suas críticas duras e seu julgamento não estão ajudando em nada. Por favor, pare de ser tão crítico, você está me causando dor sem necessidade".

3. Reformule as observações feitas pelo seu interior crítico de uma forma gentil, amigável e positiva. Se estiver tendo problemas para pensar nas palavras que deverá usar, imagine o que um amigo muito compassivo diria a você nessa situação. Usar um termo carinhoso que fortaleça a expressão dos sentimentos de carinho e cuidado pode

ajudar, mas só se parecer natural e não dramático. Por exemplo, você pode dizer algo como: "Querida, eu sei que você comeu o pacote inteiro de biscoitos porque está triste e achou que isso conseguiria animá-la. Mas você está ainda pior, além de não estar se sentindo bem com o seu corpo. Eu quero que você seja feliz, então por que não vai dar uma caminhada bem longa para melhorar?". Ao realizar essa autoconversa de apoio, tente acariciar gentilmente seu braço ou colocar com ternura seu rosto entre suas mãos (desde que ninguém esteja olhando). Se você estiver tendo problemas para evocar emoções de bondade no início, os gestos físicos de conforto podem ativar o seu sistema de prestação de cuidados, liberando a ocitocina que vai ajudar a alterar a sua bioquímica. O importante é que você comece a agir com bondade e os sentimentos de conforto e carinho verdadeiros acabarão por surgir.

O poder de cura da autobondade foi demonstrado em um estudo recente com pessoas que sofrem de acne crônica. Essas pessoas muitas vezes sofrem de depressão e passam por imensa vergonha, além de sofrerem com o autojulgamento. Por essa razão, pesquisadores realizaram uma intervenção de duas semanas na qual ensinaram os participantes a acalmar as emoções negativas e a autocrítica associadas à sua acne. Por exemplo, foi dito a eles: "Há um crítico interno em cada um de nós que pode nos dizer coisas más e negativas de forma hostil... Temos também um 'calmante interior', uma parte compassiva com a capacidade de nos acalmar, dizendo coisas aceitáveis de forma calorosa e sensível". Foi dada aos participantes, então, uma série de exercícios destinados a ajudá-los a se autoacalmar. Eles foram instruídos a escrever cinco frases compassivas em placas de sinalização, tais como: "Eu me sinto chateado com a minha acne, mas tudo bem eu me sentir assim" ou "Eu aceitaria um amigo que estivesse na minha situação, quero me aceitar também". Eles também foram ensinados a desafiar e enfrentar seu interior crítico. Foram convidados a escrever cinco frases adicionais em placas de sinalização, tais como: "Não é verdade que as pessoas vão me rejeitar só porque eu tenho acne" e "Eu tenho força interior para lutar contra a minha aflição e contra o meu hábito de criar aflições".

Os participantes foram instruídos a ler as placas de sinalização três vezes por dia ao longo das duas semanas, além de fazer outros exercícios, como escrever uma carta compassiva para si (ver Exercício Um, Capítulo 1). Verificou-se que a intervenção diminuiu significativamente os sentimentos de depressão e vergonha por causa da acne. E o mais interessante, também diminuiu o grau de incômodo físico da acne, amenizando as sensações de queimação e ardência.

Quando confrontados com a nossa imperfeição humana, podemos responder tanto com gentileza e cuidado quanto com julgamento e crítica. Uma pergunta importante a fazer é: quais são as qualidades de coração e mente que queremos incentivar em nós mesmos? Nós não conseguimos interromper os nossos pensamentos julgadores, mas não precisamos incentivá-los nem acreditar neles. Se mantivermos o nosso autojulgamento com gentileza e compreensão, a força do autodesprezo acabará por desaparecer e murchar, privado do sustento necessário para sobreviver. Temos o poder de viver com alegria e contentamento, respondendo ao nosso sofrimento com bondade. Embora esse hábito não seja ensinado pela nossa cultura social, a mudança é possível. Sei disso por experiência própria.

Minha história: errar é humano

Como mencionei no início deste livro, aprendi sobre a autocompaixão no grupo de meditação budista ao qual me incorporei durante o último ano da pós-graduação. A principal razão para entrar no grupo foi porque eu estava me afogando em sentimentos de vergonha, culpa e indignidade; eu procurava desesperadamente alguma paz interior. Isso aconteceu apenas alguns meses antes de Rupert e eu decidirmos nos casar, quando eu ainda sofria com a bagunça que eu tinha feito na minha vida pessoal alguns anos antes.

Sabe, eu tinha sido casada antes com um homem chamado John (esse não é o seu nome verdadeiro). Eu o conheci durante o terceiro ano de faculdade, depois de ter namorado uma série de perdedores na adolescência, e pensei que tinha finalmente encontrado um parceiro. John era bonito, inteligente e culto. Também era extremamente crítico. Quando tentou romper comigo devido às minhas óbvias deficiências, que era o padrão em meus relacionamentos até aquele ponto, eu resisti. *Não posso perdê-lo, ele é bom demais*, pensei. E, claro, sua rejeição acabou me ferrando ainda mais. Usei todos os recursos de charme que eu tinha e acabamos ficando juntos. Alguns anos depois, nos casamos.

Basicamente, John era um homem bom, mas sua maneira inata de julgar mostrava que era extremamente cético sobre qualquer tipo de espiritualidade. Ele certamente não aprovava as crenças espirituais com as quais eu tinha sido criada – pensava que eram uma tolice e fazia questão de manifestar seu pensamento. Por eu querer desesperadamente ser amada e aceita, comecei a mudar, a ser a pessoa que ele achava que eu deveria ser. Comecei a me tornar cética também, desistindo do que provavelmente tinha sido o aspecto mais importante da minha vida até aquele ponto – meu relacionamento com Deus ou com a Consciência Universal, como muitas vezes pensei. Para ser justa, no entanto, alguma parte de mim já estava começando a questionar os conceitos de reencarnação, de carma e de luz, nos quais eu tinha tanta fé no período da minha infância *New Age*. Quem poderia comprovar a veracidade dessas ideias? Não seria simplesmente um pensamento ansioso? Uma ficção científica para nos tranquilizar? A natureza cética do John foi o trampolim perfeito para a minha crise de fé, e eu mergulhei de cabeça.

Pouco depois de iniciar nosso relacionamento, larguei todas as buscas espirituais e me inscrevi na escola de pós-graduação em Berkeley para me tornar uma psicóloga pesquisadora. A racionalidade se tornou o meu novo Deus. Esse período durou cerca de sete anos. O que eu não percebi, é claro, foi com que força que meu coração se fechou quando tranquei a porta para a espiritualidade. Minha mente racional, por si só, não era suficiente para me fazer feliz, mas eu não sabia disso. Eu tampouco estava feliz no meu casamento, mas como era um relacionamento estável e sem qualquer problema óbvio, a minha insatisfação permaneceu, em grande parte, inconsciente. Nunca tinha experimentado como era ser realmente vista, querida e amada pelo homem com quem eu estava. Então, presumi que ter alguém que não me deixasse já era bom demais.

A situação se manteve até eu conhecer alguém que compreendesse e apreciasse o meu verdadeiro eu. Era um homem mais velho, mais sábio e mais experiente do que eu. Vamos chamá-lo de Peter. Depois de uma amizade, que ficou cada vez mais estreita ao longo de um ano, Peter e eu começamos a ter um caso. Eu conseguia dizer coisas a ele que eu nunca tinha me sentido segura para dizer a ninguém, e isso me fez amá-lo ainda mais. De certa forma, eu estava mais feliz com Peter do que eu jamais estive em minha vida. Meu coração se abriu e senti a alegria e a vivacidade, uma autoaceitação mais intensa do que eu jamais imaginei ser possível. Meu lado espiritual foi despertado novamente e sentia-me inteira e completa pela primeira vez em muito tempo. O fato de Peter ser muito mais velho do que eu também foi parte do jogo, sem dúvida. Seu desejo por mim foi provavelmente um substituto para o sentimento de rejeição pelo meu pai.

No entanto, eu me sentia tão mal por estar traindo o John que não conseguia reconhecer de verdade o que estava acontecendo. Nem mesmo comigo. Meu autojulgamento fez com que fosse impossível confessar o que eu estava fazendo, e esse autorretrato assustador era muito doloroso. Passei por um período quase esquizofrênico, com os dois lados da minha vida completamente desligados, fora de contato um com o outro. Houve um período terrível de mentira e autoengano que durou cerca de três meses. Fiquei realmente aliviada quando fui enfim descoberta.

Para encurtar uma longa história, eu deixei o John para ficar com o Peter acreditando que devíamos ser almas gêmeas destinadas a ficarem juntas para sempre. De que outra forma eu poderia justificar a dor horrível que eu tinha causado ao meu marido? Esse novo relacionamento tinha que ser algo puro e nobre. Peter, no entanto, não deixou sua esposa por mim.

Afundei-me como nunca antes na vida. Eu me odiava por ter ferido o John tão profundamente, mas também odiava Peter por não me fazer uma mulher honesta ou pelo menos parcialmente honesta. Graças a Deus já estava com tudo arranjado para passar um ano estudando na Índia, conduzindo a pesquisa da minha dissertação (uma investigação sobre os direitos e responsabilidades dentro dos casamentos indianos; sim, eu reconheço a ironia). Esse período no exterior me proporcionou a oportunidade de ficar longe por um tempo e curar minhas feridas. Foi na Índia que eu conheci Rupert, um escritor britânico que estava trabalhando em um guia de viagem para a região. Mesmo eu lhe relatando a minha bagunça emocional, dizendo que ele não devia cutucar a onça com vara curta, nem atiçar um touro com um pano vermelho, de alguma forma as coisas funcionaram bem entre nós dois.

Quando finalmente voltei para Berkeley para terminar a minha dissertação, ainda tinha que enfrentar o caos que eu tinha deixado para trás. Desculpar-me com o John não ajudaria. Ele ainda estava tão furioso que não estava pronto para me perdoar; ainda não me perdoou até hoje. Mas colocar a culpa no Peter também não ajudaria. Não consegui continuar com raiva quando soube que ele tinha desenvolvido um câncer logo após a nossa separação. Restavam-lhe apenas alguns meses de vida.

Foi precisamente nesse ponto que comecei a aprender sobre a autocompaixão em minhas incursões budistas semanais. Você pode imaginar que salva-vidas foi para mim? Comecei a me julgar um pouco menos, ter compaixão por minhas feridas de infância e aceitar as limitações que levaram à minha infidelidade. Eu gostaria de ter sido madura o suficiente para perceber que meu casamento não estava funcionando. Queria ter sido capaz de escolher uma forma mais honrosa de mudar o estado das coisas. Gostaria de ter sido sábia o suficiente para ver que a fonte de vitalidade e paixão que eu tinha descoberto não estava no meu amante, mas em mim mesma. Porém, eu não era capaz disso naquele momento. Não consegui fazer jus aos meus ideais e, como consequência, algo muito humano aconteceu.

Foi difícil me libertar da minha autocrítica. Lembrando-me daquela época, vejo que estava tentando salvar minha autoestima de forma complicada. Pelo menos a parte de mim que constantemente julgava e criticava era boa, apesar do resto ser ruim.

Outro obstáculo foi acreditar que me perdoar seria o mesmo que me deixar de lado por um tempo. Mas, para minha surpresa, quando comecei a me aceitar com mais bondade e compaixão descobri que conseguia ser realmente mais honesta sobre os danos que causei aos outros. Não só ao John, mas também ao Peter e à sua esposa. Peter, por ser mais vivido e experiente do que eu, já tinha percebido que minha primeira onda de paixão por um homem muito mais velho não duraria muito. Tenho que admitir que ele provavelmente estava certo. De certa forma, eu o estava usando como uma rota de fuga de um casamento infeliz. Embora eu não tenha percebido isso na época, provavelmente o teria deixado quando o objetivo tivesse sido alcançado. Ele fez a escolha certa ficando com sua esposa, sua fonte principal e sólida de força durante os meses de quimioterapia.

O que me surpreendeu na minha prática de autocompaixão foi a incrível capacidade de me enxergar de forma clara e aprender com os erros que eu tinha cometido. Depois que parei de choramingar e encontrei a coragem de olhar de perto, pude ver mais precisamente o que tinha dado errado. Com a bênção de meu noivo, Rupert, fiz longos e tranquilos passeios nas montanhas com Peter e conseguimos encontrar a compreensão mútua. A urgência de nossas discussões foi intensificada por sua morte iminente. Consegui entender por que tinha feito as minhas escolhas e por que Peter tinha feito as suas. Não era bonito, mas era como a vida tinha se desdobrado.

Depois que Peter faleceu, pude finalmente me livrar da minha vergonha e do meu julgamento. Vi que o ataque implacável à minha fraqueza e imaturidade era um completo desperdício de tempo e não estava ajudando nem a mim, nem a qualquer outra pessoa. Percebi que, com bondade e compreensão por mim mesma, eu poderia começar a me curar. Esse novo local de calor interno, paz e estabilidade emocional não só me trouxe uma grande felicidade, mas também permitiu que eu me entregasse mais no meu relacionamento com Rupert.

UM DOM PRECIOSO

A autocompaixão é um dom disponível a qualquer pessoa disposta a se abrir para si mesma. Quando desenvolvemos o hábito de autobondade, o sofrimento se torna uma oportunidade de experimentar o amor e a ternura internos. Não importa como as coisas ficam difíceis, podemos sempre envolver nosso ego rasgado e esfarrapado em nosso próprio abraço macio. Podemos acalmar e confortar a nossa própria dor, assim como uma criança se acalma e é confortada nos braços da mãe. Não temos que esperar até sermos perfeitos, até que a vida seja exatamente como queremos. Não precisamos dos outros para responder com cuidado e compaixão, para nos sentirmos dignos de amor. Não precisamos olhar para fora de nós mesmos para encontrarmos a aceitação e a segurança a que almejamos. Isso não quer dizer que não precisemos de outras pessoas. Claro que precisamos. Mas quem está na melhor posição para saber o que você realmente sente por baixo dessa fachada alegre? Quem mais pode saber a extensão da dor e do medo que você enfrenta, e saber do que você mais precisa? Quem é a única pessoa em sua vida disponível 24 horas por dia para lhe fornecer cuidado e bondade? Você.

Capítulo quatro:
Estamos juntos nessa

Um ser humano é parte do todo a que chamamos "Universo". Uma parte limitada no tempo e no espaço. Ele experimenta a si mesmo, seus pensamentos e sentimentos como algo separado do resto, uma espécie de ilusão de ótica da consciência. Essa ilusão é uma espécie de prisão para nós, restringindo-nos aos nossos desejos pessoais e ao afeto por pessoas mais próximas. Nossa tarefa deve ser a de nos livrarmos dessa prisão, ampliando nosso círculo de compaixão para abraçarmos todas as criaturas vivas e toda a natureza em sua beleza.
Einstein, *Escritos de Einstein*

O segundo elemento fundamental da autocompaixão é o reconhecimento da experiência humana comum. O reconhecimento da natureza interconectada com nossas próprias vidas – na verdade, com a *vida* – ajuda-nos a distinguir a autocompaixão da mera autoaceitação ou amor-próprio. Embora a autoaceitação e o amor-próprio sejam importantes, sozinhos são incompletos. Deixam de fora um fator essencial: a outra pessoa. A compaixão é, por definição, relacional. Compaixão significa literalmente *"sofrer com"*, o que implica uma mutualidade básica na experiência do sofrer. A emoção da compaixão brota do reconhecimento de que a experiência humana é imperfeita. Por que dizemos que "é apenas humano" quando queremos confortar alguém que tenha cometido um erro? A autocompaixão honra o fato de todos os seres humanos serem falíveis. Logo, escolhas erradas e sentimentos de pesar são inevitáveis a todas as pessoas (como diz o ditado, uma consciência limpa é, em geral, o sinal de uma memória ruim).

Quando estamos em contato com a humanidade comum, lembramos que os sentimentos de inadequação e decepção são compartilhados por todos; isso é o que distingue a autocompaixão da autopiedade. Enquanto a autopiedade diz "pobre de mim", a autocompaixão lembra que todo mundo sofre e oferece conforto porque todo mundo é humano. A dor que eu sinto em tempos difíceis é a mesma dor que você sente em tempos difíceis. Os motivos são diferentes, as circunstâncias são diferentes, o grau da dor é diferente, mas o processo é o mesmo. *Você não pode ter sempre o que deseja*, e isso é uma verdade para todos – até mesmo para os Rolling Stones.

Muitas vezes nós ficamos com medo e raiva quando nos concentramos em aspectos indesejáveis de nós mesmos ou de nossas vidas. Sentimos que somos impotentes e frustrados por nossa incapacidade de controlar as coisas: conseguir o que queremos ou ser quem queremos ser. Fechamo-nos contra as coisas como elas são e nos apegamos à nossa visão estreita de como as coisas *deveriam* ser. Todo ser humano está no mesmo barco. A beleza de reconhecer esse fato básico da vida – a luz no fim do túnel, por assim dizer –, é o que fornece uma visão profunda sobre a condição humana compartilhada.

Isolado e sozinho

Infelizmente, porém, a maioria de nós não foca no que tem em comum com os outros, especialmente quando sente vergonha ou inadequação. As pessoas quando falham são mais propensas a se sentirem isoladas e desconectadas do mundo ao seu redor em vez de enquadrarem suas imperfeições à luz da experiência humana compartilhada.

Quando focamos em nossos defeitos, sem levar em conta o grande cenário humano, nossa perspectiva tende a diminuir. Deixamo-nos absorver pelos nossos próprios sentimentos de insuficiência e insegurança. Quando estamos no espaço confinado de autoaversão é como se o resto da humanidade não existisse de fato. Esse não é um processo de pensamento lógico, é um tipo de visão através de um túnel emocional. De alguma forma, parece que eu sou o único que está sendo despejado, comprovadamente errado ou feito de bobo. Como Tara Brach (autora de *Radical Acceptance – Aceitação Radical*) escreveu: "sentir-se indigno anda de mãos dadas com o sentir-se separado dos outros, separado da vida. Se somos imperfeitos, como podemos pertencer a um grupo? Parece um círculo vicioso: quanto mais deficientes nos sentimos, mais ficamos isolados e vulneráveis."

Mesmo quando temos uma experiência dolorosa que não é nossa culpa, como ser demitido do trabalho por causa de uma crise econômica, irracionalmente sentimos que o resto do mundo está feliz e empregado. Parece que somos os únicos à toa em casa assistindo a reprises o dia todo. Quando ficamos doentes, parece que a doença é um estado anormal incomum (como um moribundo de 84 anos de idade cujas palavras finais são "por que eu?"). Quando caímos na armadilha de acreditar que as coisas devem correr sempre bem, tendemos a pensar que as coisas saíram terrivelmente do controle quando não acontecem conforme o imaginado. Esse não é um processo de pensamento consciente, mas uma suposição oculta que colore nossas reações emocionais. Adotando uma abordagem completamente lógica para o problema, devemos considerar o fato de que milhares de coisas podem dar errado ao mesmo tempo na nossa vida, por isso é muito provável a experiência bastante frequente de dificuldades – na verdade inevitável. Mas não somos racionais sobre esses assuntos. Em vez disso, sofremos e sentimo-nos sozinhos em nosso sofrimento.

A NECESSIDADE DE PERTENCER

Abraham Maslow, psicólogo americano famoso em meados do século XX, liderou o movimento da psicologia humanista. Ele argumentou que as necessidades de crescimento e felicidade individual não podem ser supridas sem primeiro satisfazermos a necessidade mais básica da conexão humana. Sem laços de amor e carinho com os outros, argumentou, não conseguimos alcançar o nosso pleno potencial como seres humanos. Da mesma forma, o psicanalista Heinz Kohut que desenvolveu um modelo chamado de "psicologia do *self*" no início da década de 1970, propôs que o "ato de pertencer" é uma das principais necessidades do *self*. Ele definiu o ato de pertencer como a sensação de ser um "humano entre seres humanos", o que nos faz sentir uma conexão com outras pessoas. Ele constatou que uma das principais causas dos problemas de saúde mental foi a falta de pertencimento ou a percepção de que estamos afastados de nossos semelhantes.

A solidão decorre do sentimento de que não pertencemos ou não estamos na presença de iguais. Se você estiver numa festa imensa, se não conseguir se encaixar, é muito provável que ainda se sinta sozinho. A solidão vem desse sentimento de desconexão dos outros, mesmo que estejam apenas algumas polegadas de distância. A ansiedade de falar em público, a fobia número um da nossa cultura, também é causada por medo de rejeição e isolamento. Por que dizem que quando precisamos falar em público devemos imaginar as pessoas usando roupa de baixo? Porque isso nos lembra que o público é vulnerável e imperfeito também, e essa imagem aumenta o nosso senso de humanidade compartilhada.

Mesmo o medo da própria morte deriva, em grande parte, da apreensão sobre a perda de companheirismo, da proximidade e das relações com os outros. E sentimentos de isolamento podem realmente colaborar para o surgimento dos temores. As pesquisas indicam que o isolamento social aumenta o risco de doenças coronárias em duas ou três vezes. Em contraste, a participação em um grupo de apoio diminui a ansiedade e a depressão vividas por vítimas de câncer, aumentando suas chances de sobrevivência em longo prazo. Uma das principais razões da eficácia dos grupos de apoio é que seus membros se sentem menos isolados no seu calvário. A necessidade de pertencer, portanto, é fundamental para a saúde física e emocional.

Os sentimentos de conexão, assim como os sentimentos de bondade, ativam o sistema de conexão do cérebro. A parte "amizade" do instinto de "cuidar e ser amigo" tem a ver com a tendência humana de ser afiliado, de unir-se em grupos a fim de sentir-se seguro. Por essa razão, as pessoas que se sentem ligadas a outras não ficam tão assustadas pelas circunstâncias difíceis da vida e são mais flexíveis.

Sem dúvida é maravilhoso quando conseguimos que a nossa necessidade de pertencer seja atendida pelos nossos entes queridos, como amigos ou família. Mas se você é alguém que tem dificuldade em manter boas relações, esse tipo de apoio social pode estar faltando em sua vida. E até na melhor das circunstâncias, nem sempre as outras pessoas são capazes de nos fazer sentir que pertencemos e somos aceitos. Nos salões cavernosos de nossas próprias mentes, podemos nos sentir isolados a qualquer momento, mesmo que as coisas não sejam realmente assim. Nosso medo e autojulgamento são como viseiras, que muitas vezes nos impedem de ver as mãos estendidas para nos ajudar. Também podemos ter vergonha de admitir para aqueles que amamos o nosso sentimento de inadequação, por medo de que não nos amem mais se souberem como realmente somos. Assim, esconder de outras pessoas o nosso verdadeiro eu aumenta a nossa solidão.

E é por isso que é tão importante transformar a nossa relação conosco, reconhecendo nossa interconexão *inerente*. Se pudermos nos lembrar a cada queda que o fracasso faz parte da experiência humana compartilhada, então esse momento se tornará um episódio de união, e não de isolamento. Quando as nossas experiências dolorosas e problemáticas são enquadradas pelo reconhecimento de que muitos outros têm sofrido dificuldades semelhantes, o golpe é suavizado. A dor ainda está lá, mas não se agrava pelo sentimento de separação. Infelizmente, porém, a nossa cultura nos leva a perceber como somos *diferentes* dos outros, e não como somos parecidos.

O JOGO DA COMPARAÇÃO

Por nossa cultura exigir que nos vejamos como "especiais e acima da média", frequentemente envolvemo-nos num processo egoísta de comparação social com os outros. Quando estamos ávidos em nos ver positivamente, tendemos a nos sentir ameaçados se os outros forem melhores do que nós.

A Liz, por exemplo, sentiu-se muito bem depois de receber a primeira avaliação anual no novo emprego. O relatório elogiou seu trabalho e esforço, e também prometeu um aumento de 5% no ano seguinte. Exultante, ela ligou para o namorado e contou-lhe a notícia. "Fantástico!", disse ele. "Vou deixar o champanhe pronto para quando você chegar em casa". No entanto, mais tarde no estacionamento, Liz ouviu um colega falando animado em seu telefone celular. "O relatório disse que eu era o funcionário novo mais promissor do ano! E, escuta essa, eles estão me dando um aumento de 10%! Isso é o dobro do que todo mundo está recebendo. Não é incrível?". Em um segundo, Liz deixou de se sentir fabulosa e passou a se achar um completo fracasso. Quando chegou em casa, em vez de celebrar a sua boa sorte com o namorado, acabou chorando em seu ombro.

Uma das consequências mais tristes da comparação social é como nos afastamos das pessoas cujo sucesso nos faz mal quando as comparamos a nós mesmos. Curiosamente, um estudo descobriu que isso era uma verdade tanto literal como figurativamente. Os pesquisadores disseram aos participantes do estudo que seriam avaliados o interesse e o conhecimento dos alunos sobre vários tópicos na competição do Bowl College. Os alunos pensaram que estavam sendo testados em pares, mas o segundo aluno era parte da equipe de pesquisa. Foi realizada uma competição simulada e os alunos foram testados em uma série de perguntas sobre temas como *rock* ou futebol. Os pesquisadores disseram aos alunos que eles tinham que superar seu parceiro ou então seu parceiro os superaria. Em seguida, os pesquisadores avaliaram o quanto os participantes se sentiam próximos do seu companheiro de estudo, perguntando o que eles pensavam que tinham em comum e se queriam trabalhar com o seu parceiro no futuro. Também analisaram em que lugar os alunos sentavam em relação ao seu parceiro quando eram transferidos para outra sala. Os alunos se sentiam mais distantes dos parceiros e sentavam longe deles quando eram informados de que tinham sido derrotados.

A triste ironia é que a razão principal para querermos ter sucesso se encontra no desejo de sermos aceitos e nos sentirmos dignos de estar perto de outras pessoas. Em suma, queremos sentir que pertencemos a um grupo. É uma jogada clássica. O próprio ato de competir pelo sucesso com os outros cria uma situação impossível de ser vencida, na qual os sentimentos de conexão que desejamos estão sempre fora de alcance.

Nós contra eles

Nossa mania de comparação não termina no nível individual. Também comparamos os grupos aos quais pertencemos – americanos, russos, republicanos, democratas, cristãos, muçulmanos e assim por diante – a outros grupos. Por isso vestimos o manto das afiliações do grupo ao qual pertencemos (como adesivos colocados nos para-choques dos carros). Nosso senso de *self* está imbuído de rótulos sociais que nos definem e nos passam as sensações de segurança e aceitação dentro de limites de grupo claramente definidos. Apesar de limitado, o sentido de pertencimento ainda pode ser encontrado dentro dessas identidades do grupo. Enquanto estamos nos identificando com subconjuntos de pessoas, e não com toda a raça humana, criamos divisões que nos separam de nossos semelhantes.

Infelizmente essas divisões muitas vezes levam ao preconceito e ao ódio. Assim como gostamos de nos sentir superiores e acima da média em termos de características pessoais, também gostamos de sentir que os nossos grupos são superiores aos outros. De acordo com a teoria da identidade social de Henri Tajfel, quando incorporamos um grupo à nossa identidade, obtemos a nossa consciência do nosso valor próprio a partir do fato de sermos membro desse grupo. Portanto, investimos muito fortemente na visão de "nós" de forma positiva e "eles" de forma negativa. É o nosso investimento em identidades sociais que subjaz à discriminação de grupos e ao racismo. A razão por eu querer ver o seu grupo de gênero-étnico-racial-político-nacional como inferior é porque essa visão valida a preeminência do meu próprio grupo, dando-me, assim, um sentimento de orgulho e de justa superioridade. Quando o membro da Ku Klux Klan veste sua capa branca ou o suposto terrorista faz uma manifestação de ódio, o seu senso de autoestima fica muito mais poderoso e mais perigoso do que qualquer droga.

A pesquisa de Tajfel mostrou que o processo do preconceito de grupo ocorre mesmo quando os critérios dos grupos aos quais pertencemos são arbitrários. Por exemplo, ao colocar pessoas em dois grupos diferentes de acordo com sua preferência pelos artistas abstratos Klee ou Kandinsky, mesmo escolhendo no cara-ou-coroa, essas pessoas acabam gostando mais dos membros do seu próprio grupo, por lhe fornecerem mais recursos, e acabam também não confiando nos membros do outro grupo.

A identidade coletiva está na raiz dos mais violentos conflitos, tanto numa briga entre duas equipes de futebol de uma escola local quanto numa guerra internacional em grande escala. Tajfel entendeu as ramificações do viés desse tipo de grupo em primeira mão. Um judeu polonês que estudou na Sorbonne, em Paris, durante a eclosão da Segunda Guerra Mundial, foi convocado para o exército francês e capturado pelos nazistas. Ele foi colocado em um campo de prisioneiros de guerra, mas só sobreviveu porque ninguém descobriu que ele era judeu. Porém, a maioria de seus amigos e sua família que estava na Polônia foi morta. O Holocausto foi um dos piores exemplos de como as pessoas podem maltratar uns aos outros por terem classificado a si próprios e aos outros em grupos distintos. Mas, infelizmente, não foi o último exemplo desse tipo.

Os psicólogos descobriram que o conflito diminui tremendamente quando o nosso sentimento de pertencimento se estende a toda a comunidade humana, em vez de parar nos limites de nossos próprios grupos sociais. Quando reconhecemos que estamos interligados e não somos entidades distintas, a compreensão e o perdão podem ser estendidos para si mesmo e para os outros com menos barreiras. Um estudo ilustra muito bem esse ponto. Estudantes universitários judeus foram questionados sobre a sua vontade de perdoar os alemães pelo que aconteceu no Holocausto. A descrição do trágico episódio histórico tinha duas inclinações: ora o Holocausto era descrito como um ataque agressivo dos alemães contra o povo judeu, ora como um evento no qual seres humanos se comportaram de forma agressiva com outros seres humanos. Os participantes judeus estavam mais dispostos a perdoar os alemães quando o evento era descrito como ocorrendo entre os seres humanos, e também viam os alemães como semelhantes a si mesmos nessa condição. Simplesmente mudando o nosso quadro de referência podemos alterar nossas percepções e reações emocionais.

O maravilhoso programa Dia do Desafio fornece uma experiência poderosa de humanidade comum para adolescentes. Durante um dia inteiro, ele coloca um grupo de estudantes do Ensino Médio para participar de uma série de atividades destinadas a promover sentimentos de conexão com os seus pares. Em um exercício chamado "Linhas que nos dividem", por exemplo, os adolescentes são convidados a ficar em fila em um dos lados do ginásio da escola. Em seguida, um líder de equipe anuncia uma série de experiências dolorosas e pede às pessoas que atravessem para o outro lado do ginásio se já a vivenciaram. Cada evento é anunciado lentamente, proporcionando tempo suficiente para que todos possam ver quem sofreu com o quê. "Por favor, cruze a linha se você já se sentiu ferido ou julgado por causa da cor da sua pele". "Você já foi humilhado em uma sala de aula por um professor ou um colega?". "Foi intimidado, provocado ou ferido por usar óculos, aparelho nos dentes ou aparelho auditivo?". Foi excluído pelo seu jeito de falar, pelas roupas que usa ou pela forma, tamanho ou aparência de seu corpo?". Em algum momento, quase todas as pessoas na sala cruzam a linha, tornando nitidamente claro que todos os adolescentes sofrem com a crueldade de julgamento em algum momento. Até mesmo os que parecem mais fortes choram depois de participar do exercício, pois a compaixão flui para si e para os outros. A experiência destrói as paredes imaginárias que fazem os adolescentes se sentirem sozinhos, permitindo-lhes perceber sua sensação de isolamento como uma ilusão e diminuindo a chance de conflitos entre eles.

É por isso que o reconhecimento da humanidade comum incorporada à autocompaixão é essa força de cura tão poderosa. Quando o nosso senso de autoestima e de pertencimento é fundamentado apenas no ser humano, não podemos ser rejeitados ou expulsos pelos outros. A nossa humanidade nunca nos pode ser negada e não importa o tamanho da nossa queda. O próprio fato de sermos imperfeitos serve como afirmação de que somos membros de carteirinha da raça humana e, portanto, de forma automática, estamos sempre ligados ao todo.

A ILUSÃO DA PERFEIÇÃO

Com muita frequência, a nossa mente nos leva a pensar que podemos – mais ainda, que devemos – ser diferentes do que somos. Ninguém gosta de sentir que falhou. Mas para alguns a imperfeição é muito mais difícil de suportar. O perfeccionismo é definido como a necessidade compulsiva de alcançar e realizar seus objetivos sem tolerância para situações em que não é possível atingir os próprios ideais. Os perfeccionistas sofrem enorme estresse e ansiedade para fazer as coisas exatamente certas e sentem-se arrasados quando não têm sucesso. Suas altas expectativas são irreais e levam a inevitáveis decepções. Quando a realidade é vista em preto-e-branco (ou sou perfeito ou sou inútil), o estado de insatisfação consigo mesmo é constante.

Tom, por exemplo, é um escritor que consegue viver de seus livros de romance de ficção histórica, mas nunca escreveu nenhum grande sucesso. Embora fosse capaz de pagar suas despesas com os *royalties* (nada fácil para um escritor), ele ainda não estava satisfeito, porque não tinha escrito um *best-seller* nacional. Então, finalmente, Tom teve sua grande chance. O New York Times fez um comentário brilhante sobre seu último romance e pouco tempo depois ele foi convidado para entrevistas em várias estações de rádio e TV. As vendas de seu livro começaram a decolar e não demorou muito para que ele começasse a imaginar as palavras "romance número um na lista de *best-sellers*" escritas na capa da sua edição de bolso. Embora tenha havido uma alta nas vendas e o livro de fato tenha entrado na lista dos mais vendidos (posição 23), Tom ainda não estava feliz. Ele só conseguia pensar no fato de que as vendas de seu livro não foram as maiores. Ele não era o número um, não estava nem mesmo entre os dez primeiros. Ironicamente, Tom ficou mais deprimido quando suas vendas subiram porque se aproximou da possibilidade de ser "o melhor", agora firmemente enraizada em sua mente. Seu livro simplesmente não era bom o bastante, e Tom acabou se sentindo um fracasso, mesmo sendo, na verdade, um sucesso genuíno. A sua história mostra a natureza insidiosa do perfeccionismo e o sofrimento que, muito frequentemente, tal comportamento provoca.

O perfeccionismo tem um lado positivo? Sim. Tem a ver com a determinação de fazer o seu melhor. Esforçar-se para alcançar padrões elevados pode vir a ser uma característica produtiva e saudável. Mas quando todo o seu senso de autoestima é baseado em ser produtivo e bem-sucedido, o fracasso simplesmente não é permitido. Nesse caso, o esforço para alcançar a perfeição torna-se tirânico e contraproducente. Uma pesquisa indica que os perfeccionistas têm um maior risco para os distúrbios alimentares, ansiedade, depressão e toda uma série de outros problemas psicológicos.

Se fôssemos perfeitos não seríamos humanos; seríamos a Barbie e o Ken, figuras de plástico que parecem boas, mas não têm vida – são como pedras. A vida humana (o calor, a respiração) está sempre desdobrando maravilhas e não é um estado estático de mesmice impecável. Estar vivo envolve luta e desespero, assim como alegria e glória. Exigir a perfeição é virar as costas à vida real, a toda a gama de possibilidades da experiência humana. E a perfeição é chata! Uma personagem muito popular no YouTube, Kelly (uma adolescente protagonizada pelo comediante Liam Kyle Sullivan) captura esse sentimento perfeitamente quando diz com uma voz de adolescente normalmente aborrecida: "Eu já fui até o céu. Mas depois de cinco minutos já estava falando: ok, vamos embora?". Não é verdade? Será que você realmente quer habitar um mundo onde tudo e todos são absolutamente perfeitos? É precisamente *por causa* do indesejado e inesperado que a nossa vida é intrigante e interessante.

A imperfeição também torna possíveis o crescimento e a aprendizagem. Goste ou não, a principal forma de aprender é caindo, assim como fizemos para aprender a andar. Nossos pais podem dizer um milhão de vezes para não tocarmos no fogão quente, mas é só depois de realmente nos queimarmos que entendemos o porquê dessa proibição. As oportunidades de aprendizagem oferecidas pela falha podem de fato nos ajudar a alcançar nossos sonhos. Nas palavras do dono de restaurante Wolfgang Puck: "Eu aprendi mais com o restaurante que não deu certo, do que com todos os que foram um sucesso". Sim, o fracasso é frustrante. Mas também é temporário e, no devido tempo, leva à sabedoria. Podemos pensar no fracasso como parte do aprendizado de vida. Se fôssemos perfeitos e tivéssemos todas as respostas, nunca iríamos começar a fazer perguntas e não seríamos capazes de descobrir novidades.

INTERCONECTIVIDADE

Quando julgamos a nós mesmos por nossas insuficiências, normalmente aceitamos que há de fato uma entidade separada e claramente delimitada chamada "eu", responsável por nossas falhas. Mas isso é verdadeiro? Quem somos, como pensamos e o que fazemos está inextrincavelmente entrelaçado com outras pessoas e eventos, o que torna a atribuição de culpa bastante ambígua. Suponhamos que você tenha um problema com a raiva e costume se criticar por isso. Quais são as causas e condições que o levaram a ficar tão zangado? Talvez a genética inata desempenhe seu papel. Mas, e se você escolhesse seus genes antes de entrar neste mundo? Sua composição genética deriva de fatores completamente fora do seu controle. Ou talvez você tenha crescido em um lar cheio de conflito, onde os gritos e a raiva eram a única maneira de se comunicar. Você escolheu que sua família fosse assim?

Se examinarmos de perto as nossas falhas "pessoais", fica claro que elas não estão lá por opção. Normalmente, as circunstâncias externas conspiraram para formar nossos padrões particulares sem a nossa ingerência. Se você tivesse controle sobre seus pensamentos, emoções e comportamentos ruins, não os manteria. Você já teria descartado todo o seu lado obscuro, as suas neuroses e ansiedades, e se tornaria um raio de sol calmo e confiante. É claro que não temos controle completo sobre nossas ações. Se tivéssemos, só agiríamos de forma socialmente aprovada. Então por que você se julga tão duramente pelo seu jeito de ser?

Somos a expressão da combinação de milhões de circunstâncias anteriores que se reúnem para nos moldar. Nosso contexto econômico e social, nossas associações e conversas passadas, nossa cultura, nossa história familiar, nossa genética – tudo isso teve um papel profundo na criação das pessoas que somos hoje. O mestre Zen Thich Nhat Hanh chama de *"interser."*

> *"Se você for um poeta, verá claramente que há uma nuvem flutuando nesta folha de papel. Sem a nuvem, não haverá chuva; sem chuva, as árvores não podem crescer e, sem árvores, não podemos fazer papel. A nuvem aqui é fundamental para que o papel exista. Se ela não estiver aqui, a folha de papel também não pode estar. Logo, podemos dizer que a nuvem e o papel intersão."*

Muitas pessoas têm medo de reconhecer a sua interligação essencial, pois isso significa que devem admitir não ter controle completo sobre a forma como pensam e agem. Isso faz com que se sintam impotentes. No entanto, estar no controle é apenas uma ilusão. E é uma ilusão muito prejudicial, porque incentiva o autojulgamento e a culpa. Na realidade, não faz sentido nos culparmos duramente, assim como não faz sentido culpar um furacão pelo estrago que ocasiona. Apesar de darmos nomes aos furacões, como Katrina ou Rita, um furacão não é uma unidade autossuficiente. Um furacão é um fenômeno em constante e permanente mudança, decorrente de um conjunto particular de pressão, interagindo com as condições do ar, a temperatura do solo, a umidade, o vento e assim por diante. O mesmo se aplica a nós: também não somos unidades autossuficientes. Como os padrões climáticos, também somos um fenômeno em constante e permanente mudança, decorrentes de determinado conjunto de condições que interagem. Sem comida, água, ar e abrigo, estaríamos mortos. Sem os nossos genes, nossa família, nossos amigos, nossa história social e cultural, não agiríamos ou sentiríamos da mesma maneira.

Quando reconhecemos que somos o produto de inúmeros fatores com os quais normalmente não nos identificamos, não precisamos interpretar nossos erros como problemas exclusivamente pessoais. Quando reconhecemos a intrincada teia de causas e condições em que estamos todos embarcados, conseguimos ser menos críticos conosco e com os outros. A compreensão profunda do *interser* nos permite ter compaixão pelo fato de que estamos fazendo o melhor que podemos, devido à forma como a vida nos tratou.

A palavra "mas" é muito usada neste momento. O que há de errado com o julgamento? Nós não precisamos da nossa capacidade de julgamento para diferenciar o certo e o errado? Não precisamos dela para assumirmos a responsabilidade pessoal pelos nossos erros? É útil estabelecer aqui uma distinção entre o julgamento e a sabedoria discriminativa. A sabedoria discriminativa reconhece quando as coisas são prejudiciais ou injustas, mas reconhece primeiramente as causas e condições que levam a situações de dano ou injustiça. Quando malfeitores são tratados com compaixão em vez de com condenação dura, os ciclos de conflito e sofrimento podem ser quebrados.

Imagine ouvir uma história sobre um jovem que rouba um banco e atira no braço de um caixa que tentava pedir ajuda. Primeiramente, você pode fazer um julgamento implacável a respeito do rapaz: ele é um monstro e deve ser trancado na prisão por toda a eternidade. Fim da história. Mas então você conhece mais a fundo o criminoso e sua história: seus pais eram viciados em drogas; ele ficou nas ruas por onze anos em um bairro onde teve que lutar e roubar para sobreviver; tentou conseguir um emprego e se comportar, mas era sempre demitido porque não sabia ler nem escrever corretamente e, finalmente, entrou no crime.

Sua atitude linha dura em relação ao infrator pode começar a amolecer. Você pode, inclusive, vir a ter compaixão por ele. Essa compaixão não significa absolvê-lo da responsabilidade por seus crimes ou concordar com o que ele fez. Você ainda pode pensar que ele precisa ir para a prisão para garantir a segurança da sociedade. Mas uma compreensão mais profunda das condições que levaram o criminoso a agir dessa forma manteria o respeito pela sua humanidade no processo. Talvez com ajuda e incentivo diretos, em um novo conjunto de condições, ele possa mudar.

Essa é a diferença entre a sabedoria discriminativa e o julgamento. O julgamento separa as pessoas ruins das pessoas boas e tenta captar a sua natureza essencial com rótulos simplistas. A sabedoria discriminativa reconhece a complexidade e a ambiguidade. Reconhece a forma como a vida pode se desenrolar e acarretar algo ruim, mas também permite a possibilidade de criar um novo conjunto de circunstâncias no qual as coisas possam ser diferentes.

Jesus disse a famosa frase: "Aquele que não tiver pecado, que atire a primeira pedra". Ao morrer na cruz, disse: "Pai, perdoai-os, eles não sabem o que fazem". A mensagem era clara: precisamos ter compreensão e compaixão, mesmo pelos piores malfeitores. E também por nós mesmos.

Exercício Um
Deixando de lado nossas autodefinições e identificando nossa interconectividade

Pense em uma característica sua que condena e, ao mesmo tempo, considera uma parte importante da sua autodefinição. Por exemplo, você pode pensar em si mesmo como uma pessoa tímida, preguiçosa, irritada e assim por diante. Pergunte-se o seguinte:

1. Quantas vezes você exibe esse traço? A maior parte do tempo, às vezes, apenas ocasionalmente? Quem é você quando esse traço não está evidente? Você ainda é você?

2. Existem circunstâncias particulares que parecem apagar esse defeito ou outras em que ele não se faz evidente? Será que essa característica realmente o define ou são necessárias circunstâncias particulares para que o traço fique aparente?

3. Quais são as várias causas e condições (experiências familiares na infância, genética, pressões da vida etc.) que o levaram a ter essa característica? Se essas forças "de fora" foram parcialmente responsáveis, é possível pensar nesse traço da sua identidade como um reflexo do seu eu interior?

4. Você opta por essa característica e escolhe se deve ou não exibi-la? Não? Então por que você está se julgando?

5. O que acontece quando você reformula sua autodescrição para redefinir esse traço? Por exemplo, se em vez de dizer "Eu sou uma pessoa com raiva" você disser "às vezes, em certas circunstâncias, eu fico com raiva". Não se identificar tão fortemente com essa característica muda alguma coisa? Você sente mais espaço, liberdade e paz de espírito?

Estamos todos sujeitos às limitações humanas. Cada um de nós está em situação idêntica. O escritor britânico Jerome K. Jerome escreveu certa vez: "É nas nossas faltas e fracassos, e não nas virtudes, que nos aproximamos uns dos outros e encontramos a empatia. É nas nossas loucuras que somos um". Reconhecendo a natureza compartilhada das nossas imperfeições, alcançamos o senso de conexão necessário para realmente prosperarmos e atingirmos o nosso potencial pleno. Em vez de olharmos para fora procurando um sentido de aceitação e de pertencimento, podemos satisfazer diretamente essas necessidades olhando para dentro, através da autocompaixão.

Minha história: afinal, o que é normal?

A prática da autocompaixão e, especialmente, a lembrança da minha humanidade compartilhada me ajudaram a lidar com o maior desafio na minha vida. Uns dois anos depois de conseguir um emprego na Universidade do Texas, em Austin, tive um filho lindo chamado Rowan. Quando meu menino tinha um ano e meio, percebemos que havia algo errado: ele não estava apontando, gesto que a maioria dos bebês já faz com um aninho. Não virava a cabeça quando o chamávamos pelo nome, não me chamava de mamãe, não me chamava para absolutamente nada. Seu vocabulário tinha cerca de cinco palavras, todas começando com a letra B, e alguns nomes, a maioria dos trens de Thomas e seus amigos[1]. Ele passava horas organizando, obsessivamente, seus animais de brinquedo.

---

1 N. de E. "Thomas e seus amigos". Personagem de livros infantis e programas de TV.

Ficava violento quando o chapéu de algum bichinho caía. Eu sabia que a maternidade seria difícil, mas não tanto. Por que eu não conseguia fazê-lo parar com esse comportamento perturbador? Será que eu era uma mãe ruim? Não estava sendo firme o suficiente?

Eu precisava saber se Rowan tinha algum tipo de distúrbio no seu desenvolvimento. Podia ser algum problema auditivo, atraso na fala, algum distúrbio no processamento auditivo central? Levei-o para todos os tipos de especialistas. Comprava qualquer livro que parecesse poder ajudar. Fiz todo o tipo de coisa, *exceto* investigar seriamente se Rowan estava mostrando sinais de autismo. Pensando bem, devo ter suspeitado, inconscientemente, que meu filho era autista, mas a minha mente consciente não me permitia admiti-lo. Rowan podia ter qualquer problema, eu pensava, mas uma criança encantadora, adorável e engraçada como ele não pode ser autista. Afinal de contas, ele era tão amável e carinhoso, fazia contato visual direto. As crianças autistas supostamente não fazem isso, certo? Lembro-me de uma vez que Rowan me deu um daqueles belos sorrisos reconfortantes e eu, meio de brincadeira, disse ao meu marido, Rupert: "Pelo menos sabemos que ele não é autista!".

Um dia, quando eu estava fazendo as malas para um retiro de meditação com início no fim daquela tarde, não consegui mais ignorar a persistente preocupação. Respirei profundamente várias vezes, virei-me para o computador e digitei as palavras "autismo, os primeiros sinais". O *site* dizia que se a criança apresentasse pelo menos três sinais de uma lista de dez, havia boas chances de ela ser autista e seria preciso levá-la para avaliação profissional o mais rapidamente possível. Rowan apresentava nove sinais em dez. A falta de contato com os olhos era a única característica ausente.

Naquele momento eu soube que Rowan era autista. Chamei Rupert e lhe mostrei as evidências. Ele ficou tão atordoado quanto eu. "Vou cancelar o meu retiro", falei. "Não, você deve ir", ele respondeu. "Você precisa disso. E eu preciso que você esteja forte e centrada para que possa me ajudar quando voltar". Chorei durante toda a viagem de duas horas até o centro de retiro e chorei nos quatro dias seguintes. Eu literalmente me sentei com a dor de saber que meu filho era autista. "Como isso pode estar acontecendo?". "Estamos perdendo o Rowan". "Como vamos lidar com isso?". Eu me permiti sentir totalmente o medo e a tristeza, e me dei o máximo que pude de benevolência e compaixão. Se um pensamento de culpa entrasse sem querer, eu perguntava: "Como posso estar chorando por Rowan quando eu o amo tanto?". Eu não conseguia fugir do autojulgamento. Meu sentimento de pesar foi simplesmente natural, algo que acontece com todos os pais em igual situação.

Quando voltei do retiro, Rupert e eu tivemos que lidar com o fato de que aquela era a nossa vida. Todos os nossos sonhos para o filho perfeito – acreditávamos que ele faria doutorado como eu ou se tornaria um escritor de sucesso como o pai – escaparam pela janela. Tínhamos um filho autista.

Admito que, às vezes, essa experiência me levou à autopiedade. Quando estava no parque com Rowan, por exemplo, e via as outras mães com seus filhos "normais", sentia tristeza por mim mesma. Por que não posso ter um filho normal? Por que o Rowan não consegue nem responder quando outra criança pergunta o nome dele? Por que as outras crianças fazem caretas por ele ser estranho? Começava a me sentir isolada, sozinha e separada do mundo das famílias "normais". Eu me encontrei gritando por dentro: "TER FILHOS NÃO ERA PARA SER ASSIM! ESSE NÃO É O PLANO PARA O QUAL ME INSCREVI! POR QUE EU?". Felizmente, a autocompaixão me salvou de ir longe demais nesse caminho. Enquanto observava as outras crianças brincando nos balanços ou no escorregador, lembrava que a maioria das famílias tinha dificuldades para cuidar dos filhos. Talvez o desafio não fosse o autismo, mas poderiam ser inúmeras outras questões – depressão, distúrbios alimentares, dependência química, *bullying* na escola ou alguma doença grave. Eu olhava para as outras famílias no parque e lembrava que elas certamente tinham seus problemas e tristezas também, se não era naquele momento, então em algum momento no futuro. Em vez de me sentir uma "pobrezinha", tentava abrir o meu coração a todos os pais, em todos os lugares, que estavam tentando fazer o seu melhor em circunstâncias difíceis. E o que dizer dos milhões de pais de países em desenvolvimento cujos filhos sequer têm o suficiente para comer? Eu certamente não era a única num momento difícil.

Essa linha de pensamento teve dois resultados. Em primeiro lugar, comecei a me sentir profundamente em contato com a imprevisibilidade do ser humano. Meu coração inflava de ternura com todos os desafios e dores envolvidas no ato de ser pai e mãe, mas também com toda a alegria, amor e sabedoria que os filhos nos trazem. Em segundo lugar, a minha situação foi posta numa perspectiva muito mais clara. Em vez de cair na armadilha de acreditar que os outros pais estavam passando por um momento mais fácil do que o meu, lembrava que poderia ser pior, muito pior. No panorama geral das coisas, o autismo não foi tão ruim e havia coisas que podíamos fazer para ajudar bastante o Rowan. O verdadeiro dom da autocompaixão, na verdade, foi o que me deu a serenidade necessária para tomar as atitudes que *de fato* o ajudariam.

Talvez o mais importante tenha sido o foco na humanidade comum que me ajudou a amar Rowan tal como ele era. Quando lembrava que ter problemas e desafios faz parte da vida, eu conseguia superar mais facilmente a frustração de não ter um filho "normal".

E o que é "normal"? Talvez Rowan tivesse dificuldade em se expressar com a linguagem ou em se engajar nas interações sociais adequadas, mas ele era um amor, uma criança feliz. Ser humano não é ser de algum jeito específico; é ser como a vida criou, com seus próprios pontos fortes e fracos, dons e desafios, peculiaridades e esquisitices. Aceitando a condição humana, eu conseguia aceitar melhor e abraçar o Rowan, além de aceitar o meu papel como a mãe de uma criança autista.

Capítulo cinco:
Estar plenamente atento ao que é

Você não pode parar as ondas, mas pode aprender a surfar.
Jon Kabat-Zinn, *Wherever You Go, There You Are*

O terceiro ingrediente-chave da autocompaixão é a atenção plena. Essa atenção se refere a uma visão clara e sem julgamento que aceita o que está ocorrendo no momento presente. Em outras palavras, trata-se de um enfrentamento da realidade. A ideia é que precisamos ver as coisas tal como são, nem mais, nem menos, a fim de responder à situação daquele momento da forma mais compassiva e, portanto, eficaz.

Parar para observar momentos de sofrimento

Para nos darmos compaixão, primeiro temos que reconhecer nossos sofrimentos. Não se pode curar o que não se pode sentir. Como mencionado anteriormente, muitas vezes não conseguimos reconhecer os sentimentos de culpa, os defeitos, a tristeza, a solidão etc. como sofrimentos que podem ser respondidos com compaixão. Quando você se olha no espelho e se acha muito baixo ou com um nariz muito grande, imediatamente diz a si mesmo que esse sentimento de inadequação é doloroso e merecedor de um cuidado gentil e carinhoso? Quando o seu chefe o chama para a sala dele e diz que o seu desempenho no trabalho está abaixo da média da equipe, o seu primeiro instinto é de se confortar por estar passando por uma experiência tão difícil? Provavelmente não.

Certamente dói quando não atingimos nossos ideais, mas a nossa mente tende a se concentrar no próprio fracasso, e não na dor causada pela falha. Essa é a diferença fundamental. Quando identificamos em nós mesmos algo de que não gostamos, nossa atenção tende a se tornar completamente absorvida por essa falha. Nesse momento, não temos a perspectiva necessária para reconhecer o sofrimento causado pelos nossos sentimentos de imperfeição e muito menos para tratar essas falhas com compaixão.

E não ignoramos apenas a dor da inadequação pessoal. Somos surpreendentemente agressivos conosco quando as circunstâncias gerais de nossa vida dão errado, mesmo que não seja por culpa nossa. Suponhamos que sua mãe fique gravemente doente ou alguém bata no seu carro. A maioria das pessoas, mesmo não se culpando pela circunstância no momento, liga, imediatamente, o modo resolução-de-problemas em situações como essas. Estamos propensos a gastar uma enorme quantidade de tempo e energia lidando com a crise, fazendo consultas médicas, ligando para as companhias de seguros e assim por diante. Apesar de tudo isso ser extremamente necessário, também é importante reconhecer que experiências assim nos consomem emocionalmente. Precisamos parar, tomar fôlego e reconhecer que estamos num momento difícil. Mais ainda, é fundamental entender que a nossa dor é merecedora de um cuidado gentil e carinhoso. Caso contrário, nosso sofrimento segue sem assistência, e o estresse e a preocupação só crescem. Corremos o risco de ficarmos esgotados, exaustos e devastados, porque estamos gastando toda a nossa energia tentando corrigir problemas externos sem nos tratarmos internamente.

O hábito de ignorar a dor não é surpreendente, uma vez que somos fisiologicamente programados para evitá-la. A dor sinaliza que algo está errado, provocando a resposta de luta ou de fuga. É como se o corpo gritasse em aviso: PROBLEMA, FUJA, PERIGO! Imagine se não houvesse um mecanismo capaz de sinalizar algo tão básico como: "Dedo preso na porta do carro: abra a porta e tire o dedo imediatamente!". Por causa da nossa tendência inata a nos afastarmos do sofrimento, pode ser extremamente difícil encararmos e acolhermos a nossa dor tal como ela é. É por isso que tantas pessoas se fecham para suas emoções. É a coisa mais natural a se fazer.

Jacob era uma dessas pessoas fechadas. Evitava o conflito e rapidamente apaziguava qualquer um que mostrasse o menor sinal de ter ficado chateado: simplesmente não queria lidar com intensidades emocionais. Era um bom homem, mas não estava disposto a enfrentar a dor do seu passado. Sua mãe era uma atriz de televisão bem conhecida, que levou muito a sério sua carreira. Porém, muitas vezes deixava o filho nas mãos de babás enquanto trabalhava nas gravações. Em seu inconsciente, Jacob se ressentia profundamente de todo o tempo que sua mãe passou longe dele, priorizando a carreira. Entretanto, ele não permitia que seus sentimentos de raiva aflorassem, porque tinha medo de começar a odiar a sua mãe, destruindo os sentimentos de amor e conexão que nutria por ela. Então, basicamente, ele suprimiu a sua raiva.

Alguns anos atrás, Jacob entrou em depressão e começou a terapia. Seu terapeuta o ajudou a perceber que sua doença resultava em parte dos poços profundos de raiva que armazenava e o esforço que fazia para reprimir esse sentimento. Era preciso entrar em contato com suas verdadeiras emoções. Contudo, quando Jacob finalmente enfrentou sua ira em vez de trancá-la em sua consciência, a raiva tomou conta dele e ganhou a potência e a ameaça de um rifle certeiro. Jacob mergulhou na sua fúria com tanta força que ficava extremamente irritado quando pensava na forma "horrível" que sua mãe o havia tratado. Começou a vê-la como o monstro narcisista de Norma Desmond, em *Crepúsculo dos Deuses*. Em suma, ficou histérico, e não consciente. Infelizmente, é comum que aconteça o extremo oposto no balanço do pêndulo quando as pessoas começam a trabalhar com emoções difíceis.

FUGINDO DE SENTIMENTOS DOLOROSOS

A supressão e a decorrente explosão de nossas emoções é algo que a maioria de nós já experimentou. Eu gosto de chamar esse processo de "superidentificação". O nosso *self* se mistura de tal forma com as nossas reações emocionais que a realidade é consumida por elas. Não há espaço mental de sobra para dizer: "Puxa, eu estou um pouco atordoado, talvez haja outra maneira diferente de enxergar esta situação". Em vez de recuarmos e observarmos objetivamente o que está acontecendo, ficamos perdidos. O que pensamos e sentimos parece ser uma percepção direta da realidade e esquecemos que estamos colocando uma visão pessoal nas coisas.

Lembro-me de uma vez que minha mãe e minha sogra vieram de fora da cidade para nos visitar e pegaram meu carro emprestado para levar meu filho, Rowan, a um passeio. Eu tenho um Toyota prata híbrido sem chave, o que significa que você tem que segurar o controle perto do carro para abrir a porta. Não há botão para pressionar e lugar para inserir a chave. Essa nova tecnologia não parecia confiável para minha mãe e minha sogra e as deixou um pouco nervosas. Depois do passeio, elas voltaram ao estacionamento onde estava o carro e tentaram segurar o controle ao lado da porta do carro. Obviamente não funcionou. Minha mãe tentou mais algumas vezes e nada aconteceu. "Olha só! Não se pode contar com esses truques ultramodernos!". Ambas ficaram muito chateadas: estavam a uma hora de distância de casa, encalhadas, com uma criança confusa. E tudo por causa de alguma tecnologia moderna maldita. O que podiam fazer?

Decidiram ligar para a concessionária local da Toyota, e o atendente lhes disse para chamarem um chaveiro. Quando a ajuda estava a caminho, elas viram o segurança do estacionamento. Talvez ele pudesse ajudar nesse meio tempo. "Senhor, nós estamos trancados do lado de fora do Toyota híbrido da minha filha que tem essa chave estranha. O senhor já usou um desses antes?". O homem olhou para a chave e em seguida para o carro. "Senhoras, vocês disseram que era um Toyota? Este carro não é um híbrido. Sequer é um Toyota." Meu carro estava, na verdade, três vagas a frente. Elas estavam tão perdidas que nem pensaram em tomar uma atitude mais sensata: verificar se estavam tentando entrar no carro certo. Nas palavras imortais de Charlie Chaplin, "A vida é uma tragédia quando é vista num *close*, mas uma comédia quando é vista de longe".

Há outra razão para eu chamar esse processo de superidentificação. As reações extremas – ou, talvez mais precisamente, exageradas – são especialmente comuns quando o *self* está envolvido. As emoções ficam à flor da pele se tenho medo de enfrentar o julgamento alheio. Digamos que eu precise fazer um discurso público e esteja nervosa. Os sentimentos que surgem quando penso no discurso tendem a distorcer bastante a realidade. Em vez de simplesmente perceber que estou nervosa, crio cenários elaborados de rejeição em minha mente: pessoas rindo de mim, atirando vegetais podres em minha direção e assim por diante.

Esse tipo de reação emocional é ocasionado pela tentativa de evitar a visão do fracasso ou do que é aparentemente ruim. Quando o nosso autoconceito está ameaçado, as coisas emergem muito rapidamente. Há algum tempo pensei que tinha perdido um importante comprovante de pagamento de imposto que me foi enviado pelo governo. Eu o havia solicitado meses antes e tinha acabado de recebê-lo pelo correio. O prazo para a apresentação do documento foi se aproximando muito rápido e eu precisava enviá-lo ao meu contador, mas não encontrava o papel em lugar algum. Procurei em toda parte, mas não tive sucesso. Fiquei em pânico e fui torturada pela ansiedade. Que catástrofe! Estou numa grande encrenca! Em outras palavras, fiquei irritada e perturbada por tê-lo perdido. Por trás da minha reação, estava o medo de eu ser apenas um desastre. A minha falta de habilidade de organização (a correspondência se acumula na mesa da minha cozinha como folhas no chão de outono) tinha voltado a me assombrar. Felizmente, reconheci o que estava acontecendo e fui capaz de tomar ciência das minhas reações. Sim, eu estava me sentindo ansiosa por ter perdido o comprovante, mas aquilo era realmente tão ruim? Eu podia pedir outra cópia para o governo, o que, apesar de ser um aborrecimento, não seria o fim do mundo. Eu até consegui me lembrar de ter compaixão pela minha ansiedade. Reconheci que a minha vida estava muito atribulada e, dentro dessas circunstâncias, eu até que estava bem organizada. Parei para me confortar nessa situação dolorosa, lembrando que essas coisas acontecem.

Algumas horas depois, Rupert chegou em casa com um olhar tímido. Disse-me que, acidentalmente, tinha usado o verso do envelope oficial para uma lista de compras. No fim das contas o papel não fora realmente perdido. Em vez de criticar meu marido, o que eu provavelmente teria feito se ainda estivesse lutando com o autojulgamento de incompetência, eu ri da situação toda. Quantas vezes fazemos tempestade num copo d'água? Quantas vezes criamos a ilusão de que as coisas são piores do que realmente são? Se pudermos aplicar a atenção plena nos nossos medos e ansiedades em vez de superidentificá-los, podemos nos salvar de muita dor injustificada. No início do século XVII, o filósofo francês Montaigne disse uma vez: "Minha vida foi preenchida com infortúnios terríveis, a maioria dos quais nunca aconteceu".

A atenção plena nos traz de volta ao momento presente e fornece o tipo de consciência equilibrada que forma a base da autocompaixão. Como uma piscina límpida e sem ondulações, a atenção plena espelha perfeitamente o que está ocorrendo sem distorção. Em vez de nos perdermos na nossa própria novela pessoal, a atenção nos permite ver a nossa situação de uma perspectiva mais ampla, ajudando a garantir que não soframos desnecessariamente.

Consciência da consciência

A atenção plena faz com que percebamos a nossa dor sem a exagerarmos. Implica observar o que está acontecendo em nosso campo da consciência exatamente como é, bem aqui e agora. Lembro-me muito claramente da primeira vez que experimentei a atenção. Eu tinha cerca de 12 anos de idade, estava sozinha em casa depois da escola. A minha mãe tinha o livro do Ram Dass, *Be Here Now* (*Esteja Aqui Agora*, não publicado no Brasil), que estava na mesa de centro. Embora o livro estivesse lá há vários meses, um dia, por alguma razão, eu realmente pensei sobre o que as palavras significavam. ESTEJA AQUI AGORA. Hmmm. Eu estou aqui agora. Atravessei a sala de estar. Ainda aqui, ainda agora. Entrei na cozinha. Ainda aqui, ainda agora. Onde mais eu poderia estar, senão aqui? Quando mais poderia ser, senão agora? E aí me ocorreu: há apenas o aqui e o agora. Não importa aonde vamos ou o que fazemos, estamos aqui agora. Eu me senti muito entusiasmada e corri ao redor da casa rindo com espanto. AQUI! AGORA! AQUI! AGORA! AQUI! AGORA! Ganhei uma visão sobre uma das verdades mais fundamentais da vida: *a consciência só existe no aqui e no agora.*

Por que isso é importante? Porque nos permite perceber que os pensamentos sobre o passado e o futuro são apenas pensamentos. O passado não existe, exceto em nossas memórias e o futuro não existe, exceto em nossa imaginação. Portanto, em vez de ficarmos perdidos em nossa linha de pensamento, podemos dar um passo para trás e dizer "ahh, isso é o que eu estou pensando, sentindo e experimentando *exatamente agora*". Podemos despertar para a realidade do momento presente.

A atenção plena às vezes é vista como uma forma de "metaconsciência" – a consciência da consciência. Em vez de simplesmente sentir raiva, estou ciente de que eu estou sentindo raiva agora. Em vez de apenas sentir a bolha no meu calcanhar, estou ciente de que eu sinto a bolha no meu calcanhar agora. Não estou apenas pensando no que vou dizer na reunião de amanhã, estou ciente de que, nesse momento, eu estou pensando sobre o que eu vou dizer amanhã. Isso pode parecer uma distinção vaga, não substancial, mas faz toda a diferença em termos de nossa capacidade de responder com eficácia a situações difíceis. Quando podemos ver a nossa situação com clareza e objetividade, abrimos a porta para a sabedoria. Quando a nossa consciência diminui e se perde em nossos pensamentos e emoções, não conseguimos refletir sobre nossas reações e perguntar se elas estão ultrapassando fronteiras. Isso limita a nossa capacidade de agir com sabedoria.

A analogia do cinema é comumente usada entre aqueles que escrevem sobre a atenção plena. Quando você está perdido no enredo de um filme (um suspense, por exemplo), às vezes, de repente, lembra que está no cinema. Um momento antes, quando pensava que o vilão podia jogar a heroína pela janela, você estava segurando os braços da cadeira com medo. Então alguém sentado ao seu lado espirrou e você percebeu que não há realmente qualquer perigo, *é apenas um filme*. Em vez de ser totalmente consumida pelo enredo, sua consciência se amplia e você reconhece o que está realmente acontecendo no momento presente. Você está apenas observando *pixels* de luz dançando na forma de uma cena. Então você solta os braços da cadeira, o seu batimento cardíaco volta ao normal e você se permite mergulhar na história mais uma vez.

A atenção plena funciona de maneira muito semelhante. Quando você se concentra no fato de que está tendo certos pensamentos e sentimentos, não está mais perdido no enredo da história. Pode acordar e olhar ao seu redor, tendo uma perspectiva externa sobre a sua experiência. Pode direcionar sua consciência sobre si como se estivesse olhando um reflexo na piscina e vendo uma imagem de si mesmo olhando seu reflexo na piscina. Experimente! Você leu as palavras nesta página sem perceber que estava lendo, mas, agora, pode ler esta frase com a *consciência* do ato de leitura. Se estiver sentado, provavelmente não notou as sensações nos seus pés quando eles tocam o chão. Agora, se concentre no fato de que seus pés sentem alguma coisa. Não ficam apenas com formigamento (ou quentes, frios, apertados etc.). Agora você está ciente de que seus pés têm sensações. Essa é a plena consciência.

Felizmente, o Jacob enfim aprendeu como manter na mente a raiva estimulada pela carreira de atriz de sua mãe, mas não foi um processo tão simples quanto parece. Seu terapeuta o ensinou a sentir-se pleno, experimentando a dor e o ressentimento que abrigava em relação à sua mãe por todos esses anos sem precisar acreditar que a narrativa da história que contava a si mesmo fosse *real e verdadeira*. A raiva era verdade, mas a consciência suave e sem julgamentos capaz de conter sua raiva o ajudou a perceber que o amor profundo de sua mãe também era verdadeiro. Sim, ela amava sua carreira e se dedicou ao trabalho, o que talvez tenha acarretado falhas. Mas seu comprometimento profissional visava, em parte, alcançar os recursos financeiros necessários para dar ao filho vantagens na vida. Portanto, Jacob aprendeu a se acalmar e a se equilibrar na atenção plena antes de enfrentar sua mãe com acusações iradas. Ele então teve uma conversa franca e gentil com sua mãe sobre as dificuldades de sua infância, o que realmente acabou aproximando-os. Se Jacob não tivesse escolhido o caminho da atenção plena, poderia ter aberto uma fenda destrutiva em seu relacionamento com a mãe, uma ferida que levaria anos para cicatrizar.

BRILHANDO A LUZ DA CONSCIÊNCIA

A chave para a compreensão da atenção plena reside na própria consciência distintiva dos conteúdos da consciência. Todos os tipos de coisas diferentes surgem no quadro das nossas sensações físicas, percepções visuais, sons, cheiros, gostos, emoções, pensamentos. Esses são todos os conteúdos, coisas que vêm e vão. E o conteúdo da consciência está sempre mudando. Mesmo quando fica perfeitamente imóvel, a respiração sobe e desce, o nosso coração bate, os nossos olhos piscam, sons surgem e desaparecem. Se o conteúdo da consciência não se alterasse, estaríamos mortos. A vida, por definição, implica em transformação e mudança.

Entretanto, é mesmo a consciência que detém todos esses fenômenos? É a luz da consciência que ilumina a visão, os sons, as sensações e os pensamentos? A consciência não muda. É a única coisa em nossa experiência de vigília que permanece imóvel e constante, o alicerce sereno no qual repousa a nossa experiência em constante mudança. As experiências variam continuamente, mas a consciência que as ilumina não.

Imagine um cardeal vermelho voando num céu azul claro. O pássaro representa um pensamento particular ou uma emoção que estamos experimentando, e o céu representa a atenção plena que detém o pensamento ou a emoção. A ave pode começar a dar voltas loucas, dar um mergulho de nariz, pousar no galho de alguma árvore ou o que quer que seja, mas o céu ainda está lá, imperturbável. Quando nos identificamos com o céu, e não com o pássaro – em outras palavras, quando a nossa atenção repousa na consciência em si, e não em pensamentos ou emoções particulares –, podemos nos manter calmos e centrados.

Isso é importante porque, quando temos atenção plena, encontramos o nosso lugar de descanso – o nosso banco, como, às vezes, é chamado. Em vez de ter o nosso *self* preso e levado pelo conteúdo de consciência, ele permanece centrado na consciência. Podemos perceber o que está acontecendo (um pensamento raivoso, um medo, uma sensação latejante nas têmporas) sem cair na armadilha de pensar que somos *definidos* por essa raiva, esse medo ou essa dor. Não podemos ser definidos por aquilo que estamos pensando e sentindo quando nossa consciência está *ciente* do que estamos pensando e sentindo. Afinal, quem é este ser consciente dos meus pensamentos e sentimentos senão eu?

Exercício Um
A prática da percepção[2]

Uma importante ferramenta utilizada para desenvolver a atenção plena é a prática de percepção. A ideia é fazer uma percepção mental suave, sempre que um determinado pensamento, emoção ou sensação surge. Isso nos ajuda a nos tornarmos mais conscientes do que estamos enfrentando. Se eu notar que sinto raiva, por exemplo, torno-me consciente de que estou com raiva. Se eu notar que minhas costas estão desconfortáveis da forma como estou sentado à mesa, torno-me consciente do meu desconforto. Isso, então, me permite responder com sabedoria às minhas circunstâncias atuais. Talvez eu devesse respirar profundamente algumas vezes para me acalmar ou devesse me esticar para aliviar a dor nas costas. A prática da percepção pode ser usada em qualquer situação e ajuda a gerar atenção plena na vida diária.

Para este exercício, encontre uma posição relaxada e sente-se por cerca de dez ou vinte minutos. Sinta-se confortável, feche os olhos e simplesmente observe quaisquer pensamentos, emoções, cheiros, sons ou outras sensações físicas que surgem em sua consciência. Por exemplo: "respirar", "som de crianças brincando", "coceira no pé esquerdo", "perguntar o que vestir para a festa", "insegurança", "emoção", "avião voando" e assim por diante. Toda vez que se tornar ciente de uma nova experiência, reconheça-a com uma percepção mental tranquila. Em seguida, deixe que sua atenção se dedique à próxima experiência pela qual foi atraída.

Às vezes, você vai se sentir perdido em seus pensamentos. Vai perceber que nos últimos cinco minutos esteve pensando sobre o seu almoço e se esqueceu inteiramente da sua prática de per-

---

2   Também disponível como uma meditação guiada em formato mp3. Saiba mais em www.lucidaletra.com.br/pages/autocompaixao

cepção. Não se preocupe. Assim que perceber essa tendência, acolha a experiência de estar "perdido no pensamento" e volte sua atenção para a sua prática de percepção.

Podemos treinar nosso cérebro para prestar mais atenção e se tornar mais consciente do que está acontecendo conosco a cada momento. Essa habilidade oferece uma grande recompensa, permitindo-nos ser mais plenamente envolvidos no presente e, também, fornecendo a perspectiva mental necessária para lidar com situações desafiadoras de forma eficaz.

Responder é melhor do que reagir

A atenção plena oferece uma incrível liberdade, porque significa que não temos que acreditar em cada pensamento ou emoção como sendo *real e verdadeira*. Em vez disso, podemos ver que os diferentes pensamentos e emoções surgem e desaparecem, e podemos decidir em quais vale a pena prestar atenção. Podemos questionar a precisão de nossas percepções e perguntar se nossos pensamentos e emoções precisam ser levados tão a sério. O verdadeiro tesouro oferecido pela atenção plena – seu presente mais surpreendente – é que a consciência plena nos proporciona a oportunidade de *responder* em vez de simplesmente *reagir*.

Quando estou envolvida numa história que tem fortes emoções (digamos que um amigo tenha me falado alguma coisa que me magoou e me indignou), estou propensa a reagir com uma atitude da qual, mais tarde, posso me arrepender. Por exemplo, uma vez eu estava conversando com uma amiga ao telefone e começamos uma discussão. Eu estava tentando convencê-la de que a escolha que eu estava fazendo era, de fato, boa. No início, era apenas uma conversa: eu apresentava minhas razões e minha amiga respondia preocupada, questionando se a escolha era realmente certa para mim. Num determinado momento, no entanto, minha amiga expressou seu receio dizendo que eu estava sendo "ingênua". É engraçado como rapidamente o teor da conversa foi alterado. Eu me senti insultada e, depois, com raiva. Comecei a levantar a voz e logo estava gritando. Passei a defender o meu ponto de vista como se minha vida dependesse daquilo, exagerando minhas alegações para mostrar o que era o certo para mim e caracterizar a minha amiga como ignorante e confusa. Antes que eu percebesse, tinha desligado o telefone na cara dela.

Como somos velhas amigas, liguei para ela alguns minutos depois para me desculpar. Quando começamos a falar com calma, percebi que ela não pretendia me insultar quando usou a palavra "ingênua". Estava realmente preocupada com a decisão que eu tinha tomado sem ter a experiência necessária para tanto. A palavra que ela usou não foi a mais política, mas suas intenções eram boas, e eu certamente exagerei. Provavelmente o fato de meu trabalho ter sido estressante naquele dia ajudou a piorar as coisas também.

Se eu tivesse estado plenamente atenta durante a nossa conversa, teria sido capaz de dizer a mim mesma: "Estou ciente de que estou me sentindo ferida, insultada e com raiva agora. Vou respirar profundamente e fazer uma pausa, antes de começar a gritar acusações. Quais são os seus motivos para me dizer isso? Ela está realmente tentando me machucar?". Em outras palavras, quando somos capazes de reconhecer o que estamos sentindo no momento, não precisamos deixar que esse sentimento nos impulsione a agir imediatamente. Podemos parar e questionar se realmente queremos dizer o que está na ponta da nossa língua ou se preferimos escolher algo mais produtivo para falar.

Para termos alguma escolha nas nossas formas de responder, no entanto, precisamos de espaço mental para considerar nossas opções. Precisamos ser capazes de perguntar a nós mesmos: o que realmente está acontecendo aqui agora? É um perigo real ou estou só tendo *pensamentos* de perigo, como *pixels* de luz que dançam em uma tela? Qual é a situação real que precisa de resposta? É assim que se ganha a liberdade necessária para fazer escolhas sábias.

Mesmo quando não somos capazes de estar plenamente atentos no momento do problema, o que é reconhecidamente muito difícil de fazer quando nossas emoções estão num turbilhão, a atenção plena nos permite recuperar nossas ações exageradas mais rapidamente. Não, não fui capaz de interromper a mim mesma antes de desligar o telefone. Mas eu também não tenho que passar as próximas horas, dias ou semanas justificando o meu comportamento. Fui rapidamente capaz de reconhecer o que tinha acontecido, manter em mente a realidade e me arrepender do meu comportamento, fazendo as pazes com ela e seguir em frente.

A atenção plena possui um poder marcante. Ela nos dá o espaço necessário para respirar e responder de forma a ajudar, em vez de nos trazer mais danos. E, é claro, uma das formas de nos prejudicarmos é pelo hábito reativo da autocrítica. Pode ser por causa dos nossos pais, da nossa cultura ou do nosso tipo de personalidade. Ao longo da vida, muitos de nós construímos padrões de culpa quando falhamos ou fazemos algo errado. Quando vemos algo sobre nós de que não gostamos, nossa reação automática é nos colocarmos para baixo. Da mesma forma, quando confrontamos a adversidade, nossa primeira reação pode ser a de ir imediatamente para o modo de resolução de problemas, sem antes parar e cuidar das nossas necessidades emocionais. Se pudermos estar atentos, mesmo que por um breve instante, à dor associada ao fracasso ou ao estresse e às dificuldades resultantes das circunstâncias difíceis, podemos dar um passo atrás e responder ao nosso sofrimento com bondade. Podemos nos acalmar e nos confortar com compreensão compassiva. Podemos reformular a nossa situação à luz da nossa humanidade compartilhada para que não nos sintamos tão isolados pela adversidade. Não estou apenas sofrendo, *estou ciente do meu estado de sofrimento* e, portanto, posso tentar fazer algo a esse respeito.

Depois de alguma prática, você pode realmente criar esse hábito. Quando perceber que está sofrendo, automaticamente se abrace com compaixão. Pense nisso como um equivalente a apertar o botão de *reset* do seu computador travado. Em vez de ficar preso a sentimentos dolorosos de autojulgamento ou de estoicismo impiedoso, reinicie o seu coração e sua mente para que comecem a fluir com liberdade de novo. Então, quaisquer ações que forem necessárias para ajudar a resolver a sua situação podem ser realizadas com mais calma, estabilidade e liberdade, para não mencionar eficácia.

Sofrimento = dor x resistência

O sofrimento resulta de uma única fonte: a comparação da nossa realidade com os nossos ideais. Quando nossa vida corresponde às nossas vontades e desejos, estamos felizes e satisfeitos. Quando isso não ocorre, sofremos. Claro, a chance de nossa realidade estar plenamente de acordo com nossos ideais 100% do tempo é a mesma de uma bola de neve não derreter no calor do inferno. É por isso que o sofrimento é tão onipresente.

Uma vez fui a um retiro para meditar com um professor maravilhoso chamado Shinzen Young, que me transmitiu palavras de sabedoria inesquecíveis. Ele disse que a chave para a felicidade está no entendimento de que o sofrimento é causado pela *resistência à dor*. Não podemos evitar a dor na vida, mas não necessariamente temos que sofrer por isso. Shinzen era conhecido como um budista *nerd* (usava óculos com aro de tartaruga) e escolheu uma equação para expressar essas palavras de sabedoria: "Sofrimento = Dor x Resistência". Então acrescentou: "Na verdade, é uma exponencial, e não uma relação multiplicativa". O que ele queria dizer era que podemos distinguir entre a dor normal das emoções difíceis da vida, o desconforto físico e assim por diante, e o *sofrimento* real – a angústia mental causada pela luta contra o fato de que a vida é por vezes dolorosa.

Digamos que você fique preso num terrível engarrafamento. Essa situação pode ser levemente estressante e irritante. Você provavelmente vai chegar atrasado para o trabalho e vai ficar entediado no seu carro. Nada demais. Se, entretanto, você resistir ao fato de que está preso em um engarrafamento, mentalmente estará gritando "ISSO NÃO PODIA ESTAR ACONTECENDO!". Dessa forma, você estará propenso a sofrer muito mais. Vai ficar muito mais aborrecido, agitado e com raiva daquilo que poderia ter sido diferente. Os acidentes que acontecem nas estradas porque o motorista está com raiva são consequência desse tipo de reação. Cerca de 300 pessoas morrem ou ficam gravemente feridas nas estradas nos Estados Unidos a cada ano em acidentes causados por motoristas que estavam com raiva.

Nosso sofrimento emocional resulta do nosso desejo de que as coisas sejam diferentes do que são. Quanto mais resistimos à verdade do que está acontecendo agora, mais sofremos. A dor é como uma substância gasosa. Se você permitir que ela apenas esteja lá, livremente, ela acabará se dissipando por conta própria. Se você lutar e resistir à dor, no entanto, isolando-a em um espaço confinado, a pressão vai crescer cada vez mais até que haja uma explosão.

Na verdade, resistir à dor é bater a cabeça contra a parede da realidade. Quando você luta contra o fato de que a dor está surgindo em sua experiência consciente, você está acrescentando a ela sentimentos de raiva, frustração e estresse. Isso só agrava o seu sofrimento. Uma vez que algo ocorreu, não há nada que você possa fazer para mudar essa realidade no momento presente. É a*ssim que as coisas são*. Você pode optar por aceitar esse fato ou não, mas a realidade permanecerá a mesma de qualquer maneira.

A atenção plena nos permite parar de resistir à realidade porque mantém toda a experiência na consciência sem julgamento. Ela nos permite aceitar o fato de que algo desagradável está ocorrendo, mesmo que não gostemos de como as coisas são. Quando nos relacionamos conscientemente com nossas emoções difíceis, elas acabam seguindo seu curso natural até desaparecerem. Se podemos esperar uma tempestade passar com relativa serenidade, por que vamos tornar as coisas piores do que já são? A dor é inevitável, o sofrimento é opcional.

Exercício Dois
Trabalhando a dor com atenção plena

Realize este pequeno experimento para observar como a atenção plena e a autocompaixão podem nos ajudar a sofrer menos quando estamos com dor.

1. Segure um cubo de gelo em sua mão por alguns segundos (o que será levemente desconfortável). Apenas reaja como faria normalmente e solte o cubo de gelo quando o desconforto se tornar insuportável. Observe como era intenso

o desconforto e quanto tempo você conseguiu segurar o cubo de gelo antes de ter de soltá-lo.

2. Segure um cubo de gelo na outra mão por alguns segundos. Dessa vez, não tente resistir quando sentir o desconforto. Relaxe apesar da sensação e permita que ela apenas exista. Conscientemente, perceba as qualidades do que sente: o frio, o ardor, o formigamento e assim por diante. Ao fazê-lo, dê a si próprio a compaixão por qualquer desconforto que estiver sentindo. Por exemplo, você poderia dizer: "Ai, isso realmente dói! É difícil sentir essa sensação! Mas tudo bem, eu vou passar por isso". Solte o cubo de gelo quando o desconforto se tornar insuportável. Mais uma vez, observe como foi intenso o que sentiu e quanto tempo você conseguiu segurar o cubo de gelo.

Quando terminar, compare as duas experiências. Alguma coisa muda quando você não resiste à dor? Você foi capaz de segurar o cubo de gelo por mais tempo? O desconforto foi menor? Você foi capaz de fornecer suporte empírico para a proposição de que o "Sofrimento = Dor X Resistência"? Quanto menos você resistir, menos sofrerá.

O QUE ESTÁ FORA DO NOSSO CONTROLE

Às vezes, há a possibilidade de fazer alterações em sua situação atual para que as circunstâncias futuras melhorem. Se você se relaciona com o momento presente de maneira consciente, estará em um lugar melhor para considerar com sabedoria o que você quer fazer no momento seguinte. Se você julgar o momento presente e resistir a ele, não só causará frustração extra e raiva a si mesmo como também ofuscará sua capacidade de escolher os seus próximos passos com sabedoria. A atenção plena, então, nos permite considerar que medidas proativas podem ser tomadas para melhorar a nossa situação, mas também permite reconhecer quando as coisas não podem ser alteradas e devemos aceitá-las.

A oração da serenidade que ficou famosa por causa dos Alcoólicos Anônimos e outros 12 passos do programa capturam essa ideia lindamente:

Deus me conceda a serenidade para aceitar as coisas que não posso mudar, coragem para mudar as que posso e sabedoria para saber a diferença entre elas.

A atenção plena nos permite distinguir aspectos da nossa experiência entre aqueles que podemos mudar e aqueles que não podemos. Se um objeto pesado cai no meu pé, eu posso tirá-lo dali – isso é algo que pode mudar. Mas o pulsar que eu sinto no meu pé não pode ser alterado, pelo menos naquele momento. Se eu aceitar que o evento aconteceu, talvez até usando uma pitada de humor, ainda sentirei a dor, mas permanecerei relativamente em paz até que ela desapareça. Não vou acrescentar à minha situação algo para ficar mais frustrado e agitado, ou chutar algum objeto com raiva (você pode até rir, mas sabe que todos nós fazemos isso!). Meu estado de calma também vai me ajudar a tomar uma decisão sábia, como colocar gelo no pé para evitar um inchaço.

Embora possa ser contraintuitivo, temos pouco poder para mudar o que se passa dentro de nossas próprias cabeças. O que surge dentro do nosso campo de consciência é um mistério. Pensamentos e emoções aparecem espontaneamente e muitas vezes ultrapassam os limites das boas-vindas. Gostaríamos de ter um filtro interno para os nossos pensamentos e emoções, igual ao filtro de uma máquina de lavar, que impeça a negatividade de entrar em nossa consciência. Assim, teríamos apenas que remover o pacote acumulado de pensamentos dolorosos, críticos e de autossabotagem e jogá-lo no lixo. No entanto, nossa mente não funciona assim.

Pensamentos e sentimentos surgem com base na nossa história, nossas experiências e associações passadas, nossas conexões, nosso ciclo hormonal, o nosso nível de conforto físico, o nosso condicionamento cultural, nossos pensamentos e sentimentos anteriores e inúmeros outros fatores. Como discutido no capítulo anterior, há inúmeras causas e condições fora de nossa escolha consciente que se uniram para produzir nossa experiência mental e emocional atual. Nós não podemos controlar quais pensamentos e emoções passam pelos portões da consciência. Se alguns deles não forem saudáveis, não podemos fazer essas experiências mentais irem embora. Contudo, *podemos mudar a maneira como nos relacionamos com isso*.

Quando julgamos a nós mesmos por nossa experiência mental, estamos apenas piorando as coisas. "Que pessoa horrível eu sou por ter esse pensamento!". "Uma pessoa mais amável iria sentir simpatia em vez de irritação nessa situação". Porém, será que você opta por ter os seus pensamentos e emoções em particular? Você realmente deve se julgar desse jeito? Podemos nos libertar do emaranhado nó do autojulgamento aceitando a nossa experiência no aqui e agora. "Esses são os pensamentos e emoções que estão surgindo em minha consciência no momento presente". Faça essa simples declaração sem acompanhá-la com a culpa. Não precisamos nos criticar por esses pensamentos desagradáveis ou sentir essas emoções destrutivas. Podemos simplesmente deixá-los ir embora. Se não perdermos tempo tentando justificá-los e reforçá-los, eles tendem a se dissipar por conta própria. A erva daninha que não recebe água definha e desaparece. Ao contrário, quando um pensamento ou sentimento saudável surge, podemos mantê-lo na consciência de amor e deixá-lo florescer completamente.

Há uma história muito sábia dos nativos americanos sobre um velho cherokee ensinando seu neto sobre a vida. "Uma luta está acontecendo dentro de mim", disse ele ao menino. "É uma luta terrível entre dois lobos. Um deles é o mau: raiva, inveja, tristeza, desgosto, cobiça, arrogância, autopiedade, culpa, ressentimento, inferioridade, mentiras, falso orgulho, superioridade e ego. O outro é bom: alegria, paz, amor, esperança, serenidade, humildade, bondade, benevolência, empatia, generosidade, verdade, compaixão e fé. A mesma luta está acontecendo dentro de você e dentro de todas as outras pessoas também". O neto pensou naquilo por alguns minutos e perguntou ao seu avô: "Qual lobo vai ganhar?", ao que o velho Cherokee simplesmente respondeu: "Aquele que você alimentar".

Com o dom da atenção plena e a prática de aceitar o momento presente, você é mais capaz de moldar seus momentos futuros com sabedoria e clareza. Não só reduz seu próprio sofrimento como também é capaz de fazer boas escolhas sobre como agir. Faz todo o sentido, mas não é um hábito ensinado a muitos de nós quando crianças. No Ocidente, somos criados para sermos entendidos, para trabalharmos duro e sermos membros produtivos da sociedade, mas ninguém nos ensina como lidar produtivamente com nossas próprias emoções – especialmente as mais difíceis.

Aprender a ficar plenamente atento

Felizmente, isso está começando a mudar. Cientistas ocidentais estão começando a documentar como a atenção plena traz benefícios para a saúde, chamando a atenção para uma ideia que se originou nas tradições orientais de meditação há milhares de anos. Centenas de estudos já mostraram que pessoas capazes de prestar atenção à sua experiência num momento específico de forma consciente têm maior equilíbrio emocional. Por exemplo, usando a tecnologia fMRI, foram escaneados cérebros mostrando que as pessoas mais conscientes são menos reativas a imagens assustadoras ou ameaçadoras. Essas varreduras mediam a ativação da amígdala cerebral (a parte reptiliana do nosso cérebro, responsável pela resposta de luta ou fuga). Em suma, quem pratica a atenção plena tem menor risco de surto e, consequentemente, está menos à mercê das circunstâncias. Por essa razão, essas habilidades são comumente ensinadas por terapeutas e outros profissionais de saúde que ajudam as pessoas a lidarem com o estresse, a dependência, a dor física e outras formas de sofrimento.

Jon Kabat-Zinn criou o MBSR: *Mindfulness-Based Stress Reduction* (redução do estresse baseado na atenção plena, em português), um dos programas de redução de estresse mais onipresentes e bem-sucedidos nos Estados Unidos. Seus cursos são oferecidos por centenas de hospitais, clínicas e centros médicos no próprio país e no mundo todo. O programa intensivo de oito semanas orienta as pessoas por meio de uma série de exercícios, ensinando-as a serem mais conscientes. A pesquisa mostrou que o curso ajuda as pessoas a lidarem com os desafios da vida com menos estresse e maior facilidade. O MBSR também ajuda pacientes que sofrem de dor crônica. Em um dos primeiros estudos de Kabat-Zinn, por exemplo, pacientes relataram diminuições substanciais (cerca de 50%) nas dores crônicas nas costas depois de fazer o curso.

Uma das principais práticas ensinadas pelo MBSR é a meditação com atenção plena. A prática normalmente envolve a redução da entrada sensorial. Deve-se sentar calmamente e de olhos fechados, de modo a facilitar a atenção focada na experiência daquele momento, sem se sobrecarregar com sensações externas. As pessoas muitas vezes começam a meditação se concentrando na respiração por um período para acalmar a mente e aguçar a atenção. Então, quando a mente se calma, a atenção se move livremente para qualquer pensamento, som ou sensação que surgir em seu campo de consciência. A ideia é observar tudo o que aparecer sem julgamento, sem tentar empurrar qualquer experiência particular para longe nem retê-la. Apenas se permite que pensamentos e sentimentos venham e vão, como pássaros voando em um céu totalmente azul. Acompanhar o surgimento e o desaparecimento dos fenômenos mentais aumenta a capacidade de estar atento na vida cotidiana.

É importante notar, no entanto, que, embora a meditação seja uma forma poderosa para fortalecer o músculo da atenção, existem outras maneiras de acalmar a mente e quebrar o devaneio do pensamento, como a oração silenciosa ou mesmo uma caminhada solitária no parque. Outro método experimentado e verdadeiro é a respiração lenta e profunda, prestando atenção em todas as sensações geradas durante a inspiração e a expiração. A atenção plena não é uma prática esotérica especial mágica tirada da cartola: nascemos todos com essa prerrogativa, dotados da capacidade de estar cientes do nosso próprio campo de consciência. Essa forma de atenção está plenamente ao nosso alcance. E o principal é que podemos *optar intencionalmente* por focar nos pensamentos, nas emoções e nas sensações que estão surgindo no momento da meditação, de forma amigável e sem julgamento.

Exercício Três
Atenção plena na vida diária

Escolha uma atividade por dia para praticar a atenção plena. Pode ser enquanto você escova os dentes, enquanto caminha do estacionamento para o trabalho, enquanto toma o seu café da manhã ou sempre que seu celular tocar. Opte por uma atividade que ocorre no início do dia, para se lembrar de estar atento antes de se sobrecarregar com as tarefas diárias. Quando estiver envolvido em sua atividade consciente – digamos que escolha caminhar do estacionamento até o trabalho –, sua consciência deverá focar na sua experiência real no momento presente.

Tente não começar a pensar imediatamente no que você precisa fazer quando chegar ao escritório. Basta observar como se sente ao andar. O que seus pés sentem quando tocam o chão? Você pode perceber a mudança de sensações à medida que alterna o movimento dos pés? O que suas pernas sentem quando se movem com o movimento do peso da direita para a esquerda? Qual a temperatura enquanto você caminha? Está quente ou frio? Tente trazer sua consciência para o maior número possível de aspectos da experiência de andar. Concentre-se numa sensação distinta de cada vez para não ficar sobrecarregado. Se você se perder em pensamentos ou emoções, basta perceber o seu devaneio e voltar sua consciência para a experiência de andar.

Você está aguçando as suas habilidades de atenção e trabalhando o seu músculo da atenção plena. Será de grande ajuda quando surgirem situações difíceis e você puder estar ciente das suas emoções sem fugir delas. Todos nós somos capazes de estar atentos, mas em meio à nossa vida agitada devemos escolher abrandar e perceber, mesmo que seja por apenas um momento, o que está acontecendo conosco aqui e agora.

A atenção consciente é um dos componentes do núcleo de autocompaixão. Por isso, quando melhoramos essas nossas habilidades, aumentamos automaticamente a nossa capacidade autocompassiva. Vários estudos têm demonstrado que a participação no curso de MBSR durante as oito semanas aumenta os níveis de autocompaixão. Da mesma forma, estudos têm demonstrado que pessoas experientes na meditação com atenção plena têm mais autocompaixão do que aquelas menos experientes.

Aumentar nossas habilidades da atenção plena é uma forma importante de promover a autocompaixão. Outros dois componentes importantes são a autobondade e a humanidade comum, que também reforçam nossa capacidade de consciência e criam um ciclo positivo. Um dos inimigos da atenção plena é o processo de superidentificação – somos levados por nosso drama pessoal de forma tão intensa que não conseguimos ver claramente o que está ocorrendo no momento presente. Se você está chateado porque está perdido no seu próprio julgamento ou está se sentindo isolado dos outros, será muito mais difícil ficar consciente de suas emoções dolorosas. No entanto, se é capaz de acalmar e aliviar seus sentimentos, oferecendo-se a bondade ou colocando as coisas numa perspectiva humana maior, conseguirá dar-se o espaço necessário para sair do seu melodrama e, consequentemente, do seu sofrimento. Perceber nossos exageros não é tão difícil quando nos sentimos cuidados e conectados.

Três portas para entrar

Há três portas de entrada distintas para a autocompaixão, nossa ferramenta para lidar com emoções difíceis. Você pode optar por qualquer um desses três campos potenciais de ação sempre que se perceber em sofrimento.

- Seja bondoso e cuidadoso consigo mesmo.
- Lembre-se de que encontrar a dor é parte da experiência humana compartilhada.
- Mantenha seus pensamentos e emoções na sua consciência.

Quando optamos por um dos componentes da autocompaixão ao enfrentarmos sentimentos difíceis, fica mais fácil envolvermos os outros dois. Às vezes, você vai achar mais fácil entrar numa porta do que na outra, dependendo do seu humor e da situação no momento. Mas, uma vez que tiver conseguido acessar a autocompaixão, está feito: você terá aproveitado o seu poder, permitindo transformar a sua relação com a dor da vida de uma forma revolucionária e criativa. A partir da plataforma estável da autocompaixão, você será capaz de guiar com sabedoria os seus próximos passos de forma a obter saúde, felicidade e bem-estar. Em vez de deixar as emoções difíceis tomarem conta, poderá transportá-las para um lugar melhor. Poderá mantê-las, aceitá-las e ser compassivo consigo mesmo. E o mais incrível é que você não tem que confiar em nada nem em ninguém para se dar esse presente. Nem precisa esperar até que as circunstâncias sejam exatamente certas. É precisamente *nos tempos difíceis* e quando as coisas parecem ruins que a autocompaixão fica mais disponível.

Exercício quatro
Diário da autocompaixão

Tente manter um diário da autocompaixão por uma semana (ou o tempo que você quiser). O diário é uma maneira eficaz de expressar emoções e melhora tanto o bem-estar mental quanto o físico. À noite, quando tiver momentos de silêncio, faça uma revisão dos acontecimentos do seu dia. No diário, anote tudo o que fez você se sentir mal, qualquer coisa que tenha julgado em si próprio ou qualquer experiência difícil que tenha lhe causado dor. Por exemplo, talvez você tenha se irritado com uma garçonete no almoço porque ela demorou muito para trazer a conta; você pode ter reagido com um comentário grosseiro e ido embora sem deixar gorjeta e, depois, ter se arrependido. Processe cada evento de forma autocompassiva, usando a atenção plena, o senso de humanidade comum e a bondade.

Atenção plena

Significa, principalmente, trazer a consciência às emoções dolorosas que surgiram devido ao seu autojulgamento ou a circunstâncias difíceis. Escreva sobre como você se sentiu: triste, envergonhado, com medo, estressado e assim por diante. Enquanto escreve, tente se aceitar e não julgar sua experiência. Não a menospreze nem se torne excessivamente dramático. Prosseguindo com o exemplo da garçonete, você poderia dizer: "fiquei frustrado porque ela foi muito devagar; fiquei com raiva, exagerei e me senti um tolo depois".

A humanidade comum

Anote como a sua experiência se conecta à experiência humana comum. Isso inclui reconhecer as imperfeições do ser humano e o fato de que todas as pessoas têm esse tipo de experiência dolorosa. "Todos exageram, às vezes, é humano". Você pode pensar também nas várias causas e condições subjacentes ao acontecimento doloroso. "Minha frustração foi agravada pelo fato de que eu estava atrasado para minha consulta médica do outro lado da cidade e o trânsito estava terrível naquele dia. Se as circunstâncias tivessem sido diferentes, minha reação provavelmente teria sido diferente também".

Autobondade

Escreva para si mesmo palavras gentis de compreensão e conforto. Deixe claro para si mesmo que você que se preocupa consigo, adotando um tom suave e reconfortante. *Está tudo bem. Você está confuso, mas não é o fim do mundo. Entendo que estava muito frustrado e se perdeu. Eu sei o quanto você valoriza a gentileza com as outras pessoas e como se sente mal agora. Talvez possa tentar ser mais paciente e generoso com outros garçons esta semana...*

Praticar os três componentes da autocompaixão nesse tipo de exercício vai ajudar a organizar seus pensamentos e emoções enquanto os codifica em sua memória. Se você é do tipo que gosta de manter um diário, a sua prática da autocompaixão vai se tornar ainda mais forte e mais facilmente traduzida na vida diária.

Minha história: ultrapassando os tempos sombrios

Posso lhe dizer por experiência própria que a autocompaixão pode ser um salva-vidas. Foi o que me trouxe de volta do precipício do desespero várias vezes, enquanto eu lutava para lidar com o autismo do Rowan. Toda vez que a minha mente começava a caminhar pelo beco escuro do medo. *O que vai acontecer com ele? Será que ele vai ser independente? Será que vai ter um emprego, uma família?* Eu tentava permanecer no momento presente. *Estou bem aqui, estou bem agora. Rowan está seguro e feliz. Eu não tenho ideia do que vai acontecer com ele ou do que o futuro nos reserva. É um mistério, mas fugir por medo não vai ajudar. Preciso me acalmar e me confortar. Tadinha, está incrivelmente difícil para você agora...* Quando acalmava minha mente perturbada com esse tipo de preocupação cuidadosa, era capaz de permanecer centrada sem ficar devastada. E percebia como eu amava Rowan tal como ele era, independentemente do que seu futuro reservava.

Quando pensava que não conseguiria mais lidar com a situação, a autocompaixão me fazia levantar. Quando Rowan tinha um acesso de raiva e gritava de forma ensurdecedora por ter perdido sua zebra de brinquedo ou por algum outro motivo aparentemente insignificante, eu tentava ficar consciente da minha respiração, enviando-me a compaixão pela dor em vez de lutar e resistir. As birras das crianças autistas são de origem neurológica e muitas vezes são resultado de um sistema sensorial sobrecarregado. Elas literalmente não conseguem interromper sua reação e não é possível consolá-las. A única coisa que você pode fazer como pai ou mãe é tentar segurar seu filho para que não se machuque e esperar a tempestade passar.

Quando as pessoas me olhavam com desaprovação num supermercado, achando que Rowan era uma criança mimada e eu uma mãe relapsa incapaz de controlar seu comportamento, eu me dava compaixão – a mãe de outro autista me disse, certa vez, que um desconhecido bateu de verdade no seu filho porque achava que ele precisava de "disciplina real". Em situações como essa, eu segurava meus sentimentos de dor na consciência espaçosa e atenta para não ser devastada por eles.

O autismo de Rowan me forçou a lançar mão de qualquer pretensão de controle e a atenção plena me ensinou que talvez isso não fosse tão ruim. Presa em um avião a 20 mil pés com o Rowan gritando e todos os outros passageiros nos olhando como se desejassem que estivéssemos mortos, não importava o quanto eu queria sair dali. Eu precisava correr para o banheiro (que estava ocupado, é claro) para trocar as cuecas sujas do Rowan. Não tinha outra escolha senão lidar com a situação. NENHUMA OUTRA ESCOLHA. Tudo o que eu podia fazer era passar pela situação com toda a graça possível. Assim que me rendi, uma sensação de calma profunda tomou conta de mim. Senti uma alegria tranquila, sabendo que a minha paz de espírito não dependia de circunstâncias externas. Se eu conseguisse passar por aquele momento, conseguiria passar por qualquer coisa.

A autocompaixão ajudou a me afastar da raiva e da autopiedade, permitindo-me permanecer paciente e amorosa com Rowan apesar dos sentimentos de desespero e frustração que inevitavelmente surgiram. Não estou dizendo que eu não tive momentos em que me perdi. Tive muitos. Mas naquela época eu já tinha minha prática de autocompaixão. Conseguia me perdoar por reagir mal, por cometer erros, por ser humana. Se eu não tivesse conhecimento do poder da autocompaixão naquele momento, não sei como teria conseguido – especialmente nesses primeiros anos que foram difíceis. Por essa razão, serei eternamente grata. Sei que o anjo da autocompaixão se senta no meu ombro, sempre à minha disposição.

Parte três
Os benefícios da autocompaixão

Capítulo seis:
A resiliência emocional

Você sabe muito bem, lá no fundo, que existe apenas uma única magia, um único poder, uma única salvação... É o amor. Portanto, ame seu sofrimento. Não resista, não fuja dele. É a sua aversão que dói, nada mais.
Herman Hesse – Wer lieben kann ist glücklich. Über die Liebe (Em português: Quem pode amar é feliz. Sobre o amor)

A autocompaixão é uma ferramenta incrivelmente poderosa para lidar com as emoções difíceis e pode nos libertar do ciclo destrutivo de reatividade emocional que muitas vezes domina as nossas vidas. Este capítulo analisa mais de perto os caminhos pelos quais a autocompaixão fornece resiliência emocional e aumenta o bem-estar. Mudando a maneira de nos relacionarmos conosco e com a nossa vida, podemos encontrar a estabilidade emocional necessária para sermos verdadeiramente felizes.

Uma das descobertas mais fortes e consistentes relatadas na literatura é que as pessoas mais autocompassivas tendem a ser menos ansiosas e deprimidas. Pesquisas demonstram uma relação muito forte entre a autocompaixão e a ansiedade e a depressão, conseguindo explicar em torno de 20% dos casos. Isso significa que a autocompaixão é um fator de proteção importante contra a ansiedade e a depressão. Como discutido anteriormente, essas emoções são resultado da autocrítica e dos sentimentos de inadequação. Quando nos sentimos fracassados, incapazes de lidar com os desafios que a vida coloca no nosso caminho, temos a tendência a nos desligarmos emocionalmente como resposta ao medo e à vergonha. Tudo o que vemos é desgraça e tristeza, e todo o resto fica encoberto. Nossa mente negativa pinta todas as nossas experiências. Costumo chamar esse estado mental de "gosma preta" da mente.

Embora pegajoso e desagradável, esse processo é realmente muito natural. Uma pesquisa demonstrou que nosso cérebro tem um viés de negatividade, o que significa que é mais sensível à informação negativa do que à positiva. Ao avaliar os outros ou a nós mesmos, por exemplo, os fatos negativos recebem um peso maior do que os positivos. Pense nisso. Se você se olhar no espelho antes de sair para uma festa e perceber que está com uma espinha no queixo, não vai ver que seu cabelo está ótimo ou que sua roupa é fabulosa. Tudo o que vê é aquela marca piscando no seu rosto como se fosse a luz de emergência vermelha em cima de uma ambulância. A essência de sua aparência na sua grande noite se esvazia porque você dá mais importância ao seu problema. Há uma razão para isso.

Em um ambiente natural, a informação negativa assinala uma ameaça. Se não notarmos um crocodilo à espreita nas margens do rio, viraremos seu almoço. Nosso cérebro evoluiu para ser altamente sensível à informação negativa, de modo que a resposta de luta ou fuga possa ser acionada de maneira rápida e fácil na amígdala cerebral, maximizando nossas chances de garantir nossa sobrevivência. As informações positivas não são tão cruciais para a sobrevivência imediata, referem-se à sobrevivência em longo prazo. Notar que o rio tem água fresca e limpa é importante, em especial se você estiver com sede ou tiver que escolher um lugar para acampar. Mas a urgência em agir não é a mesma. Assim, o nosso cérebro dá menos tempo e atenção ao positivo do que à informação negativa. Como afirma Rick Hanson, autor de *O Cérebro do Buda*, "o nosso cérebro é como um velcro adesivo para as experiências negativas, mas possui teflon para experiências positivas". Tendemos a tomar o positivo como certo, ao passo que nos concentramos no negativo como se nossa vida dependesse disso.

Nossa mente se agarra a pensamentos negativos e eles se repetem insistentemente, como um toca-discos quebrado. Esse processo é chamado de "ruminação" (a mesma palavra que é usada para a forma de alimentação da vaca) e envolve um estilo de pensar incontrolável, recorrente e intrusivo, que pode causar depressão e ansiedade. Ruminar sobre os eventos negativos do passado leva à depressão, ao passo que ruminar sobre eventos potencialmente negativos no futuro, leva à ansiedade. É por isso que a depressão e a ansiedade muitas vezes andam de mãos dadas; ambas derivam da tendência subjacente ao processo de ruminar.

Algumas pesquisas indicam que as mulheres são muito mais propensas a ruminar do que os homens. Isso ajuda a explicar por que mulheres sofrem de depressão e ansiedade duas vezes mais do que os homens. Embora algumas diferenças de gênero possam ser fisiológicas na sua origem, a cultura também desempenha um papel fundamental. Historicamente, as mulheres tiveram menos poder do que os homens na sociedade, tiveram menos controle sobre o que acontece com elas e, portanto, tiveram que ser mais vigilantes com o perigo.

Se você é uma pessoa que tende a ruminar ou sofre de ansiedade e depressão, é importante não se julgar por ser assim. Lembre-se de que a ruminação de pensamentos e emoções negativas resulta da vontade subjacente de se sentir seguro. Mesmo que esses padrões cerebrais possam ser contraproducentes, é preciso reconhecer que eles tentam diligentemente nos livrar das garras daquele crocodilo. Lembre-se também de que, embora algumas pessoas tenham a tendência a refletir mais do que outras, todos nós temos, de certa forma, tendência à negatividade. São as conexões em nosso cérebro.

Libertando-se dos laços

Como vamos nos libertar da tendência profundamente enraizada de chafurdar na gosma preta? Dando-nos compaixão. Pesquisas mostram que pessoas autocompassivas tendem a ter menos emoções negativas – medo, irritabilidade, hostilidade ou angústia. Tais emoções ainda podem surgir, mas não serão tão frequentes nem durarão tanto. Isso é, em parte, porque as pessoas autocompassivas ruminam muito menos e o hábito de ruminar as emoções é uma retroalimentação de sentimentos como medo, vergonha e inadequação. Uma vez que a autocompaixão contraria diretamente essas inseguranças, ajuda a desatar o nó da ruminação negativa. É tão certo como dois e dois são quatro.

Quando temos pensamentos e sentimentos negativos conscientes e sem julgamento, somos capazes de prestar atenção a eles sem ficarmos presos como um velcro. A atenção plena nos permite ver que nossos pensamentos e emoções negativos não necessariamente representam a realidade. Portanto, damos-lhes menos peso: nós os observamos, mas não necessariamente *acreditamos neles*. Dessa forma, emoções e pensamentos negativos ficam autorizados a surgir e desaparecer sem resistência, e conseguimos lidar com a vida com maior tranquilidade.

Um método útil de relacionar a atenção plena com as nossas emoções negativas é ter consciência do que sentimos fisicamente. Acredito que seja um conceito desconhecido, mas o corpo consegue sentir todas as emoções. A raiva é muitas vezes sentida como um aperto na mandíbula ou no intestino; a tristeza, como um peso ao redor dos olhos; o medo como uma sensação de aperto na garganta. A manifestação física das emoções acontece de forma diferente para cada um e muda com o tempo, mas, ainda assim, pode sinalizar nossos sentimentos no corpo se prestarmos muita atenção. Quando experimentamos as emoções no nível físico, em vez de *pensarmos* sobre o que está nos fazendo tão infelizes, é mais fácil entender o que vivemos no presente. É a diferença entre perceber o "aperto no peito" e pensar "eu não posso acreditar que ela me disse isso, quem ela pensa que é?" E assim por diante... Quando nos ancoramos em nosso corpo, conseguimos nos acalmar e remediar a dor que estamos sentindo sem nos perdermos na negatividade.

Por alguma razão, eu frequentemente acordo por volta de quatro horas da madrugada num estado mental de ansiedade negativa. Deitada na cama, minha mente roda com medo e insatisfação, concentrando-se em tudo o que há de errado na minha vida. Por isso acontecer com tanta regularidade, aprendi a lidar com essa sensação como a imagem de uma tempestade que chega no meio da noite. Em vez de me apegar aos meus pensamentos, tento imaginar nuvens escuras com uma sobrecarga completa de relâmpagos e trovões violentos. O relâmpago representa a agitação no meu cérebro que é, de alguma forma, desencadeada pelo ciclo do meu sono. Em vez de levar essa sensação tão a sério, tento fundamentar minha consciência no meu corpo: o peso do meu corpo na cama, a sensação do cobertor em cima de mim, as sensações em minhas mãos e pés. Tento me lembrar de estar no aqui e agora, e só ver a tempestade passar. E, com certeza, finalmente volto a dormir e acordo muito melhor. Esse é o poder da atenção plena. Ela permite que você experimente plenamente o que está surgindo no momento presente sem ser apanhado pelo estado mental.

Muitas vezes, porém, a atenção plena sozinha não dá conta de evitar estados mentais depressivos e ansiosos. Por mais que tentemos, por vezes nossas mentes ficam presas na negatividade. Quando isso acontecer, você precisa se acalmar ativamente. Seja gentil consigo se estiver preso na gosma preta da mente. Lembre-se da nossa interconexão inerente – ao fazer isso, começamos a nos sentir cuidados, aceitos e seguros. Equilibre a energia escura de emoções negativas com a energia brilhante do amor e da conexão social; sensações de acolhimento e segurança desativam o sistema de ameaça do corpo e ativam o sistema de fixação, acalmando a amígdala cerebral e incrementando a produção de ocitocina. Felizmente, pesquisas mostram que a ocitocina ajuda a atenuar o nosso viés da negatividade natural.

Em um estudo específico, pesquisadores pediram que os participantes identificassem as emoções exibidas no rosto das pessoas em uma série de fotos. Metade do grupo recebeu um *spray* nasal contendo ocitocina; a outra metade recebeu um *spray* placebo (grupo de controle). Os voluntários que receberam o *spray* de ocitocina foram mais lentos para identificar a expressão facial de medo nas fotos e eram menos propensos a confundir as emoções faciais positivas e negativas em comparação com o grupo de controle. Isso significa que a ocitocina diminui a tendência da nossa mente de focar de imediato na informação negativa.

Manter uma relação de compaixão com nossos pensamentos e emoções negativas é, portanto, uma boa maneira de diminuir o nosso viés da negatividade. A compaixão elimina a ruminação antes mesmo que ela aconteça, gerando uma perspectiva auspiciosa que questiona: "Como posso me acalmar e me consolar agora?".

Exercício Um
Lidando com emoções difíceis no corpo: Suavizando, Aliviando, Permitindo[3]

A próxima vez que você experimentar uma emoção difícil e quiser trabalhá-la diretamente, tente processá-la em seu corpo. Este exercício terá de 15 a 20 minutos de duração.

Para começar, sente-se em uma posição confortável ou deite-se de costas. Tente localizar onde o sentimento difícil se localiza em seu corpo. Onde está centrado? Na sua cabeça, na garganta, no coração, no estômago? Descreva a emoção usando sua percepção mental: é uma queimadura, uma pressão, um aperto, uma faca afiada? Essas palavras são fortes, mas normalmente um "agradável borbulhar" não mexe com a dor emocional. A sensação em seu corpo é dura e sólida ou líquida e em constante mudança? Às vezes, você vai sentir apenas dormência e, se for o caso, pode trazer a sua atenção para esse estado também.

Caso o sentimento seja preocupante e difícil de experimentar, vá com cuidado: você pode tentar suavizar qualquer resistência relativa à sensação, de modo a senti-la totalmente, mas não ultrapasse seus limites. Concentrar-se primeiro na borda externa da sensação pode ajudar. Adentre-a apenas quando estiver mais seguro e a dificuldade for mais suportável.

Quando estiver em contato com a emoção dolorosa em seu corpo, envie compaixão. Diga a si mesmo o quanto é difícil sentir-se assim e mostre-se preocupado com o seu próprio bem-estar. Tente usar termos de carinho se tiver esse hábito, como "Eu sei que isso é muito difícil, querido" ou "Sinto muito que você esteja com tanta dor, meu amor". Imagine-se acariciando mentalmente o local onde a emoção dolorosa se apresenta, como se estivesse acariciando a cabeça de uma

---

3   Também disponível como uma meditação guiada em formato mp3. Saiba mais em www.lucidaletra.com.br/pages/autocompaixao

criança que chora. Tranquilize-se lembrando a si mesmo que está tudo bem, que tudo ficará bem e que você vai se dar o apoio emocional necessário para passar por essa experiência difícil.

Quando for levado a pensar em como conduzir seus sentimentos dolorosos (é provável que isso aconteça), basta trazer a sua consciência de volta para a sensação física em seu corpo e começar novamente.

Nessa prática, repetir silenciosamente a frase "suavizar, aliviar, permitir" ajuda bastante. Este mantra é uma lembrança para aceitar o sentimento como ele é, suavizando qualquer resistência a ele, e também acalma e consola ativamente os desconfortos que você possa sentir. Enquanto se dá compaixão, observe quaisquer mudanças nas suas sensações físicas. As dores diminuem ou são aliviadas? É mais fácil suportar o que você sente ao longo do tempo? A massa sólida da tensão está começando a quebrar, mover e mudar? Se as coisas parecem ficar melhores, piores ou permanecem as mesmas, continue a dar a si próprio a compaixão pelo que você está enfrentando.

Quando você sentir que é o momento certo, levante-se, faça alongamentos e continue normalmente o seu dia. Com alguma prática você vai achar que pode se ajudar a lidar com as situações difíceis sem ter que mergulhar profundamente seu pensamento no modo de resolução de problemas. Esse é o poder da autocompaixão e o efeito da sua magia em nosso próprio corpo.

SENTINDO TUDO

A autocompaixão ajuda a diminuir a retenção de emoções negativas, mas é importante lembrar que ela não leva as emoções negativas para longe, como uma forma de aversão. Esse ponto é muitas vezes confuso, porque a sabedoria convencional (e da famosa canção *Accentuate The Positive* de Johnny Mercer) diz que devemos acentuar o positivo e eliminar o negativo. O problema, no entanto, é que se você tentar eliminar o negativo, o tiro vai sair pela culatra. A resistência mental ou emocional à dor apenas agrava o sofrimento (lembre-se, *Sofrimento = Dor X Resistência*). Nosso subconsciente registra qualquer tentativa de evasão ou de supressão, de modo que aquilo que tentamos evitar acaba sendo amplificado.

Vários psicólogos realizaram uma grande quantidade de investigação sobre a nossa capacidade de suprimir conscientemente pensamentos e emoções indesejados. As conclusões são claras: *não temos tal capacidade*. Paradoxalmente, qualquer tentativa de suprimir conscientemente esse tipo de pensamento e emoção apenas os torna mais fortes. Num estudo clássico, foi solicitado que os participantes relatassem os pensamentos em suas mentes por um período de cinco minutos. Antes disso, no entanto, foram instruídos a não pensarem em um urso branco. Se acabassem *pensando* na imagem proibida tinham que tocar um sininho. Os sinos repicaram como se fosse Natal. No estudo seguinte, foi solicitado aos participantes que pensassem no urso branco por cinco minutos, visualizando-o continuamente, e em seguida que não o imaginassem mais. Como da outra vez, eles foram instruídos a informar seus pensamentos e tocar a campainha sempre que pensassem no urso branco. Os sinos soaram com muito menos frequência nesse contexto. A tentativa de suprimir pensamentos indesejados reforça sua emergência na atenção plena com ainda mais frequência. Curiosamente, o urso branco já tinha sido escolhido para uma experiência anterior: dizem que Fiódor Dostoiévski desafiou seu irmão a ficar no canto do quarto e não sair de lá até que parasse de pensar no urso branco, em uma tentativa de ilustrar o poder de persuasão da mente. Não é necessário dizer que seu irmão perdeu o jantar naquela noite.

As pesquisas mostram que as pessoas com nível mais elevado de autocompaixão são significativamente menos propensas a suprimir pensamentos e emoções indesejados. Estão mais dispostas a experimentar seus sentimentos difíceis e reconhecem que suas emoções são válidas e importantes. Isto resulta da segurança fornecida pela autocompaixão. Não é tão assustador enfrentar a dor emocional quando você sabe que será apoiado durante todo o processo. Da mesma forma, é mais fácil se abrir para um amigo próximo, em quem você pode confiar por ser carinhoso e compreensivo. Portanto, é mais fácil abrir-se para si mesmo quando você pode confiar que a sua dor será retida na consciência compassiva.

A beleza da autocompaixão é que, em vez de substituir sentimentos negativos pelos positivos, novas emoções positivas são geradas quando abraçamos as negativas. As emoções positivas do cuidado e da conectividade são sentidas ao lado do nosso sentimento doloroso. Quando temos compaixão por nós mesmos, sol e sombra são ambos experimentados simultaneamente. Isso é importante: assegurar-se que o combustível de resistência não seja adicionado ao fogo da negatividade. Ele também nos permite celebrar toda a gama da experiência humana, para que possamos nos tornar inteiros. Como disse Marcel Proust, "somente somos curados do sofrimento quando o vivemos ao máximo."

UMA VIAGEM PARA A TOTALIDADE

Percorrer o caminho para tornar-se um todo leva algum tempo e não acontece do dia para a noite. Rachel é minha amiga espirituosa e inteligente da época da pós-graduação. Apesar de suas qualidades, ela também conseguia ser um pouco vazia. A camiseta que estava usando quando a conheci praticamente a resume: "a vida é traiçoeira, porque se fosse apenas injusta, seria fácil". Rachel era uma clássica pessimista, sempre via o copo meio vazio. Mesmo quando tudo estava relativamente bem, com apenas poucos desafios a enfrentar, Rachel se concentrava quase exclusivamente no que estava errado. *Ela não dava valor às coisas boas da vida dela*, pois não representavam um problema que precisasse ser resolvido. Sua postura resultava muitas vezes em ansiedade, frustração e depressão.

Lembro-me de quando Rachel fez um bolo de chocolate caseiro para o meu aniversário. O bolo estava delicioso, apesar do supermercado não ter sua marca favorita de chocolate e ela ter sido forçada a usar uma marca alternativa, não tão boa. Não importava o quanto eu lhe dissesse que tinha amado o bolo, ela só falava da qualidade inferior do chocolate (acho que seu comentário foi "parece uma imitação da *Ding Dong*[4]".) Ela se deixou levar por esse mau humor obsessivo com o bolo e acabou indo embora mais cedo da minha festa de aniversário.

A negatividade da Rachel não me incomodava tanto e muitas vezes me fazia rir. Certa vez lhe perguntei como tinha sido um encontro às escuras. "Uma chatice. Perguntei se estava tudo bem e ele realmente me respondeu". Na pós-graduação, Rachel namorou um rapaz que não a achava tão engraçada e terminou com ela por ser tão negativa o tempo todo. Desde então ela se fechou ainda mais, o que, claro, só piorou as coisas.

Após terminar os estudos, Rachel jurou que mudaria seu jeito de ser. Leu livros sobre pensamento positivo e começou a enunciar diariamente afirmações otimistas, como "sou uma pessoa radiante de energia positiva" e "estou me tornando cada vez melhor todos os dias, em todos os sentidos". Esforçou-se para pensar positivamente em qualquer circunstância, mesmo quando se sentia infeliz por dentro, e se manteve assim durante alguns meses – mas não durou mais que isso. Seu comportamento parecia falso e demandava muito esforço.

Rachel e eu mantivemos contato ao longo dos anos. Quando ela me perguntou sobre a minha vida, falei da minha pesquisa sobre a autocompaixão. No início, ela não ficou muito impressionada. "Não é apenas um conto da carochinha para disfarçar o fato de que a vida é uma merda?". Como éramos velhas amigas e ela valorizava a minha opinião, sua resistência inicial cedeu com o tempo, e Rachel foi capaz de me ouvir quando lhe expliquei o conceito. Ela não disse nada por um tempo e eu imaginei que ela fosse revirar os olhos e ignorar tudo o que eu tinha dito. Em vez disso, ela me disse que queria experimentar ser mais compassiva consigo mesma e pediu minha ajuda. É claro que eu aceitei e expliquei a ela a minha técnica.

Desenvolvi essa prática anos antes para me ajudar a lembrar de ser autocompassiva e ainda a uso constantemente. É uma espécie de mantra de autocompaixão altamente eficaz para lidar com as emoções negativas.

---

4   N.d.T.: Bolo de chocolate recheado com creme de baunilha.

Sempre que eu noto algo em mim de que não gosto ou sempre que algo dá errado na minha vida, repito em silêncio as seguintes frases:

Este é um momento de sofrimento.
O sofrimento faz parte da vida.
Posso ser gentil comigo agora.
Posso me oferecer a compaixão de que preciso.

Acho essas frases particularmente úteis porque são curtas e de fácil memorização, e também porque invocam os três aspectos da autocompaixão simultaneamente. A primeira frase, "este é um momento de sofrimento", traz consciência para o fato de que você está com dor. Se você estiver chateado porque ganhou alguns quilos ou se for parado por causa de uma infração no trânsito, pode ser difícil lembrar que esse é um momento de sofrimento digno de compaixão.

A segunda frase, "o sofrimento faz parte da vida", lembra que a imperfeição é parte da condição humana compartilhada. Você não precisa lutar contra o fato de que as coisas não são exatamente como você gostaria. Esse é um estado normal, natural das coisas. Qualquer outra pessoa no planeta já passou por essa experiência e você certamente não está sozinho.

A terceira frase, "eu posso ser gentil comigo agora", ajuda a trazer uma sensação de preocupação com o cuidado na sua experiência no presente. Seu coração começa a amolecer quando você se acalma e se conforta pela dor que está passando. A frase final, "posso me oferecer a compaixão de que preciso", define firmemente a sua intenção de ser autocompassivo e lembra que você é digno de receber o cuidado compassivo.

Depois de algumas semanas praticando esse mantra de autocompaixão, Rachel começou a sentir uma pequena amostra da liberdade em sua mente constantemente negativa. Ela começou a ganhar consciência de seus pensamentos sombrios e depressivos, evitando se perder irremediavelmente na tristeza. Descobriu como ser menos autocrítica e não se queixar tanto do que estava errado em sua vida. Em vez disso, quando vivenciava pensamentos e emoções negativas, dizia suas frases na tentativa de se concentrar no fato de que estava sofrendo e precisava de cuidados.

Segundo Rachel, seu aspecto preferido da autocompaixão era "não ter que se enganar para fazê-la funcionar". Diferentemente da prática de afirmações positivas, em que tentava se convencer de que estava tudo bem e tranquilo, a autocompaixão capacitava Rachel a aceitar e reconhecer o fato de que, às vezes, a *vida é um saco*. Mas não precisamos piorar as coisas. A chave para a autocompaixão não é negar o sofrimento, mas reconhecê-lo como algo completamente normal. Não há nada de errado com a imperfeição da vida se não esperarmos que ela seja perfeita.

"É estranho", disse Rachel, "mas, às vezes, a minha negatividade desaparece assim que eu digo as frases que você me ensinou. Posso nem estar tentando fazê-la ir embora, ela só vai – puf! – como num *show* brega do David Copperfield".

Rachel não se tornou uma espécie de Pollyanna. Ela ainda percebe o que está errado em uma situação antes de ver o que está certo. Mas a sua negatividade não a leva mais à depressão. Ela pode rir da escuridão de seus próprios pensamentos porque o pessimismo já não a controla totalmente. Quando se lembra de ser autocompassiva, é capaz de apreciar a metade cheia do copo ao mesmo tempo em que percebe a metade vazia.

Exercício Dois
Desenvolvendo seu próprio mantra de autocompaixão

> Um mantra de autocompaixão é um conjunto de frases memorizadas para repetir em silêncio sempre que você quiser se dar compaixão. São mais úteis no calor do momento, sempre que percebemos fortes sentimentos de angústia.
>
> Você pode achar que as minhas frases funcionam, mas vale a pena brincar com as palavras para ver se você consegue encontrar frases que acolham melhor os seus sentimentos. O importante é evocar todos os três aspectos da autocompaixão, não importando as palavras em particular.

Há outras formulações possíveis para cada frase. A primeira ("Este é um momento de sofrimento") também pode ser "Eu estou enfrentando um momento muito difícil agora" ou "É doloroso sentir isso agora" e assim por diante.

Outras formulações possíveis para a segunda frase ("O sofrimento faz parte da vida") são "Todo mundo se sente assim às vezes" ou "Isso faz parte do ser humano" e assim por diante.

Outras formulações possíveis para a terceira frase ("Posso ser gentil comigo agora") são "Posso acolher minha dor com ternura" ou "Que eu seja gentil e compreensiva comigo" e assim por diante.

Outras formulações possíveis para a frase final ("Posso me oferecer a compaixão de que eu preciso") são "Eu mereço receber autocompaixão" ou "Vou tentar ser o mais compassivo possível" e assim por diante.

Encontre as quatro frases que parecem mais confortáveis para você e repita-as até que sejam memorizadas. Da próxima vez que se julgar ou tiver uma experiência difícil, use o seu mantra para se lembrar de ser autocompassivo. Essa é uma ferramenta útil para acalmar estados mentais problemáticos.

A AUTOCOMPAIXÃO E A INTELIGÊNCIA EMOCIONAL

A autocompaixão é uma forma poderosa de inteligência emocional. Conforme definido no influente livro de Daniel Goleman com o mesmo nome, a inteligência emocional envolve a capacidade de monitorar suas próprias emoções e de usar habilmente essa informação para guiar seu pensamento e ação. Em outras palavras, trata de estar ciente de seus sentimentos sem ser engolido por eles, para poder fazer escolhas sábias. Se você perceber que está com raiva de alguém que fez um comentário insensível, por exemplo, pode dar uma volta na quadra para esfriar a cabeça antes de discutir com ele, em vez de jorrar o primeiro comentário depreciativo que vem à mente. Talvez seja melhor não dizer: "Chamar você de idiota seria um insulto a todas as pessoas estúpidas". Essa postura iria satisfazê-lo apenas naquele momento.

Segundo pesquisas, pessoas mais autocompassivas têm maior inteligência emocional, o que significa maior capacidade de manter o equilíbrio emocional quando perturbadas. Por exemplo, um estudo analisou a reação de pessoas a uma tarefa estranha e constrangedora. Os participantes foram filmados criando uma história infantil que começava com "Era uma vez um pequeno urso...". Depois, os participantes foram convidados a assistir à sua atuação e informar as emoções que sentiam ao fazê-lo. Os mais autocompassivos eram mais propensos a dizer que se sentiam felizes, relaxados e calmos enquanto se observavam contando aquela história boba, ao passo que os outros se sentiam tristes, envergonhados ou nervosos.

Outro estudo analisou a forma como as pessoas autocompassivas lidam com eventos negativos no seu dia a dia. Os participantes foram convidados a informar sobre problemas vividos ao longo de um período de vinte dias, como brigar com um parceiro ou enfrentar alguma tensão no trabalho. Os resultados indicaram que as pessoas autocompassivas tinham maior perspectiva de seus problemas e eram menos propensas a se sentirem isoladas por eles. Por exemplo, elas sentiam que suas lutas não eram piores do que aquelas pelas quais muitas outras pessoas estavam passando. As pessoas autocompassivas também sentiam menos ansiedade e autoconsciência quando pensavam a respeito dos seus problemas.

Dados fisiológicos também comprovam que as pessoas autocompassivas têm melhor habilidade de enfrentamento emocional. Os pesquisadores mediram os níveis de cortisol e a variação da frequência cardíaca em um grupo treinado para ter mais autocompaixão. O cortisol é o hormônio do estresse e a variabilidade da frequência cardíaca indica a capacidade de se adaptar com eficácia à sobrecarga emocional. Quanto mais autocompassivas e menos autocríticas eram os participantes, menor era o seu nível de cortisol e maior a variação da sua frequência cardíaca. Isso sugere que pessoas autocompassivas são mais capazes de lidar com os desafios lançados em seu caminho com serenidade.

Naturalmente, quem sofre desafios extremos na vida (tais como acidentes de carro ou abusos sexuais) tem que enfrentar momentos especialmente difíceis. Nesses casos, as pessoas podem desenvolver transtorno de estresse pós-traumático (TEPT). Essa reação emocional grave e contínua resulta de um trauma psicológico extremo. Muitas vezes, o evento traumático é revivido em *flashbacks* ou pesadelos, resultando em distúrbios no padrão do sono e um medo ou raiva persistente. Um dos principais sintomas de TEPT é a esquiva da experiência, o que significa que as vítimas de trauma tendem a afastar emoções desconfortáveis associadas ao que aconteceu. Infelizmente, tal evasão só faz com que os sintomas piorem, uma vez que as emoções suprimidas tendem a ficar mais fortes quando competem pela invasão da atenção plena. O esforço para manter as emoções reprimidas também pode minar a energia necessária para lidar com a frustração, tornando a vítima de TEPT muitas vezes irritável.

Evidências mostram que a autocompaixão ajuda as pessoas a passarem pelo TEPT. A exemplo, foi realizada uma pesquisa com estudantes universitários que apresentaram sintomas de TEPT após um evento traumático como um acidente, um incêndio ou uma doença com risco de vida. Os participantes mais autocompassivos mostraram sintomas menos graves do que aqueles sem autocompaixão. Em particular, eram menos propensos a apresentar sinais de evasão emocional e estavam mais dispostos a enfrentar os pensamentos, os sentimentos e as sensações desencadeadas pelo que aconteceu. Quando você encara as emoções dolorosas com compaixão, é menos provável que essas sensações interfiram na sua vida cotidiana.

A autocompaixão dá a coragem tranquila e necessária para enfrentarmos as nossas emoções indesejadas de frente. Fugir dos sentimentos dolorosos não é sequer possível. A nossa melhor opção é vivenciar com clareza e compaixão as emoções difíceis exatamente como elas se apresentam no momento presente. Considerando que todas as experiências chegam a um fim, se conseguirmos continuar conectados à nossa dor, o sofrimento poderá seguir o seu caminho: surgirá, chegará ao pico e desaparecerá. Como diz a Bíblia, "isso também passará", ou, como diz o

Buda, todas as emoções são "passíveis de destruição, de esvanecimento, desaparecimento e cessação". Os sentimentos dolorosos são, por sua própria natureza, temporários, e vão enfraquecendo ao longo do tempo, desde que não os prolonguemos ou amplifiquemos pela resistência ou evasão. A única maneira de se libertar da dor debilitante, portanto, é *enfrentá-la tal como ela é. A única saída é atravessar o sofrimento.* Precisamos caminhar com bravura na direção da dor, consolando-nos durante o processo, para que o tempo possa trabalhar na sua cura mágica.

O PODER DE CURA DA AUTOCOMPAIXÃO

Penny, uma vendedora divorciada de 46 anos, sofria de constante ansiedade. Quando Erin, sua filha universitária de 21 anos, ficava sem ligar por alguns dias, Penny logo achava que havia algo errado. Deixava mensagens desesperadas no telefone da filha perguntando se ela estava bem, presumindo que a ausência de notícias fosse um mau sinal. Se Erin estava em casa e falava algo como "Ah, não!" ao celular, Penny interrompia a conversa perguntando freneticamente: "O que aconteceu? O que aconteceu?". Embora Erin amasse sua mãe, não gostava de voltar para casa e visitá-la porque a encontrava *sempre* muito tensa e nervosa. Penny tinha consciência da relutância de sua filha e fazia duras autocríticas por ser uma pessoa tensa e inquieta. Não gostava de ser assim.

Erin tinha certeza que a ansiedade da mãe tinha sido causada por algum trauma emocional não resolvido. Quando Penny tinha apenas 6 anos, o seu pai foi declarado desaparecido em combate na Guerra do Vietnã. Sua mãe teve um colapso nervoso ao receber a notícia, então Penny foi criada pela avó materna durante dois anos, até que sua mãe fosse capaz de assumi-la outra vez. Seu pai nunca foi encontrado e Penny nunca conseguiu viver seu período de luto de verdade. O resultado foi esse temor irracional de perder sua filha, Erin, da mesma forma que perdeu o pai. A ansiedade permeava cada canto de sua vida.

Erin ouviu falar de uma palestra sobre a autocompaixão na universidade e tentou convencer sua mãe a desenvolver mais compaixão por si mesma. "Eu quero que você seja feliz, mãe, e acho que isso poderia ajudá-la. Eu também acho que seria bom para a nossa relação".

Principalmente por amor à filha, Penny decidiu, com relutância, fazer terapia, escolhendo um conselheiro que incorporou explicitamente a autocompaixão na sua abordagem terapêutica. Ela quis, enfim, confrontar a sua ansiedade e a dor que sentia pela perda do pai. O terapeuta aconselhou-a a ir devagar, conforme se sentisse confortável em cada sessão.

Primeiro, Penny tentou se concentrar na compaixão para a ansiedade que sentia enquanto adulta. Começou a perceber o quanto sofria por ter o botão do medo no seu coração pronto para disparar a qualquer momento. O terapeuta gentilmente lhe informou que a ansiedade era uma experiência muito comum, uma luta diária de milhões de outras pessoas. Ao longo do tempo, Penny aprendeu a ser menos severa no seu julgamento contra a ansiedade e começou a se consolar por enfrentar esse medo constante e incontrolável. Quando sentiu que estava pronta foi, então, capaz de focar sua atenção na fonte do seu medo: a experiência de perder a mãe e o pai ao mesmo tempo quando era apenas uma criança pequena.

No começo, Penny se voltou principalmente para a compaixão que sentia em relação à sua mãe, que, de alguma forma, sentiu que estava mais manejável. Aos poucos, seu coração começou a se abrir. Pensava no horror que sua mãe devia ter experimentado ao saber que seu marido tinha desaparecido, sem nem mesmo saber ao certo se ele estava vivo ou morto. Em seguida, tentou sentir compaixão por si mesma, pela sensação de medo e solidão que sentira quando seu pai desapareceu e sua mãe entrou em colapso. Era um grande progresso: no início da terapia, Penny estava insensível.

O terapeuta lhe pediu que levasse um retrato da sua infância na próxima sessão para ver se ajudaria. A foto era de uma menina de 6 anos de idade, usando um vestido de veludo marrom, abrindo presentes de Natal. Quando Penny olhou para a foto, viu o rosto de Erin a observando e imaginou o que sua filha teria sentido aos seis anos se a mesma coisa tivesse acontecido com ela. Isso rompeu suas defesas e, em um momento poderoso, Penny entrou em contato com o seu eu de seis anos de idade; com o medo incrível, a confusão e a tristeza que sentira.

Durante várias semanas, tudo que Penny fazia era chorar toda vez que pensava na sua infância. Não podia consertar o passado nem mudar o que tinha acontecido. Não podia fazer nada para garantir que sua filha jamais sofresse qualquer dano. Havia apenas sofrimento, tristeza, dor, preocupação e medo. Mas também havia compaixão. Sempre que se sentia tragada por emoções negativas, pensava na imagem de si mesma quando criança. Ela podia se imaginar acariciando o cabelo da criança, usando um tom suave na voz e dizendo que tudo ia ficar bem. Aos poucos, a ansiedade ia embora, suas fronteiras começavam a amolecer. Tornou-se mais suportável, menos devastadora.

Um dia Penny foi para a terapia extremamente animada. "Erin estava em casa ontem e eu a ouvi dizer 'Ah, meu Deus, isso é terrível!' no telefone celular e minha reação instintiva imediata foi saber o que estava errado. Mas, em vez disso, deixei-me sentir medo. Consegui não atacar a minha filha quando ela desligou o telefone. Percebi que ela me diria se houvesse uma situação de emergência. Foi difícil esperar, mas eu me senti forte o suficiente para lidar com isso. O grande acontecimento tinha sido a morte da sua personagem de TV favorita no último episódio de uma série. Isso foi tudo. Que vitória!".

Essas histórias são bastante comuns. Especialmente quando há ajuda de pessoas que as amparam, como um terapeuta, a autocompaixão tem o poder de transformar vidas radicalmente. Por essa razão, muitos psicólogos clínicos estão começando a incorporar explicitamente a autocompaixão em suas abordagens terapêuticas.

TREINAMENTO PARA A MENTE COMPASSIVA

Paul Gilbert, clínico da Universidade de Derby e autor de *The Compassionate Mind* (em português, *A Mente Compassiva*), é um dos principais pensadores e pesquisadores da autocompaixão como ferramenta terapêutica. Ele desenvolveu um modelo de terapia baseado num grupo chamado "Treinamento para a Mente Compassiva" (TMC), projetado para ajudar pessoas que sofrem por serem envergonhadas e autocríticas severas. Sua abordagem concentra-se em ajudar os pacientes a compreenderem o mal que fazem a si próprios por meio do constante autojulgamento, ao mesmo tempo em que os ajuda a desenvolver compaixão por seu comportamento. Gilbert argumenta que a autocrítica é um mecanismo de sobrevivência com base evolutivamente concebida para nos manter seguros (ver Capítulo 2) e, portanto, não deve ser julgada. O TMC ajuda as pessoas a compreender esse mecanismo e as ensina a se relacionarem consigo mesmas com compaixão, em vez de autocondenação. Esse processo pode, algumas vezes, ser complicado.

Muitos dos pacientes de Gilbert têm uma história de abuso parental, seja física ou emocional. Por essa razão, muitas vezes têm medo da autocompaixão num primeiro momento e se sentem vulneráveis quando são gentis consigo mesmos. Isso porque, quando eram crianças, as mesmas pessoas que lhes davam cuidado e nutrição – seus pais – também traíram sua confiança e os prejudicaram. Sentimentos calorosos se misturam num conjunto de sentimentos de medo, tornando a incursão na autocompaixão bastante complicada. Gilbert adverte que as pessoas com uma história de abuso por parte dos pais devem ter cautela e proceder lentamente no caminho da autocompaixão, para não se tornarem demasiado apavoradas ou subjugadas. A pesquisa de Gilbert indica que mesmo as pessoas oriundas de famílias funcionais muitas vezes têm medo de ser compassivas consigo. Temem se tornarem fracas ou rejeitadas se não usarem a autocrítica como forma de suprir as deficiências pessoais. Assim, o medo da compaixão age como um obstáculo para que a pessoa se trate com gentileza e exacerba o autojulgamento e os sentimentos de inadequação.

O TMC se baseia fortemente na prática de imagens da autocompaixão para gerar sentimentos de afeto e segurança para os pacientes. Primeiramente, são instruídos a gerar uma imagem de um lugar seguro para ajudar a combater os receios que possam surgir. Em seguida, é solicitado que criem uma imagem ideal de uma figura amorosa e misericordiosa. Em especial para pessoas que têm dificuldade em ter sentimentos de compaixão por si mesmos, a sua imagem compassiva pode ser usada como uma fonte de alívio. Por fim, a autocompaixão torna-se menos assustadora e pode ser utilizada para ajudar a lidar com sentimentos de imperfeição e inadequação.

Em um estudo sobre a eficácia da TMC num programa de tratamento para saúde mental hospitalar, pacientes que estavam sendo tratados por apresentarem intensa vergonha e autocrítica foram conduzidos por meio de sessões semanais de TMC de duas horas, durante 12 semanas. O treinamento resultou em reduções significativas na depressão, no autoataque e no sentimento de inferioridade e de vergonha. Além disso, quase todos os pacientes se sentiram prontos para serem liberados do hospital no fim da intervenção.

Exercício três
Usando o compassivo imaginário[5]

1. Sente-se confortavelmente num local tranquilo. A primeira tarefa é visualizar um local seguro. Pode ser imaginário ou real, qualquer lugar que faça você se sentir em paz, calmo e relaxado: uma praia de areia branca, uma clareira na floresta com cervos pastando nas proximidades, a cozinha da avó ou as proximidades de um fogo crepitante. Tente, realmente, enxergar esse lugar no fundo da sua mente. Quais são as cores? São brilhantes? Quais sons e cheiros estão lá? Se você já se sentiu ansioso ou inseguro durante a sua viagem na autocompaixão, poderá se transportar mentalmente para esse lugar seguro quando precisar se acalmar e se tranquilizar.

2. Imagine uma figura atenciosa e compassiva, alguém que encarna sabedoria, força, afeto e aceitação sem julgamento. Para alguns, será uma figura religiosa conhecida, como Cristo ou Buda. Para outros, será alguém que conheceram no passado e era muito compassivo, como uma tia

---

5   Este exercício é uma adaptação de uma proposta de Paul Gilbert em *The Compassionate Mind* (Londres: Constable, 2009).

ou professor favorito. Para outros, pode ser um animal de estimação, um ser completamente imaginário ou até mesmo uma imagem abstrata como uma luz branca. Tente visualizar essa imagem da maneira mais vívida possível, incorporando nela o maior número de sentidos.

3. Se você está sofrendo de alguma forma, pense nas coisas sábias e atenciosas que essa fonte idealizada de compaixão diria para consolá-lo. Como sua voz soaria? Que sentimentos seriam transmitidos? Se estiver se sentindo anestesiado ou desligado, deixe-se aquecer na presença compassiva de sua imagem ideal, simplesmente se permitindo estar lá.

4. Agora, libere a imagem compassiva, respire fundo algumas vezes e sinta-se calmo em seu próprio corpo, saboreando o conforto e a serenidade que gerou em sua própria mente e corpo. Sempre que desejar gerar compaixão para si mesmo, poderá usar essa imagem como um trampolim, permitindo-se receber o dom da bondade.

Autocompaixão plenamente consciente

Chris Germer, um psicólogo clínico da Universidade de Harvard, especializado na integração da consciência e psicoterapia, ensina autocompaixão para a maioria dos seus pacientes. Chris também é um amigo e colega com quem trabalho nas oficinas de autocompaixão. Ele escreveu o livro maravilhoso *The Mindful Path to Self-Compassion* (em português, O Caminho Consciente para a Autocompaixão), que resume o seu conhecimento acumulado ao longo dos anos ajudando pacientes no relacionamento consigo mesmos, com mais compaixão.

Germer observa que seus pacientes normalmente passam por várias fases distintas na prática de autocompaixão durante a terapia. Uma experiência comum no início, especialmente para aqueles que sofrem de intensos sentimentos de inutilidade, é o "projeto da volta". Quando o fogo é privado de oxigênio e subitamente recebe uma lufada de ar fresco, ocorre uma explosão (esse processo é conhecido pelos bombeiros como ignição explosiva). Da mesma forma, pessoas acostumadas à autocrítica constante frequentemente explodem com raiva e negatividade intensas quando tentam pela primeira vez uma abordagem mais gentil consigo mesmas. É como se o seu *self* estivesse tão engajado em sentir-se inadequado que esse "*self* inútil" luta pela própria sobrevivência ao ser ameaçado. A maneira de lidar com a ignição explosiva é aceitar conscientemente a experiência e ter compaixão pela dificuldade de vivenciar tamanha negatividade.

Uma vez que a resistência inicial é suavizada, muitas vezes os pacientes percebem que a autocompaixão é uma ferramenta poderosa e sentem um grande entusiasmo com a sua prática. Germer chama essa etapa de "fase da paixão". Depois de lutar consigo por tanto tempo, as pessoas muitas vezes se apaixonam pela sensação de paz e liberdade e se veem num relacionamento consigo de uma forma suave. É como receber um beijo de uma namorada nova, proporciona um formigamento da cabeça aos pés. Durante essa fase, as pessoas tendem a se apegar aos bons sentimentos fornecidos pela autocompaixão e querem vivenciá-los constantemente.

Conforme o tempo passa, a paixão normalmente desaparece quando as pessoas percebem que a autocompaixão não faz todos os seus pensamentos e sentimentos negativos irem embora num passe de mágica. Lembre-se de que a autocompaixão não erradica a dor ou as experiências negativas, só as abraça com bondade e dá espaço para elas se transformarem por conta própria. Quando as pessoas praticam a autocompaixão como uma estratégia sutil para resistir a emoções negativas, os maus sentimentos não só permanecem, mas muitas vezes pioram. Germer vê essa fase do processo da terapia como um bom sinal, porque significa que os pacientes podem começar a questionar suas motivações. Estão sendo compassivos principalmente porque querem ser emocionalmente saudáveis ou porque buscam eliminar a sua dor?

Se as pessoas conseguem permanecer na prática durante esse momento mais complicado, finalmente descobrem a sabedoria da "verdadeira aceitação". Durante essa fase, a motivação para a autocompaixão muda de "cura" para "cuidado". O fato de que a vida é dolorosa e de que todos nós somos imperfeitos é, então, totalmente aceito como parte de estar vivo. Entende-se que a felicidade não depende das circunstâncias perfeitas nem da nossa perfeição. Pelo contrário, resulta de amarmos a nós mesmos e nossas vidas exatamente como são, sabendo que alegria e dor, força e fraqueza, glória e fracasso são essenciais para a experiência humana completa.

Chris Germer e eu estamos, agora, trabalhando juntos num novo projeto extremamente empolgante: desenvolver um programa de treinamento de oito semanas sobre Autocompaixão Consciente (ACC)[6]. O programa é semelhante ao programa MBSR de Kabat-Zinn e esperamos que seja um complemento útil. No primeiro dia, vamos nos concentrar principalmente na explicação do conceito de autocompaixão e na sua diferenciação da autoestima. Nas semanas seguintes, o foco será nos usos da autocompaixão diante de emoções difíceis por meio de várias meditações, tarefas para casa e exercícios experimentais (incluindo aqueles encontrados neste capítulo e outros). O programa parece ser bastante poderoso para melhorar a vida das pessoas e espero que, em breve, tenhamos dados de pesquisa que examinem a eficácia da ACC como intervenção terapêutica. Estamos convencidos de que a participação neste programa irá ajudar as pessoas a maximizarem a sua resiliência emocional e o seu bem-estar[6].

Exercício quatro
Varredura compassiva do corpo[7]

Uma técnica comumente ensinada em cursos de atenção consciente como MBSR é "a varredura do corpo". A ideia é varrer sistematicamente a sua atenção da ponta da cabeça até a sola dos pés, trazendo a atenção plena a todas as sensações físicas do seu corpo. Chris Germer e eu também usamos essa técnica em

---

6   Para mais informações sobre o programa, acesse www.self-compassion.org ou www.mindfulselfcompassion.org (em inglês).

7   Também disponível como uma meditação guiada em formato mp3. Saiba mais em www.lucidaletra.com.br/pages/autocompaixao

nossas oficinas ACC, mas com uma diferença. Acrescentamos a autocompaixão. A ideia é tentar acalmar ativamente a tensão, dando-se compaixão pelo seu sofrimento, toda vez que você entrar em contato com uma sensação desconfortável durante o escaneamento do seu corpo. Acariciando-se mentalmente, você pode ajudar a aliviar suas dores de uma forma notável.

Para começar, deite-se de costas na cama ou no chão. Descanse os braços a cerca de doze centímetros de distância de seu corpo e relaxe as pernas, separando-as, mais ou menos com a mesma distância da largura dos seus ombros. Esta postura é conhecida como "a postura do cadáver" no yoga e permite que você relaxe completamente todos os seus músculos. Comece no topo da cabeça. Observe o que o seu couro cabeludo sente. É coceira, formigamento, calor ou frio? Em seguida, observe se há qualquer desconforto nesse ponto. Caso haja, tente relaxar e suavizar a tensão e estender a gentileza, preocupando-se com cuidado com essa parte do seu corpo. Pronuncie mentalmente palavras reconfortantes com uma voz suave, como, por exemplo: "Querido, está com muita contratura! Está tudo bem, apenas relaxe". Muitas vezes, isso ajuda tremendamente. Quando não houver nenhum desconforto, avance para a próxima parte.

Há muitos caminhos pelo corpo que você pode escolher, mas normalmente eu começo pelo topo da cabeça, depois passo para o rosto, a parte de trás da cabeça, o pescoço, meus ombros, meu braço direito (do braço até chegar à mão), meu braço esquerdo, meu peito, abdômen, costas, a região pélvica, os glúteos, minha perna direita (passando da coxa ao joelho e indo até o pé) e então a minha perna esquerda. Outras pessoas começam pelos pés e seguem até o topo da cabeça. Não há um caminho certo, faça o que parecer bom para você.

Quando você se aproximar de cada nova parte do corpo com a sua consciência, verifique se há alguma tensão naquela parte e ofereça compaixão por sua dor, tentando suavizar, relaxar e confortar essa área conscientemente. Muitas vezes tento expressar gratidão para a parte do corpo que dói, apreciando o quanto ela trabalha para mim (como o meu pescoço que tem de segurar minha cabeça grande!). É uma oportunidade de ser gentil com você de uma forma muito concreta. Quanto mais devagar e mais atento você fizer o exercício, mais vai extrair dele.

Quando terminar a varredura de sua consciência da cabeça aos pés – pode demorar de cinco a trinta minutos, dependendo da velocidade com que você fizer – traga a atenção para o seu corpo inteiro com todos os seus ruídos e sensações de pulsação. Envie a si próprio amor e compaixão. A maioria das pessoas relata se sentir maravilhosamente relaxada e vibrante após esse exercício, e é mais barato do que uma massagem.

Capítulo sete:
Saindo do jogo da autoestima

> *Não leve o ego muito a sério. Quando detectar um comportamento egoico, sorria. Às vezes você pode até rir. Como pode a humanidade entrar nessa por tanto tempo?*
> Eckhart Tolle, *Uma Nova Terra: o despertar de uma nova consciência*

Na cultura ocidental, a ideia de que a saúde mental depende de uma autoestima elevada é tão difundida que as pessoas têm medo de fazer qualquer coisa que possa ameaçar o seu autojulgamento positivo. Somos instruídos a pensar positivamente sobre nós mesmos a qualquer custo. Os professores são encorajados a dar a todos os seus alunos 'estrelas', de modo que cada um possa se sentir orgulhoso e especial. A autoestima elevada é retratada como o pote de ouro no final do arco-íris, um bem precioso que deve ser adquirido e protegido a todo custo.

De fato, pessoas com autoestima alta tendem a ser alegres e dizem ter um monte de amigos e motivação na vida; em comparação, aqueles com baixa autoestima são mais solitários, ansiosos e deprimidos. A alta autoestima resulta em pessoas otimistas, que veem o mundo como sua própria casa. Quem sofre de baixa autoestima muitas vezes sequer consegue amarrar os sapatos. Há uma fé quase religiosa no poder da autoestima elevada para a saúde mental, o que levou a um dilúvio de programas sobre o tema nas escolas, nos centros comunitários e nas instalações de saúde mental. Em 1986, o Estado da Califórnia lançou uma Força-Tarefa para a Autoestima e Responsabilidade Pessoal e Social com um orçamento anual de 250 milhões de dólares. Acreditava-se que, se a autoestima das crianças da Califórnia fosse levantada, os problemas como o *bullying*, o crime, a gravidez na adolescência, o uso de drogas e o insucesso acadêmico diminuiriam. Argumentou-se também que esse investimento iria se pagar em receitas fiscais em longo prazo, porque as pessoas com alta autoestima tendem a ganhar mais. Dezenas de revistas femininas elogiavam os benefícios de se ter uma boa autoimagem e milhares de livros foram escritos sobre como obtê-la, aumentá-la ou mantê-la.

O IMPERADOR ESTÁ NU

O fascínio pelo amor-próprio foi amplamente alimentado por psicólogos e os mais de 15 mil artigos científicos publicados sobre o tema. Mais recentemente, no entanto, começou-se a questionar se a autoestima elevada é verdadeiramente essa panaceia. Relatórios sobre a eficácia da iniciativa californiana, por exemplo, sugerem que o investimento foi um fracasso total. Quase nenhum dos programas alcançou os resultados esperados. Obviamente, isso não impediu que a Força-Tarefa concluísse que a "diminuição da autoestima se destaca como uma poderosa *variável independente* (condição, causa, fator) na gênese dos graves problemas sociais. Nós todos sabemos que isso é verdade, e não é necessário, de fato, criar uma força-tarefa especial na Califórnia sobre o assunto para nos convencer". Em outras palavras, *sabemos* que o amor-próprio funciona mesmo quando nossos próprios dados dizem que não, por isso, não era necessário se dar ao trabalho de tentar provar o que já era evidente. Como o humorista Will Rogers uma vez comentou: "Eu não faço piadas. Eu só vejo o governo e relato os fatos".

Em uma revisão influente da literatura sobre o tema, concluiu-se que a alta autoestima, na verdade, *não* melhorou o desempenho acadêmico, profissional ou as habilidades de liderança. Tampouco impediu as crianças de começarem a fumar, beber, tomar medicamentos e a iniciarem atividades sexuais precocemente. A autoestima elevada parece ser a *consequência* – e não a causa – de comportamentos saudáveis. O relatório também desafiou a suposição de que praticantes de *bullying* tivessem baixa autoestima. Na verdade, são tão propensos a terem a autoestima elevada quanto os outros. A implicância com outras pessoas é uma das principais maneiras de manter o seu senso de força e superioridade. Pessoas com alta autoestima tendem a ser excludentes e gostam mais dos membros dos grupos a que pertencem. Nesse sentido, pesquisas mostram que as pessoas com alta autoestima são muito prejudicadas, quiçá mais do que seus opostos. Elas reproduzem comportamentos socialmente indesejáveis (como colar nas provas) com uma frequência similar à das pessoas com baixa autoestima.

E quando as pessoas com autoestima elevada se sentem insultadas, frequentemente jogam esse sentimento para cima dos outros. Em um estudo, alguns estudantes universitários foram informados de que estavam abaixo da média em um teste de inteligência. Os alunos de autoestima elevada lidavam com a má notícia insultando os outros participantes do estudo, tentando rebaixá-los. Aqueles com baixa autoestima, em compensação, foram mais agradáveis e elogiaram os outros participantes, a fim de parecerem mais simpáticos. Com quem *você* prefere andar quando as avaliações de desempenho no trabalho saírem no fim do ano?

Seja como for, o que é mesmo autoestima?

Antes de prosseguir, vale a pena dar uma olhada no que realmente constitui a autoestima. Na sua essência, é uma avaliação de nossa dignidade, um julgamento que informa que somos pessoas boas e valiosas. William James, um dos fundadores da psicologia ocidental, argumentou que a autoestima é um produto da "percepção de competência em domínios importantes". Isso significa que a autoestima deriva do pensamento de que somos bons com as coisas que têm significado pessoal para nós. Posso me sobressair como um jogador de xadrez sagaz, mas isso só afeta a minha autoestima se eu valorizar essa característica. A dinâmica identificada por James sugere que podemos aumentar a nossa autoestima de duas maneiras.

A primeira abordagem é valorizar nossas virtudes e desvalorizar nossos defeitos. Um adolescente bom em basquete e ruim em matemática pode decidir que o basquete é realmente importante enquanto a matemática é para os bobos. O maior problema com essa abordagem, é claro, é que podemos minar a importância de aprender outras habilidades valiosas apenas para nos sentirmos bem conosco. Quando uma criança concentra toda a sua energia em se tornar um jogador profissional de basquete e ignora a aprendizagem da matemática, está limitando suas futuras oportunidades de emprego, um cenário bastante comum. Em outras palavras, nosso desejo de elevar a autoestima em curto prazo pode prejudicar o nosso desenvolvimento em longo prazo.

Outra maneira de aumentar a nossa autoestima envolve melhorar nossa competência em áreas que não consideramos importantes. Por exemplo, uma mulher que valoriza ter a aparência de modelo pode continuar tentando perder peso a fim de alcançar o desejado. O problema dessa abordagem é que, às vezes, esforçar-se para melhorar se torna contraproducente. A mulher que tenta caber numas calças jeans 38, embora não tenha o tipo de corpo magro, vai acabar passando fome, frustrada e deprimida: o melhor seria minimizar a importância do modelo de magro (no fim das contas, a maioria dos homens diz preferir curvas.)

Charles Horton Cooley, um conhecido sociólogo do início do século XX, identificou outra fonte comum de autoestima. Ele propôs que a origem dos sentimentos de amor-próprio surge do "espelho". Ou seja, trata-se de como achamos que parecemos aos olhos dos outros. Se acreditarmos que os outros nos julgam positivamente, vamos nos sentir bem sobre nós mesmos. Se acreditarmos que os outros nos julgam negativamente, vamos nos sentir mal. A autoestima, em outras palavras, resulta não só do nosso próprio autojulgamento, mas também do julgamento que acreditamos ser feito sobre nós. Destaque a palavra *acreditamos*.

Uma pesquisa mostra que a autoestima é mais influenciada pelos julgamentos de estranhos do que de amigos próximos e familiares. Pense nisso. Quando sua mãe lhe diz o quanto você é inteligente ou atraente, você leva esse comentário a sério? "É claro que minha mãe diria isso, ela é *minha mãe*!". Temos a tendência a dar mais peso ao que "outras pessoas", sem nome nem rosto, pensam de nós. Colegas de trabalho, vizinhos, outros alunos da escola são, supostamente, mais imparciais na sua análise. O problema dessa linha de raciocínio é que o fio sustentador de nossa autoestima é incrivelmente fino. Se as pessoas não nos conhecem muito bem, não são capazes de fazer julgamentos bem informados a nosso respeito. Por que deveríamos ser tão influenciados por suas opiniões? Em segundo lugar, realmente conhecemos as opiniões de pessoas estranhas?

Quando eu estava na faculdade, costumava passar horas arrumando meu cabelo gótico e minha maquiagem antes de ir a uma famosa boate de *heavy metal*. Eu queria parecer legal, no entanto sempre me senti um "enigma" e achava que as pessoas reviravam os olhos nas minhas costas. Em geral, eu tinha baixa autoestima em relação à minha aparência de roqueira, apesar de todos os meus esforços para manter o rosto branco e o cabelo grande. Anos mais tarde, meus amigos disseram que algumas pessoas *realmente* achavam que eu parecia bacana naquela época e tinham até tentado me imitar. Em outras palavras, minha percepção do julgamento dos outros estava longe da realidade. Depois de analisar as evidências fotográficas, a percepção deles também me pareceu fora da realidade. Eu posso definitivamente afirmar que o *look* gótico não ficava bem para mim.

Tendemos a pensar que só os jovens são vítimas desse tipo de pressão e insegurança, mas quantas vezes nós, adultos, nos sentimos bem ou mal simplesmente por causa de uma vaga e insubstancial noção de como as "outras pessoas" estão nos vendo? Nossa percepção da realidade não é o único aspecto severamente turvo nessa história, mas a nossa obsessão com a impressão que causamos nos outros pode levar a um sério autoengano.

Espelho, espelho meu

As pessoas com autoestima elevada se descrevem como sendo mais agradáveis e atraentes, e dizem ter um relacionamento melhor com os outros do que as pessoas com baixa autoestima. Pesquisadores que analisam de forma objetiva, no entanto, não necessariamente concordam. Em um estudo, os investigadores examinaram como estudantes universitários avaliavam suas habilidades interpessoais de iniciar novas amizades, conversar e se abrir para os outros, lidar com conflitos e prestar apoio emocional. Não surpreende que as pessoas com alta autoestima relatassem ter essas boas qualidades bem afiadas. Entretanto, de acordo com seus companheiros de quarto, suas habilidades interpessoais eram meramente (Deus que me livre!) medianas. Estudos semelhantes descobriram que pessoas com alta autoestima são mais confiantes sobre sua popularidade, enquanto as com baixa autoestima presumem que os outros não gostam muito delas. Em geral, no entanto, as pessoas com alta e baixa autoestima são igualmente apreciadas por outras pessoas. O que acontece realmente é que aqueles com baixa autoestima costumam subestimar demais a aprovação dos outros, ao contrário daqueles com autoestima elevada, que superestimam a aprovação alheia. Em outras palavras, a autoestima elevada não está associada a ser uma pessoa melhor – apenas a se *pensar* que é.

Robbie, o avô do meu marido, era um rico fazendeiro branco no Zimbábue e cuidava das plantações com mão de ferro. Robbie tinha uma opinião muito elevada de si mesmo e presumia que todos os outros achavam isso também. Em uma visita ao Zimbábue, quando o chá estava sendo servido por seu mordomo negro (que, inclusive, o chamava de "mestre"), Robbie nos contou uma história sobre a sua relação com os trabalhadores rurais. No final da história, com um olhar melancólico em seu rosto, disse: "Sabe, acho que eles até gostam de mim...". Seus trabalhadores apenas lhe puxavam o saco porque tinham medo de perder o emprego, mas Robbie parecia não ter ideia disso (ou ao menos disfarçava muito bem). Embora não tivesse amigos, devido ao seu comportamento tirano, agarrou-se a seus delírios de ser amado e admirado até o dia de sua morte. Em um desfecho interessante, a morte de Robbie ocorreu de repente, poucos dias depois de Robert Mugabe declarar que estava assumindo todas as fazendas dos brancos no Zimbábue. Talvez Robbie não quisesse viver sem a sua fonte mais imponente de autoestima.

A autoestima elevada tem certamente pelo menos um benefício tangível e importante: a felicidade. Quando você gosta de si mesmo, tende a ser alegre; quando não gosta, tende a ficar deprimido. Tais estados de humor colorem nossos sentimentos em relação à nossa vida de um modo mais geral. Quando acreditamos que somos grandes, a vida é grande; quando pensamos o oposto, a vida se torna medíocre. A felicidade é um aspecto essencial para uma vida boa e definitivamente vale a pena cultivá-la. Mas o preço pago pela alegria momentânea da autoestima elevada pode ser muito alto.

O LAGO DE NARCISO

Os narcisistas têm a autoestima extremamente elevada e estão muito felizes a maior parte do tempo. Eles também têm concepções infladas e irreais de sua própria atratividade, competência e inteligência e se sentem no direito a um tratamento especial.

Narciso, que deu o nome ao *narcisismo*, era o filho do deus Cephissus e da ninfa Liriope. Ele se apaixonou por sua própria imagem refletida em um lago e ficou tão fascinado pelo que viu que ficou paralisado, não conseguindo mais se afastar da água e definhando até a morte. Na psicologia moderna, o narcisismo é normalmente medido pela pontuação alcançada no Inventário da Personalidade Narcisista, que inclui itens como "Eu acho que sou uma pessoa especial", "Eu gosto de me olhar no espelho" e "Se eu dominasse o mundo, ele seria um lugar melhor". As pesquisas geralmente descobrem que as pessoas com alta pontuação nessa escala também relatam estar muito satisfeitas com sua vida. E quem não amaria um *show* no qual o papel principal é seu?

Os narcisistas são pegos, na verdade, numa armadilha social. Embora achem que sua grandeza pessoal é admirada pelos outros, seus amigos e devotos, na verdade os narcisistas quase sempre afastam as pessoas ao longo do tempo. Sua autoconfiança e arrogância impressiona no início, mas os seus relacionamentos costumam desmoronar depois de um tempo. A maioria das pessoas relata não gostar de quem apresenta traços de narcisismo. É difícil sentir-se compreendido ou satisfazer suas necessidades quando o seu parceiro é tão autoabsorvido.

Muitas pessoas acreditam que, no fundo, os narcisistas se odeiam e sua autoimagem inflada é apenas um disfarce para a insegurança. Essa ideia tem penetrado a mídia popular americana. Ao discutir os problemas de jovens estrelas como Lindsay Lohan e Paris Hilton, por exemplo, um comentarista de TV disse: "Elas têm tudo que sempre quiseram na vida, finalmente conseguiram ter seus rostos na televisão. Enquanto isso uma *vozinha* interior está dizendo: 'Você ainda não é boa o suficiente. Não é boa o suficiente'". Presume-se, assim, que uma autoestima maior deveria curar o narcisismo. Contudo, uma pesquisa mostrou que essa suposição é falsa. Os cientistas descobriram como avaliar as atitudes inconscientes usando algo chamado de Teste de Associação Implícita (TAI). O exame mede em um computador a rapidez com que as pessoas associam os rótulos "sou eu" e "não sou eu" com palavras positivas (como *maravilhoso*) ou com palavras negativas (como *horrível*). Os participantes que associam rapidamente "sou eu" com palavras positivas, mas, são lentos para associar "sou eu" com palavras negativas são classificadas como portadores de uma autoestima elevada implícita. O padrão inverso indica baixa autoestima implícita. Narcisistas se acham maravilhosos tanto implícita quanto explicitamente.

Paris Hilton afirmou: "Não há ninguém no mundo como eu. Acho que cada década tem um ícone loiro, como Marilyn Monroe ou a princesa Diana. Agora eu sou esse ícone". Essa declaração não parte de alguém com uma insegurança profunda. Tentar ajudar um narcisista dizendo-lhe para se amar mais é tão eficaz quanto jogar gasolina no fogo.

A metáfora do incêndio é a mais adequada. Quando recebem a atenção e admiração que acreditam merecer, os narcisistas se posicionam no topo do mundo. O problema surge quando a sua posição de superioridade começa a ruir. Ao ser confrontado com críticas negativas, o narcisista em geral responde com sentimentos de raiva e desafio.

Num estudo clássico a esse respeito, os investigadores examinaram o comportamento dos narcisistas quando o seu ego era ameaçado. O estudo solicitou que as pessoas escrevessem um ensaio sobre uma questão importante. O texto supostamente seria lido e avaliado por alguém na sala ao lado (outro participante desconhecido da pesquisa que, na verdade, não existia). Os pesquisadores emitiam comentários aleatórios sobre os ensaios, como: "Este é um dos piores textos que eu já li!" ou "Sem sugestões, grande ensaio!". Na etapa seguinte, os participantes foram informados que eles e seus parceiros competiriam para pressionar um botão o mais rápido possível depois de resolver um problema simples, e o mais lento ouviria um ruído desagradável. A tarefa foi fraudada, é claro: os participantes foram mais rápidos e puderam definir o nível e a duração do ruído para seu parceiro fictício (a mesma pessoa que acreditavam ter avaliado seu ensaio). Os narcisistas que tinham recebido um *feedback* negativo foram os mais violentos, escolhendo ruídos longos e altos como retaliação pelo insulto.

Quando narcisistas são humilhados pelos outros, sua retaliação pode ser rápida, furiosa e até mesmo violenta. A sua raiva tem uma função importante: desvia a atenção do seu eu na direção dos outros, que podem ser, então, responsabilizados por todas as emoções ruins que ele esteja vivenciando. Esse padrão ajuda a explicar por que o médico Otto Kernberg refere-se à violência presente nas pessoas que matam nas escolas como "narcisismo maligno". Eric Harris e Dylan Klebold, os atiradores de Columbine, cometeram atos horríveis em retaliação a insultos relativamente pequenos que ouviram de atletas da escola. Em suas mentes egocêntricas, os atletas tiveram o que mereceram. Poucos dias antes de apertarem o gatilho em direção a seus colegas, Eric e Dylan disseram, rindo: "Vai ser divertido ter o respeito que merecemos".

Se você já conheceu um narcisista, percebe que esse padrão é muito familiar. A necessidade e demanda por respeito é constante. Os narcisistas estão sempre tentando se agarrar a esse sentimento indescritível de elevada autoestima. A ira que toma conta quando o seu precioso ego é posto em cheque pode ser verdadeiramente destrutiva.

Minha amiga Irene me contou uma vez a história de uma mulher que tinha todas as características de uma narcisista clássica. À primeira vista, jamais adivinhariam que Susan era tão autocentrada: ela estava acima do peso, sobrecarregada de trabalho e não tinha muita vida social. Mas a sua paixão na vida era ajudar crianças carentes. Ela se engajava em missões voluntárias em países do terceiro mundo pelo menos duas vezes por ano, e oferecia uma ajuda muito eficaz.

Infelizmente, foi duro para a Irene perceber que Susan estava usando seu trabalho de caridade principalmente para se sentir superior. Susan se dizia "uma das maiores especialistas do mundo" sobre o problema da desnutrição em crianças do terceiro mundo e claramente se via na posição de redentora dos fracos e oprimidos. Gostava de dizer às pessoas que o seu sonho era abrir um banco de alimentos onde poderia alimentar crianças desnutridas durante todo o ano. Quando Irene inesperadamente recebeu uma quantia grande de dinheiro, pôde fazer o sonho de Susan se tornar realidade. Decidiu fundar uma organização sem fins lucrativos e construir um banco de alimentos na Bangladesh rural, empregando Susan como gerente.

Em vez de ser grata por essa assistência, Susan começou imediatamente a se voltar contra Irene. Falava mal da amiga pelas costas, reclamava para quem quisesse ouvir sobre trabalhar com uma mulher tão estúpida. Estava disposta a ser a gerente do banco de alimentos "para o bem das crianças", mas seria uma penitência fazê-lo sob a supervisão de alguém tão incompetente. Então, Susan começou a espalhar falsos e desagradáveis rumores que atacavam o caráter e a integridade pessoal de sua amiga. Felizmente, um conhecido contou para Irene o que estava acontecendo cerca de uma semana antes de o banco de alimentos abrir e ela conseguiu terminar seu contrato com Susan bem na hora.

Irene sentiu como se tivesse recebido um tapa na cara. Mas, depois de um tempo, começou a perceber que o comportamento de Susan não era pessoal. Susan tinha pintado um retrato brilhante de si mesma como salvadora do mundo. Por isso, a posição de receber – em vez de dar – assistência foi demais para seu ego suportar. Susan desenhou a Irene como o diabo para poder manter sua própria imagem de anjo. Infelizmente, o narcisismo é mais comum do que você imagina entre as pessoas que fazem boas obras no mundo. Quando a força que conduz a filantropia é a busca da autoestima elevada, mesmo belos atos de caridade podem ser manchados por um ego carente e ganancioso.

O ELOGIO INDISCRIMINADO

Embora muitos problemas sejam associados à busca da autoestima elevada, o amor-próprio por si só não é um problema. É muito melhor sentir-se digno e valioso do que inútil e insignificante. O que há são dois caminhos: o saudável e o doentio. Ter uma família que o apoia ou trabalhar duro para atingir seus objetivos são fontes saudáveis para a autoestima elevada. Inflar o ego e rebaixar os outros não é bom. A maioria das pesquisas sobre a autoestima não distingue entre essas duas vias.

O método mais comum para medir o amor-próprio é a Escala de Autoestima de Rosenberg, baseada em afirmações bem generalizadas (por exemplo: "sinto que tenho uma série de boas qualidades" ou "tenho atitude positiva em relação a mim mesmo"). O narcisista que se pensa o melhor do mundo vai ficar no topo da escala, e o mesmo ocorrerá com uma pessoa humilde que gosta de si mesma simplesmente por ser humana, intrinsecamente digna de respeito. Simplificando, é impossível dizer se a autoestima elevada é saudável ou doentia até determinar a sua origem.

O problema com muitos dos programas escolares para aumentar a autoestima é que também não fazem distinção entre os tipos saudável e doentio de autoestima; tendem a usar o elogio indiscriminado para impulsionar o amor-próprio das crianças, concentrando-se apenas no seu nível de autoestima, e não no caminho para elevá-la. Como resultado, muitos alunos passam a acreditar que merecem elogios e admiração, não importa o que façam.

Jean Twenge escreveu sobre essa tendência em seu fascinante livro *Generation me: why today's young Americans are more confident, assertive, entitled – and more miserable – than ever before* (em português, Geração Eu: por que os atuais jovens americanos são mais confiantes, agressivos, cheios de direitos – e mais infelizes – do que qualquer outra geração). Ela observa que os programas de autoestima para crianças em idade escolar tendem a elogiar tanto o ego a ponto de dar náuseas. As crianças recebem livros para ler tais como *The Lovables in the Kindom of Self-Esteem* (em português, *Os Amáveis no Reino da Autoestima*), no qual aprendem que os portões para a autoestima se abrirão pelo simples fato de repetirem "Eu sou adorável!" três vezes e com orgulho. Toneladas de livros ensinam como ser um vencedor. Em *Um livro de autoestima para colorir*, as crianças percebem como são especiais e importantes. O jogo "O Círculo Mágico" pede que a criança use um distintivo no qual se lê "sou ótima", enquanto os seus colegas escrevem uma lista de elogios. As escolas de

Ensino Fundamental, em particular, presumem que sua missão é elevar a autoestima de seus alunos e preparar as crianças para o sucesso e a felicidade na vida. Por essa razão, desencorajam os professores de fazer observações críticas para os pequeninos, com receio dos danos que podem causar à autoestima dos pequenos.

Algumas escolas até mesmo eliminaram o conceito "F" de sua categoria de notas, porque "F" significa "falhar". Em vez disso, simplesmente atribuem a letra "E" para um trabalho inaceitável, presumivelmente porque é uma letra não associada a julgamentos, que meramente segue o "D" (e talvez ainda apresente uma conotação positiva, como "excelente"?). O desejo de elevar a autoestima das crianças tem levado a problemas sérios nas notas. Um estudo descobriu que 48% dos alunos de Ensino Médio receberam média A em 2004 em comparação com 18% em 1968. Não à toa os estudantes americanos acham que são os melhores e mais brilhantes do mundo, mesmo sendo ultrapassados por alunos de outros países em quase todos os testes acadêmicos. Podemos, assim, mudar nosso nome para os Estados Unidos do Lago Wobegon[8].

Embora a ênfase no aumento da autoestima das crianças tenha boas intenções e rompa com as práticas educativas duras do passado, que muitas vezes prejudicavam os alunos, o elogio indiscriminado pode dificultar a capacidade de alguém se enxergar com clareza, consequentemente limitando a sua capacidade de evoluir e atingir seu pleno potencial.

A valorização da autoestima a todo o custo também levou a uma preocupante tendência: o aumento do narcisismo. Twenge e seus colegas examinaram as pontuações de mais de 15 mil estudantes universitários que participaram do Inventário da Personalidade Narcisista entre 1987 e 2006. Durante o período de vinte anos, as pontuações foram à lua, com 65% dos estudantes de agora obtendo uma classificação superior do que as gerações anteriores. Não por acaso o nível médio de autoestima

---

8   N.d.T: Assim denominado em referência às crianças da fictícia cidade de Lake Wobegon, que acreditam ser "acima da média", esse efeito é formalmente conhecido como "superioridade ilusória" – as pessoas geralmente tendem a sentir que têm um desempenho superior ao dos demais em determinadas tarefas, como dirigir ou praticar esportes.

dos alunos aumentou em uma proporção ainda maior em relação ao mesmo período.

Recentemente, Twenge foi coautora de um livro chamado *The Narcissism Epidemic: Living in the Age of Entitlement* (em português, A epidemia de narcisismo: vivendo na idade dos direitos), junto do principal pesquisador sobre narcisismo, Keith Campbell. Os autores examinaram como a ênfase no aumento da autoestima na América levou a uma verdadeira doença cultural e escreveram o seguinte:

> Entender a epidemia do narcisismo é importante porque suas consequências em longo prazo são destrutivas para a sociedade. O foco da cultura americana na autoadmiração causou uma fuga da realidade para a terra de fantasia grandiosa. Temos falsos ricos (com hipotecas de juros e pilhas de dívidas), falsa beleza (por meio da cirurgia plástica e dos procedimentos cosméticos), falsos atletas (cujo desempenho é reforçado por drogas), falsas celebridades (via *reality shows* e YouTube), falsos alunos gênios (cujas notas são infladas), uma falsa economia nacional (com 11 trilhões de dólares em dívida do governo), falsos sentimentos de destaque em relação a nossos colegas (graças a uma educação focada na autoestima) e falsos amigos (com a explosão das redes sociais). Toda essa fantasia pode nos dar uma sensação boa, mas, infelizmente, a realidade sempre vence. O colapso das hipotecas e a crise financeira resultante são apenas algumas demonstrações de como nossos desejos inflados um dia caem por terra.

O elogio praticado por professores e pais com o objetivo de aumentar a autoestima das crianças é tão incondicional que alguns argumentam que o elogio deve ser limitado ao trabalho duro e ao esforço, para que as crianças só se sintam bem acerca de si mesmos se o merecerem. E daí flui o pensamento: por que se preocupar em fazer bem feito se a mediocridade recebe o mesmo elogio que um trabalho de primeira linha? Sutilmente incorporada nessa posição está a ideia de que elogios e críticas são uma força motivadora eficaz quando vinculados a sucesso e fracasso – e esse sentimento bom sobre si mesmo deve vir em um cenário, não em outro. Infelizmente, porém, há ampla evidência de que o uso da autoestima de forma condicional, de modo que só devemos nos sentir bem quando temos sucesso, é tão problemático quanto basear a nossa autoestima em nada.

A AUTOVALORAÇÃO CONTINGENTE

A "Autovaloração Contingente" é um termo que psicólogos usam para se referir ao senso de autoestima dependente do sucesso ou de aprovação. Várias áreas comuns da autoestima contingente foram identificadas, tais como: atratividade pessoal, aprovação pelos pares, concorrência com outros, sucesso no trabalho/escola, apoio da família, sentir-se virtuoso e mesmo amado por Deus. O grau de dependência da autovaloração contingente varia nessas áreas distintas. Algumas pessoas arriscam tudo em uma coisa só, enquanto outras se esforçam para serem boas em tudo. A pesquisa mostra que, quanto mais seu sentimento de autoestima depender do sucesso em uma área particular de sua vida, mais miserável você se sentirá diante de um fracasso.

Ter autoestima contingente é como andar na roda-gigante: seu humor oscila da euforia extrema à devastação. Vamos imaginar o senso de autovaloração de um bom trabalhador na área de *marketing*. O profissional se sente um rei quando é escolhido como vendedor do mês, mas um mendigo quando seus números de venda mensal ficam meramente na média. Ou talvez baseie sua autoestima no quanto as pessoas gostam dele. Vai ao céu quando recebe um elogio agradável, mas vira pó quando alguém o ignora ou, pior, o critica.

Uma vez tive a experiência de me sentir extremamente elogiada e devastadoramente criticada no mesmo momento. Fui visitar um centro equestre com Rupert, que cavalga desde sempre. Um espanhol, o mais velho instrutor de equitação e diretor do estábulo, pareceu gostar da minha aparência morena e mediterrânea. Querendo ser gentil, deu-me o que claramente pensava ser um grande elogio: "Você é muuuiiito bonita. *Nunca* raspe seu bigode".

Eu não sabia se ria, se batia nele, baixava minha cabeça de vergonha ou agradecia. Escolhi a primeira e a última opções, mas considerei seriamente as outras duas! Rupert estava muito ocupado rindo para dizer qualquer coisa.

Ironicamente, as pessoas que se destacam em áreas importantes são as mais vulneráveis a decepções quanto à sua autoestima. O estudante de conceitos A se sente arrasado ao receber uma nota inferior em um exame, enquanto o aluno D pode se sentir no topo do mundo por receber um C. Quanto mais você subir, maior pode ser a queda.

A autoestima contingente tem uma qualidade viciante e difícil de resistir. O sentimento da autoestima é tão bom que queremos ficar recebendo elogios ou ganhando competições. Continuamos perseguindo esse êxtase, mas, como acontece com as drogas e o álcool, construímos uma tolerância. Progressivamente precisamos de mais e mais para obter alguma satisfação. Os psicólogos se referem a esse processo como a "esteira hedonista" (o hedonismo é a busca pelo prazer), comparando a busca da felicidade a uma pessoa caminhando na esteira, que precisa se esforçar cada vez mais apenas para ficar no mesmo lugar.

Tentar provar continuamente a sua perícia em áreas nas quais investe sua autoestima é um comportamento que pode se voltar contra você. Se a principal razão de querer ganhar uma maratona é para se sentir bem consigo mesmo, o que acontece com o amor pela corrida em si? Em vez de fazê-lo porque gosta, começa a fazer para obter a recompensa de elevada autoestima. Ou seja, se você parar de ganhar corridas pode estar propenso a desistir de correr. É como um golfinho que salta através de um aro flamejante só para ganhar um peixe. Mas se o peixe acabar, o golfinho não salta mais.

Jeanie amava piano clássico e aprendeu a tocar quando tinha apenas quatro anos. O piano foi a maior fonte de alegria em sua vida e a transportava para um lugar de serenidade e beleza. No entanto, quando adolescente, sua mãe começou a inscrevê-la em concursos de piano. De repente, a atividade não era mais sobre música. O desenvolvimento da sua identidade ficou tão envolvido em ser uma "boa" pianista que o que mais importava (tanto para a Jeanie quanto para sua mãe) era ela ficar em primeiro, segundo ou terceiro lugar em uma competição. Se não se posicionasse entre os três melhores, sentia-se totalmente inútil. Quanto mais a Jeanie tentava tocar bem, pior se apresentava, porque se concentrava mais na competição do que na música em si. Ao entrar na faculdade, Jeanie largou o piano completamente. Deixou de ser divertido. Os artistas e atletas muitas vezes contam esse tipo de história. Quando começamos a basear nossa autoestima apenas no desempenho, nossas maiores alegrias na vida podem se tornar um trabalho duro e o nosso prazer vai se transformando em dor.

Confundindo o mapa com o território

Como seres humanos com capacidade de autorreflexão e de construir um autoconceito, nossos pensamentos e avaliações sobre nós mesmos podem facilmente se tornar confusos. É como confundir a natureza morta de Cézanne com as frutas em si, confundir a pintura na tela com as maçãs, peras e laranjas reais e ficar frustrado por não conseguir comê-las. Nosso autoconceito não é o nosso verdadeiro *eu*, é claro. É simplesmente uma representação (às vezes acurada, mas mais frequentemente imprecisa) dos nossos pensamentos habituais, emoções e comportamentos. O triste é que o pincel que contorna nosso autoconceito sequer faz justiça à complexidade, sutileza e maravilha do nosso verdadeiro eu.

Ainda assim, identificamo-nos tão fortemente com nosso autorretrato mental que pintar um retrato positivo em vez de uma imagem negativa de nós mesmos pode parecer questão de vida ou morte. Se a imagem que construo de mim é perfeita e desejável, logo, o processo inconsciente do pensamento diz que sou perfeita e desejável. Portanto, os outros vão me aceitar, não rejeitar. Se a imagem que eu construir for falha ou indesejável, não valho nada e serei jogada fora e abandonada. Nosso pensamento sobre essas questões tende a ser incrivelmente preto e branco: ou somos tudo de bom (ufa, um suspiro de alívio), ou tudo de ruim (o melhor seria jogar a toalha agora). Qualquer ameaça à nossa autorrepresentação mental, portanto, parece uma ameaça real e visceral. Respondemos a ela de forma tão poderosa quanto um soldado defendendo a própria vida.

Agarramo-nos à autoestima como se fosse um bote inflável que vai nos salvar ou pelo menos sustentar o senso positivo do eu que tanto ansiamos. Em seguida, descobrimos que o bote está furado e o ar lhe escapa rapidamente. A verdade é esta: às vezes, exibimos boas qualidades e, às vezes, exibimos qualidades ruins. Em outras ocasiões, agimos de forma útil, produtiva e, às vezes, de forma prejudicial e errada. Mas não somos definidos por essas qualidades ou comportamentos. Somos um verbo, e não um substantivo, um processo, mais do que uma "coisa" fixa. Nossas ações mudam (somos seres de mercúrio) de acordo com o tempo, a circunstância, o humor e o cenário. Nós muitas vezes nos esquecemos disso e continuamos na busca incessante de alta autoestima – o ilusório Santo Graal –, tentando encontrar uma caixa com a etiqueta "boa" para nos enquadrarmos.

Quando nos sacrificamos ao deus insaciável da autoestima, estamos negociando a maravilha e o mistério de nossa vida em troca de uma foto Polaroid. Em vez de nos deleitarmos com a riqueza e a complexidade da nossa experiência – a alegria e a dor, o amor e a raiva, a paixão, os triunfos e as tragédias –, tentamos capturar e resumir a nossa experiência com avaliações extremamente simplistas de autoestima. Mas esses julgamentos, em um sentido muito real, são apenas pensamentos. E, mais frequentemente, são pensamentos imprecisos. A necessidade de ver a nós mesmos como superiores também enfatiza nossa separação dos outros, em vez da interconexão. Isso, por sua vez, leva a sentimentos de isolamento, desconexão e insegurança. Assim, podemos nos perguntar: vale a pena?

Autocompaixão versus autoestima

E se, em vez de tentarmos definir nosso valor com julgamentos e avaliações, buscássemos uma fonte totalmente diferente para nossos sentimentos positivos em relação a nós mesmos? E se esses sentimentos vierem de nossos corações em vez de nossa mente?

A autocompaixão não tenta capturar e definir o valor ou a essência de quem somos. Não é um pensamento ou um rótulo, um julgamento ou uma avaliação. Em vez disso, é uma maneira de nos relacionarmos com o mistério de quem somos. Em vez de gerenciar a nossa autoimagem, de modo que seja sempre palatável, a autocompaixão honra o fato de que todos os seres humanos têm pontos fortes e fracos. Em vez de ficarmos perdidos pensando se somos bons ou ruins, devemos tomar consciência da nossa experiência no momento presente, percebendo que essa experiência está sempre mudando, além de ser inconstante. Nossos sucessos e fracassos vêm e vão, não nos definem nem determinam nossa dignidade. São apenas parte do processo de estar vivo. Nossa mente pode tentar nos convencer do contrário, mas nosso *coração* sabe que nosso verdadeiro valor reside na experiência do núcleo de sermos um ser consciente que sente e percebe.

Isso significa que, ao contrário da autoestima, os bons sentimentos de autocompaixão não dependem de estarmos acima da média e sermos especiais, ou de alcançarmos nossos ideais. Em vez disso, vêm para que nos preocupemos conosco por sermos frágeis e imperfeitos, apesar de magníficos. Em vez de nos colocarmos contra as outras pessoas num jogo infinito de comparação, abraçamos o que partilhamos com os outros e nos sentimos mais conectados com todo o processo. Os bons sentimentos de autocompaixão não desaparecem quando confundimos tudo ou quando as coisas dão errado. Na verdade, a autocompaixão entra em cena precisamente quando a autoestima nos decepciona – sempre que falhamos ou nos sentimos inadequados. Quando a fantasia inconstante da autoestima nos abandona, o abraço abrangente de autocompaixão está lá, esperando pacientemente.

Claro, os céticos podem estar dizendo para si mesmos: mas o que as pesquisas mostram? A frase seguinte diz que, segundo a ciência, a autocompaixão parece oferecer as mesmas vantagens da alta autoestima, sem suas desvantagens perceptíveis. A primeira coisa a saber é que a autocompaixão e a autoestima tendem a andar juntas. Se você é autocompassivo, vai ter maior autoestima do que autocrítica. Assim como a autoestima elevada, a autocompaixão está menos associada à ansiedade e à depressão, relacionando-se com a felicidade, o otimismo e as emoções positivas. No entanto, a autocompaixão oferece claras vantagens sobre a autoestima quando as coisas dão errado ou quando nosso ego está ameaçado.

Por exemplo, num estudo que meus colegas e eu realizamos, alunos de graduação foram convidados a preencher um formulário com medidas de autocompaixão e autoestima. Em seguida, veio a parte difícil. Eles foram convidados a participar de uma entrevista de emprego simulada para "testar a habilidade de fazer uma entrevista". Uma boa quantidade dos graduandos estava nervosa com o processo, especialmente porque em breve teriam que passar por isso na vida real. Como parte do experimento, os alunos foram convidados a escrever uma resposta para a temida, mas inevitável pergunta nas entrevistas de emprego: "Por favor, descreva sua maior fraqueza". Isso foi depois de serem solicitados a relatar se estavam ansiosos.

O nível de autocompaixão atingido pelos participantes previu quanta ansiedade sentiam, mas não o nível de autoestima. Em outras palavras, alunos autocompassivos relataram sentir menos autoconsciência e nervosismo, presumivelmente porque achavam normal admitir e falar sobre seus pontos fracos. Estudantes com alta autoestima, por outro lado, não ficaram menos ansiosos do que aqueles com baixa autoestima, tendo sido jogados para fora da zona de conforto com o desafio de discutir suas falhas. Curiosamente, as pessoas autocompassivas usaram menos pronomes na primeira pessoa do singular ao escrever sobre seus pontos fracos. Em vez disso, falavam na primeira pessoa do plural. Também fizeram frequentes referências a amigos, familiares e outros seres humanos. Isso sugere que o senso de interconexão inerente à autocompaixão desempenha um papel importante na sua capacidade de proteção contra a ansiedade.

Outro estudo solicitava que as pessoas imaginassem estar em uma situação potencialmente embaraçosa: serem membros de um time que perde um grande jogo, por exemplo, ou atores de uma peça de teatro que esquecem suas falas. O que os participantes sentiriam se algo assim acontecesse com eles? Os autocompassivos foram menos propensos a sentir humilhação ou incompetência, e não levavam as situações para o lado pessoal. Em vez disso, disseram que levariam as coisas no seu ritmo, tendo pensamentos como "Todo mundo erra de vez em quando" e "No futuro, isso realmente não vai fazer diferença". A autoestima elevada, no entanto, fez pouca diferença. Tanto aqueles com alta *ou* baixa autoestima eram igualmente propensos a terem pensamentos como "Sou um perdedor" ou "Queria poder morrer agora". Mais uma vez, a autoestima elevada tende a chegar de mãos vazias nos momentos críticos.

Em outro estudo, os participantes foram convidados a gravar um vídeo no qual deveriam se apresentar e se descrever. Foram informados que alguém iria assistir ao vídeo e lhes dar *feedback* do quanto pareciam acolhedores, simpáticos, inteligentes e maduros (o gabarito era falso, é claro). Metade dos participantes recebeu *feedback* positivo; a outra metade, *feedback* neutro. As pessoas autocompassivas estavam relativamente tranquilas independentemente do *feedback* positivo ou neutro e estavam dispostas a dizer que o *feedback* foi, de fato, baseado na sua própria personalidade. Pessoas com alto nível de autoestima, entretanto, tendiam a ficar chateadas quando recebiam um *feedback* neutro ("estou apenas na média?"). Também eram mais propensas a negar que o *feedback* neutro era devido à sua própria personalidade ("a pessoa que assistiu o meu vídeo era uma idiota!"). Isso sugere que as pessoas autocompassivas são mais capazes de aceitar quem são, independentemente do grau de elogio que recebem dos outros. A autoestima, por outro lado, apenas prospera quando as opiniões são boas, e pode levar a evasiva e a táticas contraproducentes quando houver a possibilidade de se enfrentar qualquer verdade desagradável sobre si mesmo.

Recentemente, meu colega Roos Vonk e eu investigamos os benefícios da autocompaixão comparando-a com a autoestima. Estudamos mais de três mil pessoas de várias esferas da vida, e esse foi o maior estudo a analisar essa questão até agora. Em primeiro lugar, examinamos a estabilidade dos sentimentos positivos experimentados ao longo do tempo. Esses sentimentos tendiam a subir e descer como um ioiô ou eram relativamente constantes? Nossa hipótese é que a autoestima estaria associada a sentimentos relativamente instáveis de autovaloração, uma vez que tende a ser reduzida sempre que as coisas não vão bem como o desejado. Por outro lado, como a compaixão pode ser estendida a si mesmo em bons e maus momentos, esperávamos que os sentimentos de autoestima associados à autocompaixão permanecessem estáveis ao longo do tempo.

Para testar essa ideia, tínhamos participantes que nos informaram sobre o que estavam sentindo em relação a si próprios naquele momento, por exemplo: "Sinto-me inferior aos outros" ou "Sinto-me bem comigo mesmo". Repetimos o procedimento doze vezes ao longo de um período de oito meses. Em seguida, foi calculado o grau em que o nível global de autocompaixão e autoestima previa estabilidade na autovaloração ao longo desse período. Como esperado, a autocompaixão estava claramente associada a sentimentos mais estáveis e constantes. Nós também descobrimos que é mais provável a autoestima ser dependente de resultados específicos, como a aprovação social, a competição por sucesso ou a necessidade de se sentir atraente. Quando o nosso senso de autoestima resulta de sermos um ser humano intrinsecamente digno de respeito, em vez de ser contingente na obtenção de certos ideais, nossa autoestima é mais resiliente.

Descobrimos também que a autocompaixão estava menos associada à comparação social e à necessidade de retaliar ofensas pessoais. Também se relacionava com uma menor "necessidade de fechamento cognitivo", que é, psicologicamente falando, a necessidade de estar certo, sem dúvida. As pessoas que investem na autoestima para se sentirem superiores e infalíveis tendem a ficar irritadas e na defensiva caso se sintam ameaçadas. Pessoas que aceitam compassivamente sua imperfeição não precisam se envolver em tais comportamentos para proteger seu ego. Na verdade, uma descoberta surpreendente do estudo foi a de que as pessoas com autoestima elevada eram muito mais narcisistas do que aquelas com baixa autoestima. Em contraste, a autocompaixão estava completamente desvinculada do narcisismo. (O motivo pelo qual não havia uma associação negativa é porque pessoas que não apresentam autocompaixão também não tendem a ser narcisistas.)

Exercício um
Identificando o trapaceiro

A. Liste até dez aspectos de si mesmo que tenham um papel importante na sua autoestima: coisas que fazem você se sentir bem ou mal sobre si (desempenho no trabalho, papel como pai, seu peso etc.).

1. _____
2. _____
3. _____
4. _____
5. _____
6. _____
7. _____
8. _____
9. _____
10. _____

B. Pergunte a si mesmo as questões a seguir para entender como esses aspectos que você listou se relacionam entre si. Reflita se suas respostas mudam sua forma de pensar sobre as coisas. Será que essa impostora da autoestima pode estar desviando-o do seu caminho?

1. Quero me sentir melhor do que os outros ou me sentir conectado?
2. Será que o meu valor vem do fato de eu ser especial ou de ser humano?
3. Quero ser perfeito ou ser saudável?

LIBERDADE DO EGO

Embora o ego não vá embora completamente com a autocompaixão, ele se desloca para um segundo plano. Em vez de avaliar a si mesmo como um indivíduo isolado com fronteiras que estão claramente definidas em contraste com os outros, você se vê como parte de um todo maior, interconectado. A ideia de que há um "eu separado" que pode ser julgado independentemente das várias condições interligadas que criaram esse "eu" é uma ilusão. A questão da autoestima só entra em jogo quando caímos na armadilha de acreditar que somos "entidades distintas". Queremos experimentar a felicidade que deriva de se sentir bem sobre nós mesmos; todo mundo quer. Além disso, essa felicidade é nosso direito inato. Mas a felicidade real, duradoura, pode ser mais bem experimentada quando estamos envolvidos no fluxo da vida conectada, e não separados de todo o resto.

Quando estamos filtrando principalmente nossa experiência por meio do ego, tentando constantemente melhorar ou manter a nossa autoestima elevada, negamos a nós mesmos a coisa que realmente queremos: sermos aceitos como somos, parte integrante de algo muito maior do que nossos pequenos "eus". Infinitos. Imensuráveis. Livres.

Capítulo oito:
Motivação e crescimento pessoal

Quando me aceito como sou, então, posso mudar; curioso paradoxo.
Carl Rogers, *Tornar-se Pessoa*.

Dois bandidos do velho oeste estavam sentados num *saloon* quando um pergunta ao outro:
– Tem visto Billy the Kid ultimamente?
– Sim. Almocei com ele outro dia.
– É?
– Sim, estava na ponte, vindo a cavalo para a cidade, e lá estava Billy, com uma arma apontada para mim. 'Desça do cavalo', ele disse. O que eu podia fazer? Ele tinha uma arma! Então eu desci do cavalo. Billy apontou para um monte de cocô de cavalo e disse 'Vê esse esterco? Coma-o'. O que eu podia fazer? Ele tinha uma arma! Comi o esterco. Então, Billy começou a rir. Ele riu tanto que deixou cair a arma. Eu a agarrei. 'Ei, Billy', eu disse. 'Agora eu tenho a arma. Está vendo esse cocô de cavalo? Coma-o' Afinal, o que ele podia fazer? Eu tinha a arma. E ele comeu o cocô. Então é como eu disse, almoçamos juntos no outro dia.

Essa piada (obviamente sem fundamento) destaca a crença generalizada de que é preciso colocar uma arma na cabeça de alguém para forçá-lo a fazer algo desagradável ou intragável, especialmente quando esse alguém somos nós.

O primeiro motivo que as pessoas dão para justificar o fato de não serem mais compassivas consigo mesmas é o medo da preguiça e autoindulgência. "Poupe a vara, estrague a criança", diz o ditado, revelando a crença de que somente a punição severa pode afastar a indolência. A punição corporal pode ser menos comum em famílias e escolas hoje, mas nós ainda utilizamos essa abordagem conosco, acreditando que o autoflagelo (mesmo sendo mental) é útil e eficaz. É a velha abordagem da cenoura amarrada na ponta de uma vara, na qual o autojulgamento é a vara e a autoestima é a cenoura. E se você faz o que deve fazer, mesmo contra a sua vontade, pode se sentir melhor sobre si, evitando ser esmagado pela autocrítica.

Eu tive uma aluna de graduação chamada Holly que realmente comprou essa ideia. Estava convencida de que precisava ser dura consigo para se manter na linha. Assim ela seria a pessoa que almejava se tornar. Nascida em uma família conservadora do Texas, com grandes expectativas para sua vida, ela achou que apenas se formar na faculdade não era o suficiente: tinha que fazer um MBA. Seus pais não tinham passado do ensino médio e todas as suas esperanças e sonhos estavam depositados no sucesso da filha. Holly manteve essa intensa pressão sobre si através da constante autocrítica. Se tirasse uma nota pior do que a esperada em um teste, maltratava-se com falas duras do tipo: "Você é tão estúpida e burra. Nunca vai fazer pós-graduação se continuar se atrapalhando assim". A recompensa pelo trabalho duro, balançando em frente ao seu nariz (como a cenoura na vara), era o orgulho. Holly queria que seus pais se orgulhassem dela e queria orgulhar-se de si mesma. Acreditava que a única maneira de alcançar seus objetivos era estimulando-se com a autocrítica impiedosa.

Este tipo de pensamento é extremamente comum. *Mas será que é verdadeiro?*

O CHICOTE QUE DESMORALIZA

Primeiro, considere o estado mental que a autocrítica produz. Como ficaria o seu humor ao ouvir as palavras: "Você é tão preguiçoso, não serve para nada, eu te odeio". Você se sentiria energizado, inspirado, pronto para enfrentar o mundo? Você pode tudo, campeão.

É ainda mais fácil de perceber quando pensamos em motivar outras pessoas, como as crianças. Imagine sua filha de dez anos chegando em casa com nota baixa em uma prova. Qual é a melhor maneira de incentivá-la a adotar melhores hábitos de estudo e aumentar seu resultado na próxima prova? Você deveria criticá-la furiosamente? Dizer que ela é uma inútil e mandá-la para a cama sem jantar? Claro que não! Essas críticas duras seriam emocionalmente achacadoras e esgotariam a energia da criança para se dedicar aos estudos. Infelizmente alguns pais usam essa tática, que está longe do ideal. Mais eficaz seria tranquilizar a pequena de que essas coisas acontecem, que ela pode ter certeza de que ainda é amada e incentivá-la, com compaixão, a criar uma nova rotina de estudo, assegurando-lhe que pode e vai fazer melhor.

Nós todos sabemos que as mensagens positivas criam um estado mental mais propício para o trabalho duro e o alcance de um potencial mais alto. Precisamos nos sentir calmos, seguros e confiantes a fim de alcançarmos nosso melhor resultado. Quando tentamos motivar aqueles que amamos, normalmente damos um passo atrás para que saibam que acreditamos neles, que eles têm a nossa infinita lealdade, carinho e apoio. Mas, por alguma razão estranha, muitas vezes escolhemos uma abordagem exatamente oposta conosco.

Os pesquisadores que estudam a motivação encontraram evidência recorrente de que nosso nível de autoconfiança tem um grande impacto em nossa capacidade de atingir objetivos. Dezenas de estudos confirmaram que nossa crença em nossa própria capacidade, ou seja, "autoeficácia" – termo usado pelo psicólogo pesquisador Albert Bandura – está diretamente relacionada com nossa capacidade de alcançar nossos sonhos.

Um estudo acompanhou mais de duas centenas de lutadores, estudantes do Ensino Médio, na temporada de luta livre. Descobriu-se que, independentemente de seu sucesso antes da luta, os alunos que acreditavam na sua eficácia ganharam mais lutas do que aqueles que duvidavam de si mesmos. Isso ficou especialmente visível em situações de alta pressão em que a luta estava empatada. Uma disputa decidida na prorrogação é do tipo "morte súbita": ganha o primeiro lutador a pontuar. Não é nada fácil, pois a essa altura os adversários estão esgotados e uma gravata indica uma luta parelha nas habilidades físicas.

Em tais casos, o único fator que prediz uma vitória é a fé do indivíduo em sua própria capacidade.

A autocrítica tende a minar a crença na autoeficácia. Por esse motivo, pode prejudicar a nossa capacidade de fazer o nosso melhor. Colocando-nos para baixo constantemente, leva-nos a perder a fé em nós mesmos, mostrando que não somos capazes de irmos tão longe quanto poderíamos. A autocrítica também está fortemente associada à depressão, e uma mente depressiva não é exatamente propícia para a atitude "levanta, sacode a poeira e dá a volta por cima".

A autocrítica é *de alguma forma* um gatilho motivador eficaz, caso contrário, não seria usada por tantas pessoas. No entanto, se a autocrítica funciona de verdade é por apenas uma razão: *medo*. É tão desagradável nos criticarmos duramente quando falhamos que ficamos motivados pelo desejo de escapar do nosso próprio julgamento. É como se déssemos nossa própria cabeça para cortar, constantemente nos ameaçando com o pior, sabendo que o terror de nossa própria crítica severa nos impedirá de sermos complacentes.

Essa abordagem funciona até certo ponto, mas tem graves inconvenientes. Um dos maiores problemas ao usar o medo como motivador é que a ansiedade pode prejudicar o seu desempenho. Tanto faz se for pânico de falar em público, de provas, o branco do escritor ou o medo do palco: sabemos que o medo de ser julgado pode ser muito debilitante. A ansiedade distrai as pessoas da sua tarefa, interferindo na sua capacidade de concentração e no seu potencial.

A autocrítica só cria ansiedade, mas também pode levar a truques psicológicos que evitam a culpa em caso de falha, o que faz com que o fracasso seja mais provável. A tendência de minar o desempenho de forma a criar uma desculpa plausível para a falha é conhecida como "autoimpedimento". Uma forma comum de autoimpedimento é simplesmente não tentar de verdade. Se eu não praticar antes da partida de tênis com meu vizinho, posso colocar a culpa por perder o jogo na falta da prática, e não no jogador ruim que sou. Outra estratégia comum é a procrastinação. Se eu me ferrar na tarefa do trabalho para a qual eu nem mesmo comecei a me preparar, posso culpar meu fracasso na falta de preparação em vez de na minha incompetência.

Uma pesquisa indica que autocríticos são menos propensos a atingir seus objetivos por causa desse tipo de estratégia de autoimpedimento. Em um estudo, por exemplo, solicitou-se que estudantes universitários descrevessem seus vários objetivos: acadêmicos, sociais e relacionados com a saúde, e, em seguida, informar o progresso que tinham feito para alcançar essas metas. Os autocríticos fizeram muito menos progresso na direção dos seus objetivos do que os outros e também relataram que procrastinavam mais vezes. Assim, em vez de ser uma ferramenta útil de motivação, a autocrítica pode realmente ser um tiro no próprio pé.

Jim foi um dos piores procrastinadores que já conheci. Tudo que fazia era no último minuto. Sempre que ele se sentia inseguro sobre sua capacidade de realizar uma tarefa importante, procrastinava para que, em caso de fracasso, tivesse a desculpa pronta: "Não tive tempo". Por exemplo, quando fez o exame GRE[9] para tentar entrar no mestrado, só começou a estudar poucos dias antes. Quando sua pontuação chegou, mediana e não fantástica, ele me disse: "Bem, realmente não foi tão ruim considerando que quase não estudei". Quando chegou a hora de obter um estágio como parte do programa de mestrado em trabalho social, ele esperou até o último minuto para enviar os formulários. A única oportunidade de estágio que acabou lhe sendo oferecida era a que ninguém mais queria. Sua resposta? "Bem, a maioria das posições já tinha sido preenchida quando mandei minha solicitação. Pelo menos tenho alguma coisa".

O pior, no entanto, foi no dia do seu casamento. A noiva de Jim, Naomi, fez sozinha todos os preparativos para o grande evento esperando que a cerimônia (que aconteceu em uma bela igreja do século XIX, frequentada pela sua família desde a sua infância) fosse perfeita. Naomi escolheu os vestidos para suas damas de honra e um *smoking* para Jim, combinando com os de seus padrinhos. A única coisa que pediu para Jim fazer era

---

[9] N.d.T.: GRE – Graduate Record Examination (Teste padronizado de admissão para pós-graduação).

comprar um par de sapatos pretos. O casamento seria no domingo ao meio-dia, por isso Jim se planejou para ir ao shopping às 9h. Teria tempo de sobra para comprar os sapatos e chegar na igreja às 11h, conforme as instruções. O que ele esqueceu, é claro, é que o shopping não abre antes do meio-dia no domingo. Não havia por ali *nenhuma* loja de calçados que abrisse antes do meio-dia. Jim não tinha um par de sapatos; tudo o que tinha eram dois pares de tênis coloridos de cano alto e um par de sandálias de couro sujas. Estava ferrado. Por sorte, lembrou-se de uma loja que abria às 10:00 e possuía uma pequena coleção de sapatos. Ele poderia comprar algo lá. Os únicos sapatos que havia em preto, no entanto, eram sapatos comuns do dia a dia, do tipo Crocs. Teriam que servir. Naomi não viu os sapatos do noivo até ele entrar na igreja e, embora seu rosto mostrasse uma leve expressão de choque e horror, ela decidiu ignorar a questão naquele momento e se concentrar no que era mais importante: seus votos de casamento. No entanto, eu os vi tendo uma conversa um tanto tensa na festa. Enquanto tentava não escutar (ok, talvez estivesse escutando um pouco), ouvi o Jim dizer: "Bem, considerando que eu só fui às compras essa manhã, os sapatos não são tão ruins assim. E são bastante confortáveis..."

Embora seja verdade que Jim, de alguma forma, tenha conseguido se safar com seu esforço de última hora e assim escapado das duras críticas por ter sempre uma desculpa pronta na manga quando se enrola, Jim nunca atingiu todo o seu potencial. Ele poderia ter entrado numa pós-graduação melhor, uma na qual sua inteligência pudesse realmente brilhar, se tivesse começado a estudar para os testes de admissão antes. Ele poderia ter conseguido um estágio melhor, que lhe daria a experiência na área do trabalho social que mais o agradava se tivesse enviado seu formulário em tempo hábil. Poderia ter impedido a briga com a noiva no dia do casamento se tivesse simplesmente ido ao shopping no dia anterior. Se estivesse mais confortável com a possibilidade de falhar, mesmo quando faz tudo o que pode, não usaria a autossabotagem para salvar o próprio ego. O fracasso é inevitável quando nosso esforço é apenas mediano.

PORQUE VOCÊ SE IMPORTA

Então, por que a autocompaixão é um motivador mais eficaz do que a autocrítica? Devido à sua força motriz ser o amor, e não o medo. O amor permite o sentimento de confiança e segurança em parte pela produção da ocitocina. O medo nos faz sentir inseguros e nervosos porque a amígdala cerebral funciona demais, inundando nossos sistemas com o cortisol. Quando confiamos em uma atitude compreensiva e compassiva conosco quando falhamos, não nos causamos estresse desnecessário e nem ansiedade. Podemos relaxar sabendo que vamos ser aceitos independentemente dos resultados. Mas se isso for verdade, por que devemos tentar fazer o máximo possível em tudo? Por que não colocamos os pés para cima, comemos pizza e ficamos assistindo a reprises na TV o dia todo?

Muitas pessoas acham que a autocompaixão é apenas uma forma de se sentir bem, amado e aconchegado – um jeito de nos mimarmos e nada mais. Mas a cura e o crescimento não acontecem com esse tratamento superficial. Ao contrário da autocrítica, que pergunta "você é bom o suficiente?", a autocompaixão indaga "o que é bom para você?". A autocompaixão respeita seu desejo interior de ser saudável e feliz. Se você se preocupa consigo, vai fazer o que é preciso a fim de aprender e crescer. Vai querer mudar os padrões inúteis de seu comportamento, mesmo que isso signifique abrir mão – por pouco tempo – de certas coisas de que você gosta. Pais preocupados não dão doces a seus filhos a toda hora só para agradá-los. Ceder a cada capricho do filho não significa ser um bom pai ou uma boa mãe. Ser carinhoso com aqueles que você se preocupa significa muitas vezes dizer não.

Da mesma forma, a autocompaixão envolve valorizar-se de uma forma profunda, fazer escolhas que levam ao bem-estar em longo prazo. A autocompaixão quer curar as disfunções, não as perpetuar. Não há nada errado em ceder à indulgência ocasionalmente, é claro. Às vezes, comer aquele pedaço de *cheesecake* de limão é realmente uma forma de autocuidado. Mas o excesso (ou seja, comer todo o *cheesecake*) não faz bem. É contraproducente porque nos impede de obtermos o que realmente queremos: alcançar o nosso potencial mais elevado.

O Buda se refere à qualidade motivacional de autocompaixão como "esforço correto". Desse ponto de vista, o esforço errado vem da preocupação com o ego, da necessidade de provar a si mesmo e do desejo de controle. Esse tipo de esforço, na verdade, aumenta o sofrimento porque promove sentimentos de separação e de desconexão do resto do mundo, configurando a expectativa de que as coisas devem ser sempre como queremos que sejam. O esforço correto, por outro lado, vem do desejo natural de curar o sofrimento. Como disse o Buda: "É como perceber que o cabelo de alguém está pegando fogo". As ações automáticas quando vemos que está saindo fumaça do nosso cabelo (pegar uma toalha molhada ou entrar no chuveiro) resultam da vontade de resolver o problema e escapar do perigo de ser queimado. Não surgem do desejo de provar que podemos ("veja como sou bom em apagar fogo!"). Da mesma forma, o esforço oriundo da autocompaixão não é resultado do esforço egoísta, mas do desejo natural de amenizar o sofrimento.

Se queremos progredir, precisamos enfrentar as maneiras pelas quais possamos estar nos prejudicando e descobrir como fazer as coisas de uma forma melhor. No entanto, não temos que ser cruéis conosco nesse processo. Podemos ser gentis e solidários enquanto nos envolvemos na difícil tarefa de mudar. Podemos reconhecer que a vida é dura, que os desafios são parte da experiência humana. Felizmente, a bondade e o incentivo fazem muito bem e com certeza ajudam a engolir o remédio.

Exercício um
Identificar o que realmente queremos

1. Pense nas maneiras como você usa a autocrítica para se motivar. Existe alguma característica pessoal pela qual se critica? (como ser temperamental, preguiçoso, gordo etc.). Você acha que ser duro consigo mesmo irá ajudá-lo a mudar? Se sim, tente entrar em contato com a dor emo-

cional que a sua autocrítica causa, dando-se a compaixão para a experiência de se sentir julgado.

2. Em seguida, veja se pode pensar numa maneira mais gentil e solidária de se motivar a fazer uma mudança, caso necessário. Qual linguagem um amigo sábio e carinhoso, um pai, um professor ou *coach* usaria para apontar gentilmente a improdutividade do seu comportamento e, ao mesmo tempo, incentivá-lo a fazer algo diferente? Qual é a mensagem mais favorável que você consegue pensar que esteja alinhada com o seu desejo de ser saudável e feliz?

3. Cada vez que você for crítico sobre a sua característica indesejada no futuro, perceba antes a dor do autojulgamento e em seguida ofereça compaixão a si próprio. Tente reformular seu diálogo interno para que seja mais encorajador e apoiador. Lembre-se de que se você realmente quer se motivar, o amor é mais poderoso que o medo.

Autocompaixão, aprendizado e crescimento pessoal

Muitas pessoas têm medo de não serem ambiciosas o suficiente se forem autocompassivas, mas as pesquisas sugerem o contrário. Em um estudo, examinamos como as pessoas reagiram quando não conseguiram cumprir suas expectativas e quão altos eram seus padrões. Descobrimos que as pessoas autocompassivas eram tão propensas a terem padrões elevados para si quanto às outras, mas eram muito *menos* propensas a serem duras consigo nas ocasiões em que não atendiam seus próprios padrões. Pessoas autocompassivas estão mais orientadas para o crescimento pessoal do que aquelas que criticam a si mesmas continuamente. São mais propensas a formular planos específicos para atingir seus objetivos e tornar sua vida mais equilibrada. A autocompaixão não diminui de modo algum os padrões que você define na vida, mas suaviza a sua reação a fracassos imprevistos, o que realmente o ajuda a atingir seus objetivos em longo prazo.

A capacidade de realizar nosso potencial depende, em parte, de onde vem a nossa motivação. É intrínseca ou extrínseca? A motivação intrínseca ocorre quando somos levados a fazer algo porque queremos aprender, crescer ou porque a atividade é simplesmente interessante. A motivação extrínseca ocorre quando somos levados a fazer algo a fim de ganhar uma recompensa ou escapar de uma punição. Mesmo quando as recompensas e punições vêm de dentro de nós, como, respectivamente, a autoestima e a autocrítica, nossa motivação ainda é extrínseca, pois estamos participando de uma atividade com segundas intenções.

A psicóloga e pesquisadora Carol Dweck, autora de *Mindset: A nova psicologia do sucesso*, distingue duas principais razões pelas quais as pessoas querem atingir seus objetivos. Pessoas com objetivos de *aprendizagem* são intrinsecamente motivadas pela curiosidade e pelo desejo de desenvolver novas habilidades. Querem alcançar algo porque buscam adquirir conhecimento e, o mais importante, cometem erros como parte do processo de aprendizagem. Pessoas com metas de *desempenho*, por outro lado, são extrinsecamente motivadas a defender ou melhorar sua autoestima. Querem se sair bem para que os outros as aprovem e, dessa forma, tendem a evitar o fracasso a qualquer custo. Isso significa que, em vez de se desafiar, tomam um caminho seguro. Você conhece o tipo: pessoas que querem apenas um dez bem fácil e realmente não se importam com o quanto aprenderam no processo. A pesquisa mostra que, em longo prazo, metas de aprendizagem são mais eficazes do que metas de desempenho. As metas de aprendizagem impulsionam as pessoas a se esforçarem mais por mais tempo, por gostarem do que fazem. Essas metas também permitem que as pessoas peçam a ajuda e a orientação de que precisam, pois estão menos preocupadas em parecer incompetentes.

Veja o exemplo de Kate e Danielle. Irmãs gêmeas que amavam animais quando jovens, e tinham dezenas de figuras em gesso de leões, zebras, rinocerontes, girafas e outros animais exóticos nas paredes do seu quarto. Elas costumavam sonhar em serem administradoras de zoológico um dia. Acabaram indo para a mesma universidade e se matricularam no curso de zoologia mais avançado do penúltimo ano. O curso era extremamente difícil, e ambas foram reprovadas no primeiro exame. Danielle sempre pensava em si mesma como uma boa aluna e não suportava a ideia de obter uma nota negativa no curso. Então desistiu. Kate não se importava. Ela estava aprendendo sobre animais e isso era o mais importante. Ia ao escritório do assistente de ensino quase todas as semanas e acabou recebendo um B no curso. Depois da graduação, Danielle conseguiu uma posição inicial na área de gestão de uma grande corporação. O trabalho era bem pago, e ela impressionou todos os seus amigos por comprar um carro novo depois de apenas alguns meses no emprego. O trabalho era relativamente fácil e seguro, mas também muito chato. Kate, por outro lado, guardou dinheiro trabalhando como garçonete para ir para Botswana durante um mês, onde viveu a melhor experiência de sua vida. Decidiu abrir seu próprio negócio de safari e após vários estágios exigentes com baixa remuneração, aprendeu com a prática e finalmente conseguiu. Kate e Danielle eram mulheres jovens, inteligentes e trabalhadoras, mas foi Kate quem desafiou a si mesma e acabou realizando um sonho ao longo da vida.

Como você pode suspeitar, nossa pesquisa concluiu que pessoas autocompassivas são mais propensas à aprendizagem. Sua motivação deriva do desejo de aprender e crescer, não do desejo de escapar da autocrítica. Por isso, estão mais dispostas a assumir riscos na aprendizagem. Em grande parte, isso acontece porque não têm tanto medo do fracasso. Entre um grupo de estudantes universitários que tinham rodado recentemente no teste do meio do semestre, por exemplo, verificou-se que os alunos com autocompaixão eram mais propensos a reinterpretar o seu fracasso como uma oportunidade de crescimento, e não como uma condenação da autoestima. Quando você pode confiar que a falha será recebida com compreensão, e não com julgamento, deixa de ser o bicho-papão escondido no armário. Em vez disso, a falha pode ser reconhecida como o mestre que é.

A pesquisa também indica que o fracasso é menos propenso a danificar as crenças de eficácia nas pessoas autocompassivas, porque estas não são tão duras consigo quando caem: têm confiança suficiente em suas habilidades para levantar e tentar novamente. Na verdade, um estudo recente descobriu que, quando as pessoas com autocompaixão são forçadas a desistir de um objetivo importante para elas – algo inevitável em algum momento da vida –, tendem a reorientar a sua energia em um objetivo novo e diferente. Os autocríticos, por outro lado, são mais propensos a jogar a toalha. As pessoas autocompassivas costumam procrastinar menos e relatam ser menos preocupadas com a percepção de sua *performance*. Portanto, não exigem uma desculpa plausível pela falha.

A autocompaixão definitivamente *não* leva à complacência e à inércia, muito pelo contrário. Ao perder o medo do fracasso, tornamo-nos livres para desafiarmo-nos em um grau muito maior. Ao mesmo tempo, ao reconhecer as limitações do ser humano, somos mais capazes de reconhecer quais metas funcionam para nós e quais não funcionam. Além disso, somos capazes de identificar quando é hora de assumirmos uma nova abordagem. Longe de ser uma forma de autoindulgência, a autocompaixão e a verdadeira realização andam de mãos dadas: a autocompaixão nos inspira a perseguir nossos sonhos e cria uma mentalidade corajosa, confiante, curiosa e resiliente que nos permite realmente alcançá-los.

Exercício dois
Autocompaixão e procrastinação

> Costumamos procrastinar por razões diferentes. Às vezes, somos preguiçosos ou simplesmente não queremos fazer uma tarefa desagradável. Outras vezes, temos medo de fracassar. Felizmente, a autocompaixão pode derrubar o obstáculo da procrastinação.

Desagrado ou preguiça

> É muito comum adiar tarefas desagradáveis, como fazer o imposto de renda ou escrever ideias para um trabalho chato. Mesmo que a tarefa não seja particularmente desagradável, como dobrar e guardar a roupa, às vezes ficamos apenas com

preguiça de levantar o traseiro. Não é nenhuma surpresa, uma vez que é natural querer relaxar e evitar funções chatas. Além disso, o adiamento não é necessariamente um problema, a menos que acabe causando mais estresse em sua vida, por você não estar fazendo o mínimo necessário. Se você acha que procrastina quando se confronta com coisas que não quer fazer, possivelmente será levado para a emoção subjacente à sua própria resistência. Muitas vezes evitamos pensar em tarefas indesejáveis porque nos sentimos desconfortáveis. Outra abordagem, no entanto, é dar-se compaixão por reações bastante humanas, como desagrado e evasão. Permita-se mergulhar completamente na sensação do medo ou da letargia ou do que quer que esteja surgindo quando você pensa sobre a tarefa. Você consegue sentir as emoções em seu corpo, mantendo-se consciente delas e sem julgamento? Reconheça que esses são momentos de sofrimento em pequena escala. Todas as nossas emoções são dignas de serem sentidas e validadas. Uma vez que você se der a sensação de conforto necessária, vai provavelmente se encontrar menos resistente para começar.

Medo de falhar

Às vezes, as emoções subjacentes à nossa procrastinação habitual são mais profundas. Se a tarefa é importante, como começar um projeto grande no trabalho, muitas vezes o que assusta é a possibilidade de falha. Os sentimentos de medo que surgem quando se pensa em assumir o projeto, e os sentimentos de indignidade que surgem quando pensamos na possibilidade de estragar tudo podem ser devastadores. Mais uma vez, quando não quiser experimentar emoções desagradáveis, a procrastinação é uma forma muito comum de controle. E, às vezes, nossa tentativa inconsciente para nos sabotarmos é para que, caso falharmos, possamos evitar o sentimento de indignação, justificando o nosso fracasso com o fato de não termos tido tempo suficiente para fazê-lo de forma adequada. Se esse padrão for habitual, ele pode limitar você seriamente de atingir seu potencial pleno.

Quando suspeitar que o medo do fracasso esteja alimentando a sua procrastinação, revisite o que tem sido discutido neste livro. Lembre-se: todas as pessoas falham em algum momento. É parte da condição humana. E cada erro é uma poderosa oportunidade de aprendizagem. Prometa a si mesmo que, se você falhar, vai ser amável, gentil e compreensivo consigo, em vez de usar a dura autocrítica. Conforte a criança pequena dentro de você e afaste o seu medo. Se não quiser se aventurar no escuro desconhecido, assegure-se de que você vai prestar apoio a si mesmo ao longo do caminho. Assim, veja se você consegue mergulhar na tarefa. Como todos sabemos por experiência, a pior parte de uma tarefa difícil é muitas vezes tomar coragem para começá-la.

PROCURANDO A VERDADEIRA FELICIDADE

O sonho inspirado na autocompaixão é mais propenso a produzir a verdadeira felicidade do que aquele motivado pela autocrítica. Nossa pesquisa indica que as pessoas autocompassivas tendem a ser mais autênticas e autônomas na vida, enquanto aquelas sem autocompaixão tendem a ser mais conformistas, porque não querem correr o risco do julgamento social ou da rejeição. A autenticidade e a autonomia são cruciais para a felicidade porque, sem elas, a vida pode parecer um trabalho penoso e sem sentido.

Holly, a estudante de graduação de que eu falei no capítulo anterior, finalmente aprendeu a lição. Depois de estudar o conceito de autocompaixão em uma das minhas aulas, começou a ver que ser tão crítica consigo só causava danos. Estava ficando com enxaqueca, e o médico lhe disse que era estresse. Estresse autoinduzido. As dores de cabeça ficaram tão fortes e longas que Holly tinha problemas para estudar. Precisava fazer alguma coisa. Então, decidiu dar uma chance real à autocompaixão. Ajustou o despertador em seu telefone celular para tocar em vários intervalos durante o dia e, sempre que ele soava, perguntava a si mesma: "Qual é a coisa mais saudável e mais autocompassiva para eu fazer agora?" (Como você pode ver, Holly fez tudo de forma muito metódica e determinada!)

Após cerca de um mês, reunimo-nos para falarmos sobre a sua experiência. Para sua própria surpresa, Holly disse que não estava estudando com menos frequência e nem com menos seriedade por estar sendo gentil consigo. Na verdade, sempre que parava para se questionar, a resposta muitas vezes era focada em seu trabalho da universidade. No entanto, ela começou a tirar uns cochilos durante o dia se tivesse estudado até tarde na noite anterior, e, como resultado, estava mais alerta quando trabalhava. Também tentou usar uma linguagem mais suave e solidária consigo sempre que tinha dificuldades ou ficava confusa. Isso pareceu ajudá-la a conseguir resolver a situação mais rapidamente. Na verdade, quando estava enfrentando um momento particularmente difícil com um artigo, ia ao escritório do professor para pedir ajuda. Nunca tinha feito isso antes por medo de parecer estúpida. Mas finalmente percebeu que era apenas um ser humano e precisava de ajuda. Assim, conseguiu fazer um trabalho muito melhor.

Cerca de um ano depois, Holly veio ao meu escritório para dar um oi e pedir que eu lhe escrevesse uma carta de recomendação para a pós-graduação. Holly se formara em Administração e tinha planejado fazer um MBA – um plano que, certamente, orgulharia seus pais. Em vez disso, Holly decidiu se inscrever em uma escola de ensino especial. Tinha sido voluntária num trabalho com crianças com deficiência (para enfeitar seu currículo, ela admitira) e inesperadamente achou seu caminho. O período como voluntária foi a sua experiência profissional mais feliz, e Holly queria fazer a diferença no mundo. Apesar dos protestos dos pais, percebeu a importância de buscar a felicidade e fazer o que a satisfazia pessoalmente. Hoje em dia, Holly tem um mestrado em educação especial e, da última vez que soube dela, tinha ascendido como professora em uma escola primária local. A autocompaixão pode nos levar a fazer escolhas não convencionais, mas essas serão as escolhas certas feitas pela razão certa – o desejo de seguir os nossos corações.

A AUTOCOMPAIXÃO E O NOSSO CORPO

Grande parte da minha discussão de autocompaixão e motivação tem se concentrado no domínio da aprendizagem, provavelmente porque sou professora universitária e lido com essas questões todos os dias. Mas esse sentimento é um poderoso motivador em muitos domínios diferentes. A autocompaixão desempenha um papel particularmente forte na luta épica para aceitar o nosso corpo. Muitas vezes rasgamo-nos em pedaços com a autocrítica quando nossa aparência não é do jeito que gostaríamos. Olhamos as modelos supermagras e aerobicamente produzidas nas capas de revistas e, compreensivelmente, sentimos que não nos enquadramos. Até as meninas da capa acham que não se enquadram, uma vez que a maioria das imagens é melhorada digitalmente.

A beleza é hipervalorizada em nossa sociedade e, por isso, não é de surpreender que uma das áreas mais importantes para a autoestima seja o nosso senso de atratividade. Isso vale para ambos os sexos, mas é especialmente verdadeiro para as mulheres. Se você quer saber por que as adolescentes têm problemas de autoestima, só precisa considerar sua atratividade percebida. Uma pesquisa mostra que a percepção da própria atratividade nos meninos tende a se manter relativamente estável durante os anos da infância e adolescência: terceiro ano, boa aparência; sétimo ano, boa aparência; décimo-primeiro ano, ainda boa aparência. As meninas, por outro lado, se sentem mais inseguras à medida que ficam mais velhas: terceiro ano, boa aparência; sétimo ano, sem tanta certeza; décimo-primeiro ano, estou tão feia!

O que há de errado com esse quadro? Os meninos são realmente mais atraentes do que as meninas? Acho que não. O problema é que os padrões de beleza feminina são muito mais elevados, especialmente em relação ao peso. Espera-se que as mulheres sejam magérrimas, mas, também, supercheias de curvas; um ideal quase impossível de alcançar sem cirurgia plástica e dieta constante. Podemos pensar que principalmente os ricos e famosos se apegam a esse ideal não realista. Piadas como esta atestam: "Um mendigo se aproximou de uma mulher muito bem vestida na avenida Rodeo Drive e disse: 'Eu não como nada faz quatro dias'. Ela olhou para ele e disse: Nossa, eu adoraria ter a sua força de vontade!'".

Pesquisas indicam que quatro a cada cinco mulheres americanas estão insatisfeitas com a sua aparência e mais da metade está sempre de dieta. Quase 50% de todas as meninas entre a primeira e a terceira séries dizem que querem ser mais magras e, aos 18 anos, 80% relatam já ter feito dieta em algum momento da vida.

Para alguns, a obsessão com a magreza leva a distúrbios alimentares, tais como anorexia ou bulimia. Anorexia significa comer tão pouco que se chega à beira da inanição. Bulimia significa comer grandes quantidades de alimento de uma única vez e, em seguida, livrar-se das calorias por meio de vômitos, abuso de laxantes ou de exercícios. Apesar da forte ênfase cultural na magreza e na dieta, no entanto, o distúrbio alimentar que mais prevalece ainda é realmente a compulsão alimentar – a qual ocorre quando as pessoas comem demasiadamente, passando do ponto de estarem cheias, sem purgar depois.

Os psicólogos concordam que o comportamento alimentar compulsivo está muitas vezes tentando saciar uma fome emocional interna. Ficar cheio entorpece sentimentos dolorosos. É uma forma de se medicar com alimentos, entregando-se aos prazeres da comida. Também é uma maneira fácil de se fazer feliz, pelo menos em curto prazo. No entanto, o impacto dos excessos em longo prazo não é agradável. Um terço de todos os americanos é classificado como obeso, e estima-se que metade desse número tenha problemas de compulsão alimentar. Essa tendência gera inúmeros problemas de saúde e custa bilhões de dólares ao sistema de saúde a cada ano. Sem mencionar a dor emocional e a autoaversão experimentadas pelas pessoas obesas. Pessoas com transtorno compulsivo alimentar vivem presas em uma espiral infeliz – o combustível da depressão conduz à obesidade, e esta leva a mais depressão.

Então por que o excesso de peso é tão comum quando a maioria das pessoas está tentando fazer dieta? Porque, como quase todo mundo sabe por experiência pessoal, as dietas não funcionam. As pessoas querem emagrecer porque odeiam a sua aparência, mas quando quebram sua dieta, como todas geralmente fazem, ficam propensas a ganhar de volta mais do que perderam. Depois de comer demais em uma festa no escritório, por exemplo, as conversas ficam assim: *Eu não posso acreditar que comi tanto. Estou muito chateado comigo mesmo. Eu podia comer uma bacia de batata frita, já que obviamente sou uma causa perdida.* E, claro, criticar-se dessa forma faz você comer ainda mais, como um meio de se reconfortar – você come para se sentir melhor porque se sente mal por ter comido. É um ciclo vicioso difícil de parar, e é uma das razões pela qual o efeito sanfona é tão comum.

Uma resposta autocompassiva para quebrar sua dieta parece radicalmente diferente. Em primeiro lugar, a autocompaixão envolve perdoar a si mesmo pelos seus lapsos. Se o seu objetivo é ser saudável, então realmente não importa se você sair da dieta de vez em quando. Não somos máquinas cujo mostrador pode simplesmente marcar: "reduzir a entrada de caloria". A maioria das pessoas flutua na capacidade de manter o foco nos objetivos alimentares. Dois passos para a frente e um passo para trás parece ser o caminho natural das coisas. Ter compaixão por si mesmo quando sair da dieta pode reduzir a tendência a comer em excesso para se reconfortar.

Um estudo recente corrobora essa afirmação. Alunas de graduação foram convidadas para comer rosquinhas como parte do estudo. Foi-lhes dito que estavam participando de um estudo sobre o hábito de comer enquanto se assiste à televisão. Depois da rosquinha, metade das participantes recebeu instruções para ser compassiva pela indulgência de comer um doce: "Várias pessoas disseram que se sentem mal por comer rosquinhas neste estudo, espero que você não seja dura consigo. Todos comem mal às vezes e todos os participantes deste estudo estão comendo a mesma coisa, então eu não acho que exista qualquer razão para você se culpar". Para o grupo de controle, não foi dito nada. Os pesquisadores descobriram que as mulheres de dieta no grupo de controle se sentiam mais culpadas e envergonhadas depois de comer a rosquinha. E, mais tarde, quando lhes foi dada a oportunidade de comer doces como parte de uma suposta sessão de "degustação", elas realmente comeram mais do que as participantes que não estavam de dieta. Em contraste, as mulheres de dieta que foram encorajadas a serem autocompassivas estavam muito menos perturbadas. Não comeram demais na sessão de degustação e foram mais capazes de manter suas metas de perda de peso, apesar de terem saído da linha momentaneamente.

O exercício físico também é importante para ser saudável. Uma pesquisa sugere que as pessoas autocompassivas tendem a se exercitar pelas razões certas. Por exemplo, as mulheres autocompassivas tendem a ter uma motivação intrínseca para o exercício, e não extrínseca. Isso significa que praticam esportes ou se exercitam porque acham que é gratificante e vale a pena, não é por obrigação. A pesquisa também mostra que as pessoas autocompassivas são mais confortáveis em relação a seu corpo e não têm obsessão com a sua aparência, diferentemente das autocríticas. Os autocompassivos também são menos propensos a se preocupar com o julgamento alheio sobre a sua aparência.

Os esforços de emagrecimento da Oprah têm sido foco de atenção da mídia, e a apresentadora é um grande exemplo de como lidar com as questões do corpo compassivamente. Em um episódio memorável do seu programa em 1988, ela carregou um caminhão com gordura para representar os quase trinta e um quilos que havia perdido. Pouco tempo depois, ela ganhou o peso de volta. Oprah perdeu peso novamente em 2005, por meio de um programa de dieta bem balanceada e de exercícios cronometrados. Depois, acabou ganhando muitos dos quilos novamente. Apesar dos altos e baixos, Oprah continua focada no que é mais importante: "Meu objetivo não é ser magra. Meu objetivo é alcançar um peso que meu corpo possa sustentar, para ser forte, saudável e estar em forma. Para ser eu mesma. Meu objetivo é aprender a abraçar este corpo e ser grata a cada dia pelo que ele já me deu".

Quando você não precisa ser perfeito para se sentir bem consigo, pode esquecer a fixação obsessiva de ser magra ou bonita e se aceitar (ou até mesmo se deleitar com) seu jeito de ser. Estar confortável em sua própria pele permite que você se concentre no que é realmente importante: ser saudável, com aparência boa sempre.

Exercício três
A autocompaixão e o nosso corpo

Ter compaixão pela imperfeição do nosso corpo pode ser especialmente difícil em uma cultura obcecada com a atratividade física. Precisamos aprender a amar e a aceitar nossos corpos como são, não em comparação à mídia e suas imagens irreais de beleza. Ao mesmo tempo, muitas pessoas não cuidam direito de seu corpo. O estresse da vida muitas vezes nos leva a comer e beber mais do que deveríamos, e o nosso corpo pode sofrer devido à falta de exercício e de tempo ao ar livre. O caminho prudente é aceitar nossa imperfeição, reconhecendo que a beleza vem em todas as formas e tamanhos diferentes, ao mesmo tempo em que nutrimos a nossa saúde física e nosso bem-estar.

1. Comece pegando uma caneta e um papel e faça uma espécie de avaliação honesta do seu corpo. Primeiro, liste todas as características de seu corpo de que você gosta. Talvez tenha um cabelo incrível ou um sorriso agradável. Não se esqueça de coisas que normalmente não afetam sua autoimagem: o fato de ter mãos fortes ou boa capacidade digestiva do seu estômago (não é algo tão irrelevante assim!). Permita-se apreciar plenamente aspectos do seu corpo com os quais você esteja feliz.

2. Agora liste todas as características de que não gosta tanto. Talvez você tenha pele ressecada ou ache seus quadris grandes demais ou esteja fora de forma e se canse facilmente. Dê a si mesmo a compaixão pela dificuldade de ser um humano imperfeito. Todo mundo tem aspectos em seu corpo com os quais está descontente. Quase ninguém atinge o seu físico ideal. Ao mesmo tempo, certifique-se de que você está fazendo uma avaliação equilibrada de seus déficits. O fato de seu cabelo estar ficando branco realmente é um problema? Os cinco quilos extras realmente

o impedem de estar bem e saudável em seu corpo? Não tente minimizar suas falhas, mas tampouco as exagere.
3. Agora, dê a si mesmo compaixão por suas imperfeições. Lembre como é difícil sentir pressão social para ser de uma determinada maneira. Tente ser gentil, solidário e compreensivo consigo enquanto enfrenta este sofrimento comum à maioria das pessoas: estar insatisfeito com o seu corpo.
4. Por fim, tente pensar se existem caminhos que o ajudem a se sentir melhor com seu corpo. Esqueça-se do que as outras pessoas pensam, há algo que *você* gostaria de mudar porque se preocupa consigo mesmo? Você iria se sentir melhor perdendo alguns quilos, fazendo mais exercício ou, até mesmo, pintando mechas no cabelo para esconder os fios brancos? Se assim for, vá em frente! Enquanto traça as mudanças que almeja, certifique-se de motivar-se com bondade em vez de autocrítica. Lembre-se de que o mais importante é o seu desejo de ser saudável e feliz.

Autoclareza e autoaperfeiçoamento

A autocompaixão não fornece apenas um poderoso motor motivacional para a mudança, ela também oferece a clareza necessária para saber o que precisa ser mudado com prioridade. Uma pesquisa indica que as pessoas que sofrem com a vergonha e o autojulgamento são mais propensas a culpar os outros por suas falhas morais. Quem quer admitir suas inadequações quando isso significa ficar de frente para os cães de ataque da autocrítica? É mais fácil varrer as coisas para baixo do tapete ou apontar o dedo para alguém.

Os homens são especialmente vulneráveis em relação a esse padrão, uma vez que o ideal de masculinidade em nossa cultura é de força e invencibilidade. Quando confrontados com suas insuficiências, os homens costumam usar a raiva para se desviarem da responsabilidade.

Pela raiva, sentem-se temporariamente resistentes e poderosos, encobrindo qualquer sentimento de fraqueza decorrente do fracasso pessoal. Ao culpar os outros, eles também podem se sentir como vítimas (dos humores erráticos ou da língua afiada de sua esposa, por exemplo), o que, por sua vez, legitima a sua raiva. É um ciclo que pode levar a um comportamento verdadeiramente vicioso.

Steven Stosny, o conhecido autor de *Love Without Hurt* (em português, Amor Sem Dor), criou um programa centralizado no desenvolvimento da autocompaixão para homens emocional e fisicamente abusivos. Em três dias de oficinas – ou "campos de treinamento" –, homens com problemas graves de raiva aprendem a ver e compreender claramente os sentimentos de vulnerabilidade escondidos por trás de sua fúria para que o ciclo de culpa e destruição possa acabar. Quando começam a relacionar as suas deficiências com compaixão, em vez de com vergonha, já não precisam negar a sua responsabilidade para defender o seu ego. Isso permite que se concentrem no seu verdadeiro desejo: fomentar o amor em relações de apoio mútuo com os outros. A gerência da raiva nos campos de treinamento do Stosny é uma das ações mais bem-sucedidas no país e atesta o poder da autocompaixão para promover a clareza e a mudança.

Outro estudo recente reforça o poder da autocompaixão de nos apontar nossas fraquezas. Os participantes foram convidados a recordar uma falha, rejeição ou perda que lhes fez mal. Foi solicitado que escrevessem sobre o evento, suas causas, as pessoas envolvidas, como tudo aconteceu e como se sentiram e se comportaram no momento. Depois disso, os pesquisadores deram ao grupo exercícios destinados a ajudá-los a ter compaixão por si mesmos naquele evento. Por exemplo, foram convidados a listar situações em que outras pessoas tiveram experiências semelhantes e a escrever um parágrafo expressando sentimentos de bondade, interesse e compreensão sobre o que tinha acontecido. Ao outro grupo, foi simplesmente pedido que escrevessem sobre o evento sem nenhuma instrução especial. O grupo encorajado a ter compaixão descreveu emoções menos negativas (como raiva, ansiedade ou tristeza) associadas àquela memória. Ao mesmo tempo, esses participantes também assumiram responsabilidade pelo evento.

A autocompaixão não nos deixa fora do ar. Em vez disso, suaviza o golpe do autojulgamento. Podemos nos ver com muito mais honestidade e clareza, e, assim, reconhecemos nossa humanidade imperfeita. Talvez tenhamos a tendência a exagerar: para não nos tornarmos responsáveis, para sermos passivos, para sermos controladores e assim por diante. A fim de trabalhar nesses padrões e nos ajudar a sofrer menos por causa deles, precisamos reconhecer nossas deficiências. Precisamos reconhecer como prejudicamos os outros se quisermos curar as feridas que causamos. Se aceitarmos que todas as pessoas cometem erros e se arrependem de suas ações, poderemos admitir nossos erros e tentar fazer coisas boas novamente. Se estamos consumidos com sentimentos de vergonha e inadequação pelo que fizemos, estamos realmente sendo autoabsorvidos. Não estamos focando nossa atenção e preocupação onde é mais preciso – na pessoa que você feriu. A autocompaixão fornece a segurança emocional necessária para assumir a responsabilidade por nossas ações, considerar seu impacto sobre os outros e pedir desculpas sinceras pelo nosso comportamento.

Minha história: ainda tentando depois de todos esses anos

Apesar de exercitar a autocompaixão por quase quinze anos, nem sempre pratico o que prego. Tenho uma tendência a ser irritável quando estou estressada e, como me referi no início deste livro, muitas vezes descarrego no meu marido. Se eu estiver de mau humor e observar que Rupert não lavou a louça quando era sua vez, acabarei tendo uma reação muito negativa e desproporcional ao evento. Em seguida, acabo exagerando a gravidade do que aconteceu para justificar a minha emoção desmedida. "Você nunca liga a máquina de lavar louça e sempre deixa pratos sujos apodrecendo na pia" (isso realmente não acontece com tanta frequência e, às vezes, faço exatamente a mesma coisa). "Você é tão irresponsável!" (ignorando completamente o fato de que ele está cheio de trabalho e com um prazo curto, o que tem ocupado toda a sua atenção). Antes de começar minha prática de autocompaixão, usava toda minha ingenuidade mental para convencer Rupert que minhas reações eram culpa dele, não minha. Se ele me acusasse de ser injusta, eu conseguia encontrar dez razões pelas quais, na verdade, a minha resposta era perfeitamente apropriada. É doloroso admitir que, por vezes, ficamos de mau humor e, por alguma razão, sentimo-nos compelidos a descarregar nas outras pessoas – geralmente naquelas que amamos.

Um fruto da minha prática de autocompaixão, no entanto, é que eu sou, agora, muito mais capaz de me ver com clareza e de admitir meus erros. Se estou irritada e faço algum comentário mais forte, costumo pedir desculpas antes mesmo de ouvir as palavras "Isso é injusto!" saírem da boca de Rupert. É engraçado, mas eu não levo mais meu mau humor de forma tão pessoal. Por algum motivo – minha personalidade, meu ciclo hormonal, o clima – eu às vezes sou rabugenta. Nem sempre, não geralmente, só às vezes. Isso passa a ser um calcanhar de Aquiles, mas de forma alguma me define.

Por ser autocompassiva, posso admitir que estou descompensada quando esse mau humor surge e me concentrar em remediar a situação. Isso geralmente envolve explicar ao Rupert que o que estou sentindo não tem nada a ver com ele. Diante disso, Rupert consegue ser compreensivo e até mesmo simpático, em vez de defensivo. Em seguida, tento encontrar maneiras de melhorar o meu humor. Pedir um abraço é um grande remédio, mas só é possível após um pedido de desculpas. E depois do pedido de desculpas e do abraço, adivinha? Ele normalmente se desculpa também. Afinal, brigas são muitas vezes uma via de mão dupla. Embora o meu humor irritável ainda apareça, eu já não o descarrego em cima do Rupert com tanta frequência.

Quando você cometer erros ou ficar aquém de suas expectativas, pode jogar fora aquele chicote de couro cru. No lugar dele, jogue o cobertor aconchegante da compaixão sobre os seus ombros. Assim você estará mais motivado a aprender, a crescer e a fazer as mudanças necessárias em sua vida. Ao mesmo tempo, terá mais clareza para identificar onde está agora e aonde você quer ir depois. Terá a segurança necessária para correr atrás do que realmente quer, bem como o apoio e o incentivo necessários para realizar seus sonhos.

Parte quatro
A autocompaixão em relação aos outros

Capítulo nove:
Compaixão pelos outros

Se alguém é cruel consigo, como podemos esperar que seja compassivo com os outros?
Hasdai Ibn Shaprut (estudioso judeu, século X)

Uma mulher de quarenta e poucos anos, cabelo loiro, olhos acinzentados e rosto gentil. Estávamos num jantar, revezando entre cenouras e homus[10], quando ela me perguntou o que eu fazia para viver. "Eu estudo autocompaixão", respondi. Ela inclinou a cabeça ligeiramente para um lado. "Autocompaixão? Mas eu pensava que a compaixão, por definição, fosse algo que você tem por outras pessoas. Como você pode ter compaixão por si?" Expliquei que a compaixão era simplesmente uma maneira de se relacionar com o sofrimento, seja o seu próprio ou o de outra pessoa. Eu podia vê-la digerindo a ideia. "Hum. Acho que faz sentido". E perguntou: "Ter autocompaixão significa que você também tem mais compaixão por outras pessoas?". "Bem", arrisquei, "sim e não..."

As pessoas me fazem essa pergunta o tempo todo. A resposta é realmente um pouco complicada. No meu primeiro estudo sobre a autocompaixão, fiz a seguinte pergunta: "Você tende a ser mais gentil consigo ou com os outros?" Descobri que as pessoas pouco autocompassivas se diziam mais gentis com os outros, ao passo que as mais autocompassivas afirmavam ser igualmente gentis com os outros e consigo. Trocando em miúdos, todo mundo se disse gentil com os outros, mas somente as pessoas autocompassivas afirmaram ser gentis consigo.

Em outra pesquisa, meus colegas e eu descobrimos que as pessoas autocompassivas não tinham pontuação mais alta na medida geral do amor compassivo, da empatia ou do altruísmo – os quais mobilizam

---

10 N.d.T.: Pasta de grão de bico, original da cozinha árabe.

a preocupação para o bem-estar dos outros – do que aqueles que não têm autocompaixão. Isso ocorre porque os indivíduos que não têm autocompaixão, apesar de constantemente julgarem-se, frequentemente são muito cuidadosos em relação às outras pessoas.

Observe o caso da mulher que conheci na festa, por exemplo. Sharon, uma enfermeira geriátrica experiente, era um modelo de compaixão. Ela muitas vezes fazia visitas domiciliares aos seus pacientes idosos, levando pequenos mimos como biscoitos ou flores do seu próprio jardim, para fazê-los se sentirem especiais e cuidados. Ela estava constantemente contando piadas para elevar o ânimo: "Você sabe que você está velho quando 'ter sorte' significa conseguir encontrar o seu carro no estacionamento". Quando tinha que ajudar seus pacientes com uma tarefa embaraçosa, como trocar a fralda dos adultos, ela olhava a pessoa no rosto para se certificar de que o paciente não se sentia constrangido ou envergonhado. "Acontece com todos em algum momento da vida, não há nada com que precise se preocupar".

Embora Sharon achasse fácil ser gentil e compreensiva com os idosos sob seus cuidados, era extremamente dura consigo. Caso se atrasasse para um compromisso ou esquecesse algum item da sua lista de tarefas diárias, castigava-se com autocrítica. "Que idiota! Essas pessoas dependem de você! Quando você vai crescer?". Certa vez perguntei a Sharon se ela falaria com seus pacientes, com os quais se importava, da mesma maneira que falava consigo. "Claro que não!" "Então por que você se trata assim?". "Eu não sei", ela disse com um olhar confuso em seu rosto. "Acho que me parece certo!"

Pessoas como a Sharon estão em toda parte, especialmente no Ocidente, onde as tradições religiosas e culturais tendem a exaltar o autossacrifício – particularmente para as mulheres. Nossa pesquisa mostra que as mulheres tendem a ter níveis de autocompaixão um pouco menores do que os homens, em grande parte porque se julgam e se criticam com mais frequência. Ao mesmo tempo, as mulheres tendem a ser mais solidárias e a ter mais empatia com os outros do que os homens. São socializadas para serem cuidadoras, abrir abnegadamente seus corações aos seus maridos, filhos, amigos e pais idosos, mas não são ensinadas a cuidar de si. Ficou gravado para sempre no imaginário popular o filme da década de 1970 *The Stepford Wives* (Esposas em Conflito), que retrata o pressuposto da mulher ideal: ela deve cumprir os papéis de cozinheira, empregada doméstica, amante e babá sem reclamar. Suas próprias necessidades e preocupações não são relevantes.

Embora a revolução feminista tenha ajudado a expandir os horizontes das mulheres e agora haja mais presença feminina em cargos de liderança empresarial e política, a ideia de que devem ser cuidadoras abnegadas não desapareceu. Além de sermos esposas amorosas e provedoras da casa, devemos ser bem-sucedidas em nossas carreiras. O livro de Dana Crowley Jack, *Silencing the Self* (em português, Silenciando o Eu), abre com uma citação que captura a experiência de muitos.

> *Posso falar objetivamente que estou acima da média em relação à aparência, sou muito bem-sucedida com a minha arte, sou boa em canto, sou sociável e faço amigos facilmente. Posso dizer tudo isso, mas, ainda assim, há uma voz que diz: "Você não é boa o bastante, isso não serve para nada" Eu sempre sinto que o fracasso do meu casamento foi minha culpa, porque eu queria uma carreira e não sabia administrar a vida profissional e o papel de esposa.*

Em vez de serem compassivas consigo mesmas, percebendo que são apenas humanas e fazem o que podem, as mulheres tendem a se julgar incansavelmente, acreditando que deveriam fazer mais. Como resultado, muitas têm a sensação de que não têm direito a serem destinatárias de cuidado.

A compaixão por si e pelos outros não necessariamente caminham juntas e, para prová-lo, só precisamos olhar para as mulheres abnegadas que cuidaram de nós ao longo de toda a nossa vida.

Colocando as coisas em perspectiva

Dito tudo isso, há também provas de que a autocompaixão está relacionada com a compaixão pelos outros em determinados contextos.

Por exemplo, um estudo recente descobriu que os indivíduos autocompassivos têm objetivos diferentes em relação às suas amizades. Eles são mais propensos a se concentrar na ajuda e no incentivo de seus amigos e a serem compassivos com seus erros e fraquezas. Também estão mais dispostos a admitir suas falhas e defeitos. Em suma, o estudo constatou que as pessoas autocompassivas são mais capazes de construir amizades íntimas, autênticas e de apoio mútuo. No próximo capítulo, apresentarei uma pesquisa evidenciando que pessoas autocompassivas também tendem a dar mais apoio e a cuidar com mais zelo de seus parceiros românticos. Por sermos tão vulneráveis emocionalmente nas relações íntimas e termos nosso interior desnudado, muitas vezes sentimo-nos inseguros sobre o julgamento alheio. Quando paramos de nos julgar e nos avaliar, no entanto, não precisamos nos preocupar tanto com a aprovação dos outros, e podemos nos concentrar em atender às suas necessidades emocionais.

A compaixão envolve sentimentos de cuidado e preocupação com os outros, mas também envolve assumir o ponto de vista daqueles que estão sofrendo – colocar-se no seu lugar, por assim dizer. Em vez de julgarmos rápida e facilmente os erros alheios, por meio da compaixão, consideramos como essa pessoa se sente. Esse sentimento olha para as coisas a partir do seu interior, e não do exterior. É possível sentir compaixão até pela figura pública que comete uma gafe, como Dan Quayle quando exclamou: "os republicanos entendem a importância da servidão entre uma mãe e um filho!"). Você tem que assumir a perspectiva dele. Em vez de ver as coisas do seu próprio ponto de vista e se divertir, você também vê as coisas do ponto de vista dele e sente vergonha.

Temos também que nos envolver na tomada da perspectiva quando sentimos compaixão por *nós mesmos*. Em vez de nos centrarmos apenas em nosso próprio ponto de vista das situações dolorosas – sentindo-nos humilhados, com medo, inadequados e assim por diante –, tomamos a perspectiva de um "outro" em relação a nós mesmos. Respondemos com bondade e preocupação aos nossos próprios limites humanos, assim como faria um amigo ou pai amoroso. Ao ver a nossa falha da perspectiva de um estranho, somos capazes de parar com os julgamentos tão pesados. Nossa pesquisa mostra que as pessoas mais autocompassivas também são mais propensas a se envolver na tomada de perspectiva quando contemplam as falhas e fraquezas de outras pessoas. São mais propensas a dizer coisas como: "Antes de criticar alguém, tento imaginar como eu me sentiria se estivesse no seu lugar". Por sua própria natureza, a compaixão é relacional. É preciso caminhar em vários sentidos e entre várias perspectivas para se enxergar a mutualidade da condição humana.

Mesmo sendo importante para a harmonia social, ver pela perspectiva dos outros tem uma desvantagem. Pode ser um hábito devastador, especialmente quando lidamos com o sofrimento. Quando vemos imagens de sobreviventes de um furacão na TV, por exemplo, podemos temer que, se deixarmos apenas uma gota daquela dor entrar em nossos corações, seremos inundados por ela. Então, para nos protegermos, desligamos a televisão ou mudamos de canal. Mas há outra opção. Nossa pesquisa mostra que a autocompaixão nos permite sentir a dor dos outros sem sermos dominados por ela. Em outras palavras, quando reconhecemos como é difícil ajudar as pessoas que estão lutando e lembramos de nos confortarmos pelo *nosso* sofrimento, somos capazes de ser mais fortes, mais estáveis e resilientes para apoiar os outros. Essa é uma habilidade especialmente importante para aqueles que lidam profissionalmente com os problemas alheios.

A FADIGA DA COMPAIXÃO

Concentrar toda nossa energia para ajudar os outros pode levar à "fadiga da compaixão", síndrome que ocorre frequentemente com terapeutas, enfermeiros e outros cuidadores. Esse é um tipo de exaustão e esgotamento vivenciados como resultado do fato de lidar continuamente com pacientes traumatizados. Ao ouvir histórias de abuso ou horror, ou cuidar de corpos devastados pela doença e pela violência, os cuidadores muitas vezes incorporam o trauma de seus pacientes. Por essa razão, a fadiga compassiva é também conhecida pelo nome de "estresse pós-traumático secundário". Os sintomas são semelhantes aos do estresse pós-traumático: pesadelos, entorpecimento emocional e respostas exageradas e assustadas. O estresse secundário pode levar, também, à diminuição da sensação de segurança, ao aumento do cinismo e à desconexão de seus entes queridos.

Os cuidadores mais empáticos e sensíveis tendem a estar em maior risco, uma vez que sentem a dor dos seus pacientes mais profundamente. Estima-se que cerca de um quarto desses profissionais vivenciem algum tipo de fadiga da compaixão. Entre aqueles que trabalham com sobreviventes de situações extremas, como o atentado à bomba na cidade de Oklahoma, o valor é quase três vezes maior. Apesar de não sabermos quantos cuidadores qualificados desistem em função disso, os números são certamente altos.

Uma pesquisa sugere que os cuidadores treinados em autocompaixão são menos propensos a passar por esse tipo de estresse porque têm as habilidades necessárias para evitar o esgotamento na interação com seus pacientes. A autocompaixão pode levar à maior satisfação – promovendo a sensação de estarmos energizados, felizes e gratos por fazermos a diferença no mundo. Quando você não é oprimido por seu dever de cuidar, pode se concentrar mais facilmente em colher os frutos de seus esforços.

Os cuidadores autocompassivos são mais propensos a se envolver nos atos concretos de autocuidado, tais como passar um tempo fora, dormir mais e comer melhor. Eles param tudo para cuidar de sua própria necessidade emocional e reconhecem as dificuldades de lidar com tanto sofrimento em seu cotidiano. A dureza da sua rotina é tão válida e digna de compaixão quanto a dureza de ser uma vítima de trauma. Certamente existem diferenças nos níveis de debilitação causados pela dor, mas todo sofrimento merece ser abraçado com compaixão para que a cura possa ocorrer.

A autocompaixão é uma forma de recarregar nossas baterias emocionais. Em vez de nos drenarmos por ajudar os outros, a autocompaixão enche nossas reservas internas, de modo que temos mais para dar àqueles que precisam de nós. É como os vídeos exibidos nos aviões antes da decolagem, informando que os adultos devem colocar primeiro sua própria máscara de oxigênio antes de ajudar as crianças. Precisamos ter um fornecimento estável de compaixão para nós mesmos a fim de dispormos de recursos adequados para compartilhar com os outros. Se nossos próprios recursos estão esgotados, que valor temos para aqueles que confiaram em nós? Em muitas maneiras, a autocompaixão é um ato altruísta, porque nos coloca no ideal de mente e coração para ajudarmos os outros de forma sustentável e duradoura.

Exercício um
Cuidar do cuidador

Se você trabalha como cuidador (mesmo que seja de um membro da família), vai precisar recarregar as suas baterias, Só assim você terá energia suficiente disponível para dar aos outros. Permita-se atender às suas próprias necessidades, reconhecendo que isso não só irá melhorar a sua qualidade de vida, mas também a sua capacidade de apoiar aqueles que dependem de você. Aqui estão algumas ideias:

- Faça uma massagem, vá a uma pedicure ou se dê outros tipos de mimos.
- Tire um cochilo no meio do dia.
- Vá assistir a uma comédia no teatro; o riso é ótimo para relaxar a tensão.
- Ouça uma canção calmante. Eu gosto de "Let It Be", dos Beatles. Paul McCartney alegou ter escrito essa música quando estava passando por um momento particularmente difícil e sonhou com sua falecida mãe, Maria, tentando consolá-lo com as palavras "deixe estar".
- Alongue-se ou faça ioga por meia hora.
- Caminhe na natureza.
- Deite-se no chão, de barriga para baixo, enquanto alguém massageia suavemente a parte inferior das suas costas de um lado para o outro. É incrivelmente relaxante e não exige muito esforço de seu parceiro.

- Dance. Se você não quer ir a uma boate ou fazer aulas formais de dança, faça uma pesquisa na Internet sobre uma forma livre ou expressiva de dança na sua região.
- Faça uma varredura compassiva do corpo (veja na página 134).
- Pegue aquela supercompassiva taça de vinho tinto para ajudá-lo a relaxar no final do dia. Beba um grande copo de água também, assim você não ficará desidratado. Ou, se quiser reduzir o álcool, beba qualquer suco vermelho (amora, romã ou cereja) misturado com água com gás em um copo de vinho. Muitas vezes só a visão do líquido vermelho escuro em um copo de vinho desencadeia uma resposta de relaxamento.

A AUTOCOMPAIXÃO E O PERDÃO

Ter compaixão pelos outros não envolve apenas ser sensível ao seu sofrimento - envolve também perdoar aqueles que nos feriram. O perdão acontece quando paramos de guardar rancor e deixamos ir embora o nosso direito ao ressentimento por termos sido maltratados. Significa dar a outra face, fazer aos outros o que *gostaríamos* que fizessem a nós, não como eles *fizeram* a nós. O perdão não significa baixar a guarda, é claro. Mas tampouco precisamos lançar mão da retaliação, da raiva e da amargura, que só machuca a nós mesmos em longo prazo. A autocompaixão faz com que seja mais fácil perdoar, em parte porque dá a capacidade de curar as feridas emocionais causadas pelos outros. Meus colegas e eu concluímos um estudo que examinou a ligação direta entre a autocompaixão e o perdão. A propensão ao perdão foi avaliada baseando-se na concordância com declarações como: "Quando alguém me desaponta, eu consigo superar"; e na discordância com declarações como: "Continuo punindo uma pessoa que tenha feito algo que eu acho errado". Descobrimos que as pessoas autocompassivas foram significativamente mais propensas a perdoar os outros por suas transgressões.

Uma das principais formas na qual a autocompaixão se traduz em perdão é pelo reconhecimento de nossa humanidade comum. Como discutido no Capítulo 4, quando vemos as pessoas como indivíduos com completo domínio de seus pensamentos e ações, é natural culparmos àqueles que nos feriram da mesma forma que culpamos a nós mesmos. Mas quando ganhamos perspectiva sobre a interconexão, vemos que inúmeros fatores influenciam continuamente quem somos e o que fazemos. Começamos a ver como é impossível culpar completamente qualquer indivíduo por qualquer coisa, incluindo nós mesmos. Cada ser consciente repousa no nexo de um vasto número de entrelaçadas causas e condições que influenciam o seu comportamento. Esse *insight* muitas vezes é a chave do perdão, que deixa a raiva e o ressentimento irem embora, gerando compaixão por todos.

Minha história: perdoar é divino

A capacidade de me perdoar por trair e deixar o meu primeiro marido e de perdoar o meu pai por seu abandono e sua negligência estavam estreitamente interligadas. Antes do meu primeiro casamento se desfazer, eu tinha uma quantidade imensa de julgamento e raiva do meu pai. Revirava meus olhos sempre que falava sobre ele com amigos próximos, fazendo comentários sarcásticos sobre a maneira displicente como meu irmão e eu fomos abandonados. "Amor livre, *baby*, sem amarras. Esse é o jeito *hippie*". Mas nunca falei diretamente ao meu pai o quanto eu estava brava. Nosso relacionamento ficou pendurado por uma linha tão tênue que eu sentia que não suportava sequer um puxão. Em nossas visitas muito ocasionais, eu normalmente vestia minha cara de "doce menina" para preservar a rasa relação pai-filha que ainda tínhamos. Assim que ele saía pela porta, eu o criticava pelas costas. Não era uma dinâmica saudável, mas era o que eu conseguia fazer naquele momento para lidar com os meus sentimentos complicados de mágoa, raiva e rejeição.

Um dia, acabei deixando o John para ficar com o Peter. Não foi por maldade nem por falta de cuidado, mas porque parte de mim estava desesperadamente infeliz e queria – urgia por – se libertar. Acabei fazendo o que me parecia impossível, prejudicando e abandonando alguém que eu amava. Depois de aprender sobre a autocompaixão no centro de meditação, comecei a ter uma visão sobre o meu comportamento e a dor que eu causei. Comecei a me perdoar por deixar o John e a perdoar o Peter por não ter deixado a sua esposa por mim. Minha compreensão do coração, das complicações e das limitações do ser humano começou a crescer e amadureci. Isso teve um efeito paradoxal na minha relação com o meu pai. Comecei a ficar ainda mais furiosa com ele.

Alguns meses antes do meu casamento com Rupert, lembro-me de ter falado ao telefone com meu pai. De alguma forma, encontrei a coragem para confessar as feridas que carregava desde a infância por conta do seu abandono. A equanimidade que tinha começado a ganhar devido à minha prática de meditação me deu a coragem. Entretanto, meu pai não soube lidar muito bem com a minha honestidade recém-descoberta. Ele imediatamente começou a ficar agitado e entrou na defensiva. "É apenas o nosso carma, tudo acontece por uma razão". "Dane-se o carma!", eu gritei antes de desligar o telefone e cair em lágrimas.

Rupert tentou me confortar, mas não teve sucesso. Eu precisava viver por inteiro a minha raiva e a minha mágoa. Sentimentos devastadores de abandono e rejeição brotaram, ameaçando me destruir (ou assim parecia, na época). Entrei num lugar muito escuro, sabendo que tinha chegado o momento de reconhecer plenamente a minha dor e o meu sofrimento.

Ao mesmo tempo, eu também estava processando a dor que tinha causado ao John. Isso veio à tona depois de encontrar com ele numa festa de amigos em comum. Seu olhar de reprovação fulminante me paralisou. Eu saí logo da festa, a vergonha permeando todos os meus poros. Minha primeira reação foi aceitar humildemente a reação do meu ex como justa, porque meu comportamento tinha sido abominável, e isso me deixou ainda mais deprimida. Felizmente Rupert, meu companheiro na jornada da autocompaixão, foi capaz de puxar a minha cabeça para fora da água a tempo de eu respirar profundamente várias vezes. Ele me lembrou que uma das razões de ter-me casado com o homem errado foi por causa da insegurança criada pelo abandono do meu pai. Eu tinha rompido um longo ciclo de más decisões baseadas em uma intrincada teia de dor. Ele me incentivou a ter compaixão por meus erros e a parar de me julgar. Eu tinha feito o melhor possível naquele momento.

Isso me levou a pensar sobre as ações do meu pai e consegui ser menos crítica e mais indulgente com ele também. Meu pai foi criado por pessoas incrivelmente frias e desligadas que eram, também, rígidas e autoritárias. Ele nunca se sentiu amado. Pelo contrário, sempre se sentiu um fardo, não muito mais do que uma boca para alimentar. Seus pais sequer se preocuparam em ir ao seu casamento com a minha mãe. Embora vivessem perto, sentiam-se muito desconfortáveis em situações sociais. Seus pais também não tinham ideia de como lidar com conflitos. Para ilustrar, a minha avó ficou sem falar com seu outro filho por trinta anos por causa de uma briga sobre roupa para lavar. O relacionamento dos meus avós comigo não existia. Eles nunca me visitaram quando eu era criança, nem depois que meu pai me deixou, mesmo morando a menos de uma hora de distância. Eles eram muito estranhos.

Mas aí eu tinha que pensar na história do meu avô. Ele veio para os Estados Unidos como refugiado econômico da Grécia na virada do século XX, entrando no país pela Ellis Island com seus pais. Meu sobrenome, Neff, é na verdade uma versão abreviada do nome grego Nefferados. Ele era o mais velho de oito irmãos e irmãs, e destacou-se no sistema acadêmico americano. Ganhou prêmios de prestígio, tanto estudantil quanto esportivo, e, quando se formou no colegial, recebeu ofertas de bolsa de inúmeras faculdades. O sonho americano estava prestes a se tornar realidade. No dia da sua formatura no colégio, no entanto, seu pai o deixou para voltar para a Grécia, dizendo que meu avô já era adulto e devia assumir a responsabilidade de cuidar de sua mãe e dos seus sete irmãos e irmãs. Meu avô foi forçado a abandonar seus sonhos de faculdade, de alcançar uma vida melhor, e se resignou a um emprego num posto de gasolina para sustentar a família. Trabalhou ali toda a sua vida e, mesmo comprando a propriedade depois, nunca superou essa decepção, que o destruiu emocionalmente.

E assim segue: dor e disfunção são passadas de geração em geração. Uma mistura de herança genética e circunstância ambiental garante que nossas vidas se desenrolem de acordo com uma complexa teia de condições, infinitamente maior do que nós mesmos. A única maneira de parar o ciclo vicioso da dor é saindo do sistema. Precisamos deixar que nossos corações se encham de compaixão e perdoem a nós mesmos e aos outros.

Isso foi, de fato, o que eu finalmente fui capaz de fazer com o meu pai. Quando ele superou o choque da minha raiva e foi capaz de se reorganizar, começamos a ter um relacionamento honesto um com o outro pela primeira vez na vida. Um ou dois anos depois daquele telefonema zangado, durante uma de nossas raras visitas, meu pai me pediu desculpas sinceras. Seu amor por mim nunca vacilou, assegurou-me, mas ele simplesmente não era capaz de me dar o que eu precisava. Quando percebeu que minha mãe não era a mulher certa para ele e que estava preso numa vida profundamente infeliz, não conseguiu lidar com isso de forma madura. Nunca tinha tido um bom exemplo de como falar sobre os problemas, muito menos de como equilibrar suas próprias necessidades com as dos outros. Ele se viu preso numa vida que não queria, assim como seu pai, e surtou. Ele não me apresentou isso como uma justificativa para o seu comportamento, mas como uma explicação; eu podia ver claramente como ele estava entristecido diante da profunda dor que me causou. Felizmente, naquele ponto, eu já tinha praticado o perdão comigo mesma e com o meu pai (e também com o pai do meu pai). Eu tinha mergulhado profundamente na prática da compaixão. A cadeia tinha sido quebrada e agora estávamos prontos para começar a nos relacionar de uma nova forma.

É importante lembrar que o perdão não significa tolerar maus comportamentos nem interagir com pessoas que nos magoam. A sabedoria discriminativa vê claramente quando uma ação é prejudicial ou mal adaptativa e quando temos de nos proteger daqueles mal-intencionados. No entanto, também entende que todas as pessoas são imperfeitas e todos nós cometemos erros. Muitas vezes, as pessoas agem com ignorância, imaturidade, medo ou impulso irracional, e não devemos julgá-las por suas ações como se tivessem controle consciente e absoluto de seus atos. Mesmo nos casos em que as pessoas são conscientes do dano que estão causando, a pergunta ainda precisa ser feita: o que a fez perder o contato com seu coração? Que ferimento a levou a esse tipo de comportamento frio e insensível? Qual é a sua história?

Ser humano significa cometer erros às vezes. Por isso, ao julgar uma pessoa, julgamos todo o mundo. Mas, ao perdoar uma pessoa, também perdoamos todo o mundo, incluindo a nós mesmos.

Exercício dois
Perdoando alguém que nos machucou

Pense em alguém por quem você nutriu raiva e ressentimento por um longo tempo e que agora quer perdoar. Se não estiver pronto para perdoar ainda, não o faça. O perdão vem em seu próprio tempo e não deve ser apressado. Mas quando você está pronto, uma das melhores maneiras de perdoar alguém é reconhecendo as causas e condições que levaram a pessoa a agir de determinada forma. Nossos pensamentos, emoções e comportamentos são o produto de inúmeros fatores interligados, muitos dos quais estão *fora* do nosso controle. Entender a interconectividade pode, portanto, ajudar a facilitar o processo do perdão.

1. Ao considerar os danos que a pessoa lhe causou, tente identificar quaisquer fatores ou eventos que podem ter precipitado suas ações. Essa pessoa estava sentindo medo, confusão, luxúria, ira ou outra emoção forte? Estava passando por algum momento estressante, como insegurança financeira ou outro revés? Que tipo de situações essa pessoa teve de enfrentar?

2. Considere agora por que essa pessoa não interrompeu aquelas ações. Claramente os fatores necessários para o autocontrole (maturidade emocional, empatia, capacidade de adiar satisfação etc.) não estavam presentes. Por que não? Será que a pessoa teve modelos ruins na sua infância de modo que nunca conseguiu desenvolver tais habilidades?

3. Caso essa pessoa tenha sido simplesmente má ou egoísta, pense o que poderia ter criado esse tipo de personalidade. Apego inseguro, isolamento social, história de vida, traços herdados geneticamente?

4. Quando você tiver uma melhor compreensão das causas e condições que levaram essa pessoa a agir como agiu, veja se fica um pouco mais fácil liberar sua raiva e ressentimento. Trata-se de um ser humano limitado e falível, e nós às vezes agimos de maneiras indevidas. Você pode perdoar essa pessoa? Fazê-lo não significa necessariamente que deve interagir com ela novamente. Pode não ser uma decisão sábia. Mas, ao se libertar dos efeitos corrosivos da raiva e da culpa, criará mais paz e contentamento em sua própria mente.

CULTIVANDO A BONDADE AMOROSA

Uma das coisas maravilhosas sobre a autocompaixão é que ela permite abrir o seu coração de uma vez por todas. A compaixão se engaja na nossa capacidade de amar, de ser sábio e generoso. É um estado mental e emocional ilimitado, belo e sem direção. Sendo mais compreensivos conosco e nos aceitando mais também podemos ser mais tolerantes e amáveis com os outros. Honrando as limitações de nossa própria imperfeição humana, podemos suportar os erros dos outros. Acalmando-nos e confortando-nos quando surge o sentimento da insegurança, fornecemo-nos a sensação de segurança necessária para explorar o mundo emocionalmente complexo habitado por outras pessoas.

Uma das práticas budistas tradicionais para desenvolver a boa vontade conosco e com os outros é chamada de "Meditação da Bondade Amorosa". Nessa prática, frases que invocam sentimentos benevolentes são repetidas silenciosamente e destinadas a vários alvos. Tradicionalmente, as frases são primeiramente voltadas para si mesmo, e o objetivo é experimentar pessoalmente a benignidade sendo gerada. Diferentes versões são usadas, mas uma delas é a seguinte: *Que eu possa estar segura, em paz, saudável e que eu possa viver com facilidade*. As frases são, depois, direcionadas a um mentor/benfeitor, a um amigo querido, a uma pessoa neutra, a alguém um pouco difícil, e, finalmente, a todos os seres conscientes: *Que você possa estar seguro, em paz, saudável e que você possa viver com facilidade*.

Quando a prática da benevolência foi trazida para o ocidente, os professores frequentemente constatavam que as pessoas tinham dificuldade em gerar sentimentos de misericórdia para si, devido à ênfase que nossa cultura dá à autocrítica. Por essa razão, agora muitos mudam a ordem de metas para que se dirija às frases de benevolência a um mentor ou benfeitor. A ideia é escolher alguém com quem temos um relacionamento incondicionalmente positivo, de modo que os sentimentos de amor e bondade sejam de fácil acesso. Esse alguém pode ser até um animal de estimação. Só então as frases são direcionadas para si, depois que os fluxos de bondade amorosa começaram a fluir.

Perceba que as frases citadas acima são projetadas para cultivar sentimentos de boa vontade, e não necessariamente compaixão. A boa vontade é relevante em todas as situações, nas felizes e em qualquer outra, enquanto a compaixão só surge em resposta ao sofrimento. Para direcionar o sentimento compassivo com mais precisão, Chris Germer e eu apresentamos às pessoas uma variante das tradicionais frases de bondade amorosa em nossas oficinas de Autocompaixão Consciente. Elas são projetadas para ajudar a gerar maior autocompaixão quando as pessoas sentem inadequação pessoal: *Que eu possa estar segura, em paz, que eu possa ser gentil comigo e me aceitar como sou*. Se o sofrimento decorre de circunstâncias externas, a última frase pode ser alterada para *Que eu possa aceitar minha vida como ela é*. Achamos que a variante da autocompaixão nas frases tradicionais da bondade amorosa tende a ser mais forte quando as pessoas estão lutando e precisam de cuidado compassivo.

Não há uma forma "certa" de praticar benevolência. Muitas pessoas mudam a redação das frases para lhes parecer mais natural. Por exemplo, algumas não gostam de dizer "Que eu possa" porque soa como uma oração ou um pedido de permissão a uma autoridade ("Posso ir ao banheiro, por favor, Sr. Smith?"). Outras alternativas são: "eu gostaria", "espero" ou "eu quero". Às vezes as pessoas querem frases mais realistas, e acrescentam "possível" ao fim do mantra. Por exemplo: *Que eu possa estar o mais seguro possível.*

Finalmente, é importante perceber que a prática da bondade amorosa funciona no nível da intenção. Nutrimos o desejo de saúde e de felicidade para nós mesmos e para os outros, como uma maneira de abrir nossos corações. Isso não é um exercício de pensamento positivo, nem estamos ignorando a realidade de que existe sofrimento. Pelo contrário, a ideia é que, quando cultivamos a intenção de que nós e os outros experimentemos o bem-estar, sentimentos correspondentes de amor, preocupação e compaixão acabam surgindo, o que, por sua vez, se traduz em atos mais concretos de bondade e cuidado.

Exercício três
Direcionando a benevolência para o nosso sofrimento[11]

Se você está lidando com o autojulgamento ou se está passando por momentos difíceis ou estressantes, veja se pode tirar 15 a 20 minutos do seu dia para cultivar sentimentos de bondade e compaixão por si. Para iniciar a prática, sente-se em um lugar tranquilo e confortável, onde você não será perturbado, ou então dê um passeio solitário em um local tranquilo. Respire profundamente algumas vezes para se encontrar dentro do seu corpo e do momento presente. Você está aqui, agora.

O   Primeiro, entre em contato com a fonte do seu sofrimento. Você está se sentindo assustado, solitário, irritado, inútil, frustrado? Tente permanecer com as emoções como elas são, sem pensar muito sobre a trama que as desencadeou (o que você fez, o que ele não fez etc.). O seu sentimento

---

[11] Também disponível como uma meditação guiada em formato mp3. Saiba mais em www.lucidaletra.com.br/pages/autocompaixao

é normal. Tudo é bem-vindo. Não há necessidade de se agarrar a nada nem de afastar sentimentos.

- Veja se pode sentir as emoções dentro do seu corpo. Se estiver triste, como é sentir tristeza? Você se sente anestesiado? Os cantos dos seus olhos repuxam? Há tensão entre as sobrancelhas? Quando você consegue localizar as emoções em seu corpo, fica mais fácil senti-las sem se perder em pensamentos. É possível estar realmente presente nessa experiência.
- Coloque a mão em seu coração e determine sua intenção para se oferecer bondade, compreensão e compaixão pelo sofrimento que você está enfrentando. Lembre-se que o seu sentimento é parte integrante da experiência humana. Você não está sozinho.
- Repita as seguintes frases para você mesmo, suave e gentilmente:

    Que eu possa estar seguro.
    Que eu possa ser pacífico.
    Que eu possa ser gentil comigo mesmo.
    Que eu possa me aceitar como eu sou.
    (Caso pareça apropriado, altere a última frase para:
    Que eu possa aceitar a minha vida como ela é.)

- Repita as frases revigorando o seu conteúdo emocional. Entre em contato com as emoções dolorosas no seu corpo ou sinta a suave e reconfortante pressão de sua mão em seu coração.
- Quando perceber que sua mente vagueia, retorne às frases ou à experiência de suas emoções em seu corpo ou, ainda, à sensação de sua mão em seu coração. E comece de novo.
- Se estiver sobrecarregado, você pode sempre retornar à sua respiração como forma de se acalmar e relaxar. Quando se sentir confortável, retorne às frases.

- Finalmente, respire algumas vezes e fique parado por alguns minutos. Se o sentimento de compaixão surgir, permita-se saboreá-lo. Se não surgir, a sua experiência não deixa de ser igualmente bela. Permita-se saborear sua boa vontade e a intenção de cuidar de si. Isso é o que mais importa.
- Quando estiver pronto, volte às suas atividades normais sabendo que você pode repetir as frases sempre que desejar.

Um estudo recente de Richie Davidson e seus colegas confirma a validade dessa técnica. Os pesquisadores treinaram um grupo de pessoas para meditar pela benevolência durante trinta minutos por dia ao longo de duas semanas. O grupo de controle deveria pensar de forma mais construtiva sobre situações difíceis em suas vidas. Em outras palavras, um grupo foi ensinado a mudar seu coração e o outro a mudar sua mente. Somente o grupo da bondade amorosa teve aumentos significativos de autocompaixão. Além disso, o cérebro dos participantes do estudo foram escaneados e mostravam imagens de sofrimento, como uma criança com um tumor ocular. O grupo treinado em meditação benevolente sentiu significativamente mais empatia (evidenciado pelo aumento da atividade na ínsula). Quanto maior o aumento na autocompaixão, maior o nível de atividade na ínsula: a autocompaixão aumenta o ganho de perspectiva. Ao fim do experimento, os pesquisadores perguntaram aos participantes se queriam doar parte dos 165 dólares que receberam para participar do estudo para a caridade ou se queriam manter o dinheiro integralmente. O grupo treinado para a benevolência doou mais dinheiro. Mesmo um breve período de treinamento pode levar a aumentos da compaixão por si e pelos outros, visíveis em atos de cuidado e generosidade.

A prática da bondade amorosa não necessariamente precisa ser feita sobre uma almofada de meditação. Podemos exercitar esse sentimento na ida para o trabalho, no supermercado ou no consultório do dentista. O importante é treinarmos nosso cérebro para reagir ao sofrimento de forma carinhosa. Focando no nosso mais profundo desejo de que todos os seres sejam felizes, estejam em paz e saudáveis, podemos realmente melhorar nossas vidas e as dos outros. A Bíblia ensina que você colhe o que semeia. Com o plantio de sementes de benevolência em nossos corações e mentes, podemos transformar a nossa própria paisagem mental e emocional em algo bonito, além da expectativa.

Há uma história famosa sobre um monge tibetano que ficou anos preso numa cadeia chinesa e mais tarde, voltando à Índia, encontrou-se com o Dalai Lama. Quando perguntado sobre seu tempo na prisão, o monge disse que enfrentou o perigo algumas vezes. "Que perigo?", o Dalai Lama perguntou. "De perder a compaixão pelos chineses", o monge respondeu. Do ponto de vista budista, ter compaixão pelos nossos algozes nos permite ter paz de espírito mesmo no ambiente mais hostil, e impede que a ferida nos destrua. A compaixão pelos outros é realmente um presente para nós mesmos, porque nos alimenta com sentimentos benevolentes e permite sentirmo-nos mais seguros, reconhecendo nossa interconexão inerente. Com a equanimidade de um coração aberto, as pedras e as flechas de nossa vida difícil e frustrante não são elementos de troca, e o sofrimento se torna uma porta para o amor.

Capítulo dez:
Pais autocompassivos

> *Nós, enquanto adultos, podemos ser modelos e guias apropriados para os nossos filhos se nos movermos no amor e habitarmos o estado de amor verdadeiro. Nossas ações educam muito mais do que nossas palavras. Por isso, devemos ser o que queremos que nossos filhos se tornem.*
> Joseph Chilton Pearce na introdução de *Teaching Children to Love*, de Dr. Lew Childre

A autocompaixão pode ser extremamente útil para os pais. Ao ensiná-la aos nossos filhos, podemos ajudá-los a lidar com a dor inevitável e a imperfeição da vida. Ao sermos autocompassivos conosco, podemos lidar melhor com as frustrações e dificuldades da paternidade e da maternidade, as profissões mais difíceis do mundo. Contudo, não é tão difícil aceitar o fato de que ser pai ou mãe *é* uma profissão sem salário.

COMPAIXÃO POR SERMOS PAIS E MÃES IMPERFEITOS

Carol estava atrasada. A babá estava quase chegando para cuidar de seus dois filhos para que ela pudesse ir a um concerto com alguns amigos. Colocou um pouco de espaguete na panela para ferver, enquanto arrumava o cabelo e fazia a maquiagem. Quando voltou para a cozinha, percebeu que o temporizador tinha alertado há quase dez minutos. "Mãe, eu estou morrendo de fome!" Seu filho reclamou. "Quando vai ficar pronto o jantar?" Depois de escorrido, o espaguete tinha a consistência de um purê de batatas. Ela colocou mais molho esperando que seus filhos não percebessem, mas seria como esperar que eles não notassem aveia sendo servida no lugar do cereal no café da manhã. "Nojento!", reclamou a filha mais velha, franzindo a testa e virando o nariz. "Você espera que a gente coma isso? Por que você não cozinha bem como a Jan?". Esse comentário foi especialmente maldoso. A esposa de seu ex-marido, Jan, tem entre seus muitos talentos o título de *chef* gourmet.

O primeiro instinto de Carol foi aceitar o golpe. Sentir-se horrível por nunca fazer nada certo, por ser uma mãe inadequada e por perder o marido para uma mulher superior. Mas, felizmente, ela se deteve a tempo. Carol estava tentando ser gentil consigo ultimamente e percebeu que essa era uma oportunidade perfeita para ser autocompassiva. Lembrou que a maternidade envolvia o malabarismo de manter várias bolas no ar e era inevitável que uma ocasionalmente caísse. O espaguete cozido demais não era exatamente um sinal de caráter falho. "Me desculpem, estraguei o jantar, mas não é o fim do mundo. Que tal eu pedir uma pizza?". Não é preciso dizer que seus filhos foram a favor dessa ideia. Ela até ouviu sua filha sussurrar para o irmão, "Legal! A Jan nunca nos deixa comer pizza!". O escritor Peter de Vries comentou certa vez: "Há momentos em que a paternidade parece ser apenas o hábito de alimentar a mão que te morde".

Claro, nem sempre lidamos com as situações difíceis com nossos filhos da forma ideal. Nossos adoráveis queridinhos podem nos levar à absoluta loucura e não há nenhum pai no planeta que não tenha perdido a paciência uma vez ou outra. Somos ríspidos com nossos filhos quando nos irritam, ignoramos quando tentam chamar nossa atenção e gritamos quando estamos com raiva. Todo mundo erra em um momento ou outro. Quando assumimos compaixão por esse fato, podemos admitir mais facilmente nossas imperfeições como pais e pedir desculpas por nosso comportamento. Isso não só ajuda nossos filhos a se sentirem amados e cuidados, mas também permite que reconheçam a falibilidade dos seres humanos. Mesmo mamãe e papai são falhos e, às vezes, cometem erros. Errar não é o fim do mundo.

Embora seja importante nos desculparmos com nossos filhos quando estamos errados, é igualmente importante não sermos excessivamente críticos conosco – especialmente na frente de nossos filhos. "Ai, que chato. Esqueci de colocar gasolina e o tanque está quase vazio! Que estúpido! Eu sou tão irresponsável!" exemplos assim comunicam a ideia de que a autocrítica é uma resposta válida e apropriada quando ficamos aquém dos nossos ideais. Mas você realmente quer que seus filhos sofram nas mãos do autojulgamento como você? Isso é algo que os pais muitas vezes ignoram. Talvez você seja cuidadoso e dê apoio e suporte para seus filhos quando eles dão um passo em falso. Mas se você é cruel consigo sempre que fracassa, vai enviar a mensagem errada à sua família. Reconhecer suas limitações na frente de seus filhos é um exemplo muito melhor. "Que irritante! Eu me esqueci de encher o tanque, e ele está quase vazio. Ando muito ocupado no trabalho ultimamente, então acabei me esquecendo disso. Provavelmente tem gasolina o suficiente para chegar a um posto." Modelar a autocompaixão na frente de seus filhos é uma das formas mais poderosas de ajudá-los a desenvolver essa habilidade para si.

Exercício um
Ter compaixão por nossos erros como pais

No final de cada dia, pense sobre quaisquer erros que você cometeu como pai/mãe. Qualquer coisa que você gostaria de ter feito (ou não). Tente ser o mais honesto possível, sabendo que não há problema em ser humano e imperfeito. Tente ser gentil e compreensivo consigo, como seria com um bom amigo em situação similar.

Pense se há alguma coisa que você pode fazer para ajudar a reparar a situação. Peça desculpas a seus filhos. Prometa que vai fazer as pazes com eles (e faça realmente). Ao modelar o processo de cometer erros e repará-los em seguida, vai ensinar a seus filhos uma lição inestimável.

Tente determinar quais emoções difíceis desencadeiam o seu comportamento: estresse, frustração, cansaço, etc. Se for preciso, dê a si compaixão por sua dor emocional. É difícil ser pai e mãe! Você acha que precisa fazer alguma mudança para ajudar a aliviar o seu estresse como, por exemplo, ter mais tempo para si mesmo?

Escolha duas atividades de autocuidado sugeridas no primeiro exercício do capítulo 9 ou invente algumas e *faça-as de verdade*! É fácil para um pai dizer: "Sim, eu deveria, de fato, ter tempo para mim" e nunca fazê-lo de verdade. Sim, você está pressionado, mas será um pai/uma mãe mais eficaz levando suas próprias necessidades mais a sério. É uma atitude que só tem consequências positivas.

CORRIGINDO SEU FILHO AO INCENTIVAR A AUTOCOMPAIXÃO

Muitos pais se perguntam como fazer para disciplinar seus filhos quando eles saem da linha. Ao mesmo tempo, querem ajudá-los a ser mais autocompassivos. Em primeiro lugar, é fundamental que você não critique duramente as crianças nem faça com que elas se sintam envergonhadas por não atender as *suas* expectativas. O tiro pode, inclusive, sair pela culatra, como comentou o ator Jack Nicholson: "Minha mãe nunca viu a ironia ao me chamar de filho da mãe". Nossa pesquisa mostra que a crítica contínua dos pais causa problemas sérios: filhos de pais críticos são mais propensos à falta de autocompaixão, além de sofrerem de ansiedade e depressão na vida adulta. Como discutido no Capítulo 2, as crianças internalizam a voz crítica dos pais e levam-nas consigo ao longo da vida. Embora nenhum pai queira que seu filho sofra, muitos acreditam que a disciplina só funciona se for contundente.

Sem dúvida, a paternidade *laissez-faire*, na qual as crianças nunca são repreendidas, dificulta o seu crescimento e o desenvolvimento. Mas podemos definir limites claros e corrigir problemas de comportamento de forma gentil e compassiva. Isso faz com que as crianças entendam por que é importante mudarem seus modos sem se sentirem mal por terem cometido algum erro.

A chave para respostas compassivas às transgressões de nossos filhos é focar no comportamento real, e não no seu caráter geral. Assim, enfatizamos que não somos definidos por falhas e deficiências. Estamos todos em construção, em um estado contínuo de aprendizagem. Também é importante validar as emoções subjacentes do mau comportamento do seu filho antes de tentar corrigi-lo. Vamos supor que seu filho, Neil, esteja jogando videogame e diga à sua irmã mais nova, Mary: "cale a boca!". Em vez de dizer: "Você é tão rude, Neil! Por que não pode ser mais legal com a Mary?"; você pode tentar falar: "Eu percebi que você estava irritado porque seu jogo foi interrompido, mas você fere os sentimentos da sua irmã quando manda ela calar a boca". Suponhamos que sua filha deixe um frasco de mel aberto sobre o balcão da cozinha para atender a ligação de um amigo. Em vez de exclamar: "Você é tão bagunceira!", você pode dizer algo como: "Eu sei que você estava distraída com o telefonema, mas a gente não pode deixar rastro em todo o lugar". Um pouco de humor pode funcionar ainda melhor aqui: "Você quer que a nossa cozinha pareça uma cena de ataque de formigas assassinas?". Se os seus filhos se sentirem compreendidos, em vez de atacados, estarão muito mais propensos a ouvi-lo.

O aspecto principal é transmitir aos seus filhos que não há problema em cometer erros, uma vez que a imperfeição é parte da vida. Declarações como "ele é apenas humano", "é natural ficar frustrado", e assim por diante, são boas maneiras de fornecer essa validação. Entretanto, não é apenas o que você diz que importa. O seu tom de voz é igualmente importante. Mesmo as crianças pré-verbais, inconscientemente, registram o significado emocional transmitido pelo tom de voz dos pais: amoroso, com medo, com raiva, e assim por diante. Se o seu tom transmite um julgamento negativo, mesmo que suas palavras sejam neutras, é provável que seu filho ainda se sinta inadequado e envergonhado. Isso pode, então, provocar uma reação de fúria ou de defesa. Quem quer se sentir mal sobre si mesmo quando é muito mais fácil culpar alguém? Se você consegue fazer com que seu filho se sinta seguro para assumir uma responsabilidade pessoal por suas ações, por meio de uma linguagem compassiva combinada com um tom gentil e cuidadoso, ele vai achar que é muito mais fácil reconhecer seu problema de comportamento e trabalhar para mudar isso.

Uma hipótese que também vale a pena considerar antes de corrigir o seu filho é se suas próprias reações são, ou não, alguma forma de defesa do seu ego. É possível que você esteja se identificando com seu filho, e, assim, sente que o mau comportamento dele fala de você? Quando seus filhos não conseguem ficar parados num restaurante, o problema é realmente o seu comportamento ou o julgamento das outras pessoas? A menos que você possa admitir a verdade para si e dar-se compaixão por essa reação muito humana, é provável que você não saiba lidar bem com a situação. Quando você é compassivo consigo, no entanto, atinge uma posição melhor para responder com compaixão ao seu filho.

Pais de crianças pequenas

Criar bebês e crianças pequenas – com necessidade constante de supervisão, alimentação regulada, birras e fraldas sujas – deve ser um dos trabalhos mais desafiadores do mundo. Como a humorista Erma Bombeck, comentou: "Quando meus filhos ficam selvagens e desregrados, eu uso um bom e seguro cercadinho. Quando se acalmam, eu saio". Os pais de crianças pequenas precisam de toda a ajuda possível. Felizmente, quando você é autocompassivo, a ajuda está sempre à mão.

A Dra. Rebecca Coleman, psicóloga clínica na Austrália, desenvolveu um programa maravilhoso que ensina habilidades de atenção e autocompaixão para pais de crianças menores de cinco anos. O programa é chamado Atenção Consciente dos Pais (ACP). O seu objetivo é ajudar os pais a melhorar a sua capacidade de tomar decisões sábias em situações difíceis relacionadas a seus filhos. Em outras palavras, como se manter são quando o pequeno Johnny derrama uma garrafa inteira de sabão para lavar louça no banho que você está preparando e a pequena Mary puxa sua perna e pede que você faça tranças em seu cabelo ao mesmo tempo em que tenta limpar a bagunça.

A ACP promove a sensibilidade parental, ensinando os pais a terem empatia pelos seus filhos, aumentando sua capacidade de consciência e acolhendo as necessidades de relacionamento de seus filhos. Às vezes, quando as crianças agem de maneira difícil ou cansativa, estão, na verdade, enviando uma mensagem de que precisam do apoio emocional. Pode ser que não precisem de atenção parental, mas da conexão. Como discutido no Capítulo 3, crianças são fisiologicamente concebidas para formar ligações estreitas com os pais, seu porto seguro na descoberta do mundo. Quando as crianças sentem medo ou insegurança, naturalmente se voltam para os pais como sua principal fonte de tranquilidade e conforto. Quando se sentem seguros, podem se engajar no importante processo de brincar, descobrir e aprender.

Coleman aponta que uma das principais formas dos pais ajudarem seus filhos a desenvolver autoconfiança é pelo processo da "sintonia afetiva", que envolve combinar ou espelhar a emoção da criança. Quando o filho está chateado, os pais espelham as suas emoções fazendo sons e expressões tristes, mas, em seguida, alteram as emoções do filho adotando expressões e tons mais suaves. Por exemplo, uma mãe pode balançar seu bebê e sorrir suavemente enquanto ele chora, repetindo com calma: "Tudo bem, querida, está tudo bem". A criança, então, ficará calma e tranquila. Os pais tendem a fazer isso por instinto e não estão conscientes de que, naquele momento, estão regulando as emoções de seus filhos.

Se uma mãe com um bebê chorando se sente oprimida por suas próprias emoções – "porque esse garoto maldito não cala a boca, ele está me deixando louca!" –, ela não será capaz de ajudar seu filho a se acalmar. Em vez disso, só vai deixá-lo mais chateado, porque a criança reflete a agitação dos pais. Quando respondemos à nossa própria frustração de forma compassiva, somos capazes de acalmar nossas próprias emoções turbulentas e, consequentemente, estamos mais aptos a ajudar nossos filhos a se tranquilizarem também.

Considere a situação em que um dos meus alunos de pós-graduação, Pittman, enfrentou meses atrás. Ele e sua esposa, Merilee, recentemente tiveram uma menina. Como resultado, seu filho Finn, de três anos de idade, começou a apresentar "comportamentos desafiadores". Um dia, quando chegou em casa, Pittman encontrou seu filho, que já ia ao banheiro sozinho, fazendo xixi na parede da sala de estar. Quando Pittman o repreendeu, o menino se virou para o pai, lançou-lhe um sorriso maligno e disse: "Eu te odeio".

Por sorte, Pittman pratica a autocompaixão! Embora qualquer um entendesse se tivesse perdido a paciência, ele foi capaz de permanecer calmo. Respirou profundamente algumas vezes e "deu-se" compaixão para encarar o momento difícil e desafiador. Isso o ajudou a se reorientar e a se lembrar de que, para além das aparências, Finn não estava simplesmente sendo malcriado. Seu filho estava realmente sofrendo bastante com a emoção humana do ciúme e, aos três anos de idade, não estava preparado para lidar com isso. Em vez de sentir raiva de Finn, portanto, Pittman se sentou e pôs o braço em seu ombro. Em primeiro lugar, reconheceu os sentimentos de frustração do filho com a mudança na rotina familiar. "Eu sei que está sendo difícil para você agora que a sua irmãzinha ocupa tanto a nossa atenção. Mas sua mãe e eu te amamos mais do que nunca". O mau humor de Finn, assim como o seu, começou a sumir quase instantaneamente. Pittman até achou graça da situação, sabendo que teria uma boa história para contar no futuro. Quanto mais Finn se sentir seguro quanto ao amor e ao apoio de seus pais durante o período de adaptação à irmãzinha, especialmente quando não agir corretamente, mais ele vai perceber que o amor de seus pais é inabalável (apesar de as paredes correrem o risco de ficar um pouco manchadas).

Exercício dois
Usar o canto do CARINHO com seu filho[12]

Crianças pequenas frequentemente expressam "grandes sentimentos" (como o choro e ataques de raiva) quando se sentem mal-entendidas, ignoradas ou limitadas pelo 'não' dito por seu pai ou mãe. Quando seu filho exagerar ou estiver fora de controle, você pode usar o "cantinho do carinho" para ajudá-lo a se acalmar. Este é o oposto do cantinho do castigo[13]. Embora você possa supor que o comportamento do seu filho seja proposital, muitas vezes ele evidencia a necessidade da criança

---

12   Retirado do protocolo ACP da Dra. Rebecca Coleman. Para mais informações, visite: www.maplinc.com.au

13   N.d.T.: Uma criança não é colocada no Cantinho do Carinho, ela é convidada. Diferentemente do Cantinho do Castigo, a criança não fica sozinha; pode ter companhia. Não precisa sentar e esperar; pode participar em jogos confortantes, calmantes e apropriados.

de se reconectar e lidar com emoções fortes de uma forma segura, e seu filho pode precisar de ajuda para isso.

Antes de iniciar a prática do canto do carinho, certifique-se de que você está calmo o suficiente para ser sensível às necessidades do seu filho e ajudá-lo a ganhar segurança. Se precisar acalmar suas próprias emoções primeiro, tente enviar compaixão a si por suas emoções difíceis ou respirar profunda e conscientemente algumas vezes. Você pode dizer a seu filho que precisa de dez segundos sozinho para se acalmar – mas se certifique de voltar quando disse que o faria.

- Escolha um local específico para o canto do carinho. É melhor que seja um local neutro, como uma cadeira ou almofada que possa ser colocada em qualquer lugar para não perturbar os outros membros da família.
- Este é o lugar onde você e seu filho podem se sentar juntos para observar as mudanças de sentimento.
- Convide seu filho para o canto do carinho. Se ele estiver emocionalmente fora de controle e apresentar perigo para os outros, talvez precise de ajuda para chegar lá.
- Mantenha o tom de voz firme, reconfortante e gentil.
- Observe seu filho de perto. Repare em seu comportamento. Tente adivinhar o significado e os sentimentos por trás da sua atitude. O que está realmente acontecendo?
- O canto do carinho permite que o sentimento de seu filho possa "ser sentido" e aceito. Ele mostra que você está disposto a ajudar o seu filho, e que seu amor significa estar receptivo para aceitar as emoções da criança, mesmo as mais difíceis.
- Mantenha-se responsável de forma simpática e conectada. Seja presente e sensível. Isso tem um efeito calmante sobre as crianças.
- Pode levar algum tempo para que seu filho se acalme se ele estiver sobrecarregado pelas emoções.

- Quando a criança estiver calma o suficiente, ajude-a a descrever seus sentimentos. Você pode dizer: "Parece que você está lutando com isso..." ou "Isso parece difícil. Você está com raiva ou com medo/triste?"
- Aguarde a resposta. Escute bem. Valide e aceite o que seu filho disser (ou o seu silêncio).
- Em seguida, fale sobre seus sentimentos. Use frases como: "Quando você fez <u>(tal coisa),</u> senti <u>(nome da emoção)</u> surgindo em mim." Não espere um pedido de desculpas, apenas comunique seus sentimentos naturalmente e sem tom de acusação.
- Quando seu filho estiver conectado e calmo o suficiente, ajude-o a encontrar outra atividade para mudar o seu humor ou simplesmente vá em frente com os planos normais para o dia (hora de dormir, de ir para a escola, de comer etc.).

PAIS DE ADOLESCENTES

Embora todos os filhos sejam beneficiados quando têm autocompaixão, esta é uma habilidade especialmente importante na adolescência. Um dos avanços cognitivos da adolescência é o aumento da capacidade de perspectivas, ou seja, os adolescentes são mais capazes de se verem do ponto de vista dos outros. Essa capacidade significa que a adolescência é muitas vezes um momento de autoavaliação intensa e de comparação social. Os adolescentes se perguntam: "O que os outros pensam de mim?" ou "Eu sou tão bom quanto os outros?". Esse processo ocorre quando adolescentes tentam estabelecer sua identidade e seu lugar na hierarquia social. As intensas pressões enfrentadas (suportadas?) pela maioria dos adolescentes sobre o desempenho acadêmico, a necessidade de se "encaixar" com a multidão de seus pares, as preocupações com a atividade sexual, significam que a autoavaliação dos adolescentes é muitas vezes desfavorável.

Para piorar as coisas, a introspecção na adolescência muitas vezes leva ao que se chama de "fábula pessoal", uma falácia cognitiva que faz com que os adolescentes acreditem que suas experiências são únicas e que os outros não podem entender o que estão passando. Você se lembra da primeira vez que se apaixonou? Aposto que nunca imaginaria que seus pais já tivessem sentido algo remotamente similar. Os adolescentes têm dificuldade em compreender a experiência humana compartilhada porque eles ainda não tiveram relacionamentos próximos o suficiente para perceber que seus próprios pensamentos e sentimentos não são, de fato, únicos. Também tendem a superestimar o quanto eles sabem e o quão pouco os outros sabem, porque, ora, *o que* eles sabem é *tudo* o que sabem. Como disse Mark Twain: "Quando eu tinha 14 anos, meu pai era tão estúpido que eu mal podia ficar perto do velho. Quando eu completei 21, estava simplesmente maravilhado com o que esse senhor idoso tinha aprendido em apenas sete curtos anos". Nossa pesquisa mostra que os adolescentes, quando estão sob a influência da fábula pessoal, tendem a ser menos autocompassivos porque não reconhecem que suas dificuldades e falhas são apenas uma parte natural do que significa ser humano.

Por todas essas razões, ensinar os adolescentes sobre autocompaixão pode ser imensamente valioso. Claro, os adolescentes são, muitas vezes, resistentes à ideia da autocompaixão. A princípio comumente vinculada à pieguice. É um termo nada radical quando sua banda favorita é Napalm Ghost Slayer. No entanto, quando você explica que a autocompaixão não é o mesmo que autopiedade ou autoindulgência, a maioria dos adolescentes se torna muito mais aberta ao conceito. Afinal, o vocalista do Napalm Ghost Slayer teve que aprender a autocompaixão quando foi para a reabilitação, certo? Também pode ser útil falar sobre a diferença entre autoestima e autocompaixão. A experiência diária que os adolescentes passam na dinâmica dos refeitórios das escolas serve para exemplificar porque se esforçam tanto para se sentirem especiais e acima da média o tempo todo. Quando explicamos que a autocompaixão é uma maneira de nos sentirmos bem conosco sem precisarmos ser superiores aos outros, podemos ajudar os adolescentes a entenderem com mais facilidade por que a autocompaixão é a maneira mais saudável de se relacionar consigo.

Minha história: ser mãe do Rowan

Rupert e eu sofremos durante os primeiros anos do autismo de Rowan. Contudo, o nosso compromisso com a autocompaixão fez uma enorme diferença. Primeiro, nós nos ajudamos mutuamente no exercício de autocompaixão diante dos erros que cometemos como pais – e foram muitos. Quando jogava minha raiva no Rowan após um dia frustrante e depois me sentia terrivelmente culpada, Rupert me ajudava a lembrar que ninguém esperava que eu lidasse com tudo de maneira perfeita o tempo todo. Eu conseguia, então, superar mais facilmente a minha frustração, pedia desculpas a Rowan e o confortava se ele ainda estivesse chateado.

Rupert e eu demos um jeito de não ficarmos perdidos no nosso papel de cuidadores a ponto de deixar de lado nossas próprias necessidades. E isso foi muito importante. Ambos precisávamos, eventualmente, de um tempo fora do papel de pai/mãe de uma criança com autismo. Infelizmente, nossos pais viviam fora da cidade, e nós não conseguíamos encontrar uma babá que soubesse lidar com as birras e a incontinência de Rowan. Então, criamos uma divisão da tarefa de cuidador entre nós dois. Uma noite por semana um de nós estava livre para fazer o que quisesse: ir a uma aula de meditação ou dançar, tomar uma bebida com amigos ou assistir a um *show* de música. Certificamo-nos de dar atenção às nossas próprias necessidades, e o apoio mútuo nos renovava e nos deixava relaxados para lidar com os desafios de sermos pais do Rowan.

Agora que nosso filho está mais velho (tinha oito anos à época desse relato), estou começando a lhe ensinar o processo de autocompaixão, e Rowan o está assimilando lentamente. Uma característica do autismo é a "ecolalia", tendência de repetir de forma direta frases que os outros dizem. Tratei a ecolalia de Rowan como uma oportunidade de moldar o seu diálogo interno, para que, quando ele ficar chateado, use palavras suaves e autocompassivas. Crianças autistas têm extrema dificuldade de lidar com a frustração. Se Rowan derramar um copo de água em suas roupas, por exemplo, pode causar um nível de sofrimento e ansiedade desproporcional ao incidente real. E uma vez que a aflição é desencadeada, é difícil parar.

Em tais situações, tento responder de forma receptiva e compassiva. "Ô, meu amor, você derramou a água e ficou todo molhado! Não tem problema ficar chateado e frustrado. Está muito difícil para você agora, não é?" Isso o ajuda a aprender a aceitar e validar suas emoções no momento presente. Então, tento mostrar passos que o ajudem a seguir em frente com suas emoções, em vez de continuar focando no que deu errado. "Eu sei que você está se sentindo mal, mas nós mudamos de roupa e tudo está bem agora. Não há razão para chorar. Eu estou preocupada porque você está infeliz. Você quer ser triste ou feliz?"

Às vezes, quando eu pergunto, Rowan diz que quer ser triste. Nesse caso, eu o abraço e o conforto enquanto ele sente sua tristeza. "Essas coisas acontecem, não há problema em ficar chateado." Às vezes, no entanto, ele diz, "Eu quero ser feliz." Nesse caso, tento ajudá-lo a encontrar coisas para ficar alegre. "Você pode me contar algo bom agora? Como o fato de que estamos juntos ou que você tem dois lagartos chamados Gary I e Gary II?"

Embora ele ainda tenha dificuldades de ir além de suas angústias, uma abordagem compassiva parece ajudá-lo a caminhar mais rapidamente. Percebi, também, que ele começou a tomar a atitude de falar sozinho. Outro dia ele ficou chateado porque seu DVD estava preso no aparelho, por exemplo, e eu o ouvi dizer: "Está tudo bem. As coisas quebram às vezes."

A primeira vez que percebi esta vitória foi quando fomos ao jardim zoológico. Eu tinha vivido várias experiências frustrantes naquela manhã (tráfego, problemas com estacionamento etc.) e estava de mau humor. Depois de passar alguns minutos bufando e reclamando na exposição sobre a vida selvagem na África, Rowan se virou para mim e disse: "Está tudo bem, mamãe. Você quer ser triste ou feliz?" Daí pensei: *eu* tenho que ser o adulto sábio e maduro! Embora tenha ficado surpresa no primeiro momento, percebi que meu filho estava certo! Era um dia lindo e eu estava sendo confortada e auxiliada pelo meu filho amado. A mensagem da autocompaixão tinha completado seu ciclo.

Capítulo onze:
Amor e sexo

O amor é alimentado pela imaginação, através da qual nos tornamos mais sábios do que supomos, melhores do que nos sentimos, mais nobres do que somos. Através da qual podemos ver a Vida como um todo. Através da qual, exclusivamente, podemos compreender os outros em sua realidade e em suas relações ideais.
Oscar Wilde, *De Profundis*

A autocompaixão não só nos ajuda a sermos melhores pais e cuidadores, como também melhora a nossa vida amorosa e sexual. Quando nos liberamos da luta egoísta e da obsessão pela avaliação positiva, o amor e o desejo pelo outro apenas se intensificam. Ao abraçarmos a vida como ela é, permitimos que a força da vida flua livremente através de nós, e a nossa paixão pode chegar a voar nas alturas.

Amor e romance

Um dos desafios de encontrar um relacionamento romântico que atenda às nossas necessidades mais profundas é a nossa fantasia de um relacionamento que atenda às nossas necessidades mais profundas. Apaixonar-se é tão bom em parte porque permite que nos sintamos verdadeiramente valorizados, aceitos e compreendidos pelo outro. Nosso parceiro nos ama com verrugas e tudo, o que significa que talvez nossas verrugas não sejam tão ruins assim. E, claro, há muita verdade nisso. É um dom maravilhoso ver a própria beleza refletida nos olhos do outro. Mas, se dependermos exclusivamente da opinião dos nossos parceiros sobre nós para nos sentirmos bem, de vez em quando vamos levar um duro choque. O véu de enamoramento desaparece mesmo no melhor dos romances, e nossos parceiros vão reconhecer nossos defeitos e, pior ainda, vão nos falar sobre eles. No dia do nosso casamento, o pai de Rupert nos disse: "Não se preocupem, os primeiros 40 anos de casamento são complicados, mas, depois disso, o barco navega calmamente". Está bem, ele exagerou no efeito da comédia, mas não há como negar que os relacionamentos são difíceis.

Nem sempre podemos contar com nossos parceiros para nos sentirmos bem porque, afinal de contas, a autoaceitação só é verdadeira em nossos corações se vier de dentro. Sentirmo-nos amados e aceitos pelos nossos parceiros certamente nos ajuda, mas é muito fácil descartar a aprovação dos outros por pensarmos que é apenas uma "gentileza" desproposital. Sim, o meu parceiro me ama, você pode dizer para si mesma, mas ele não me vê como eu sou. Ele não ouve os pensamentos desagradáveis e mesquinhos que constantemente acontecem dentro da minha cabeça. Se ele soubesse, não gostaria de mim.

Eu tinha uma colega chamada Diane que sofreu muito com esse padrão. Morava com o namorado, Eric, para quem ela era tudo, e de muitas formas era o amor e o apoio do parceiro que a faziam tocar a vida. Mas Diane pensava que a imagem que Eric tinha dela era principalmente porque ele não a conhecia *de verdade*. Diane se julgava e se criticava, presumindo que se ela revelasse seu verdadeiro eu, Eric a julgaria também. O que Diane menos gostava em si era que tinha uma forte tendência a ser controladora e não conseguia relaxar.

Ela adorava o namorado e tentava parecer o mais relaxada possível diante dele porque não queria que Eric percebesse que ela era uma "tirana anal-retentiva", como ela dizia. Eric era um cara descontraído, e essa era uma das características que Diana mais admirava nele. O irônico era que a natureza descontraída de Eric constantemente apertava os botões do "desejo de controle" da Diane. Ele sempre se esquecia de fazer pequenas coisas, como parar no supermercado para comprar o litro de leite que ela tinha pedido, fechar a tampa do vaso depois de ir ao banheiro ou cortar a grama do jardim antes de ela ficar parecida com uma floresta tropical. Eric era um sonhador cujo comportamento tendia à dispersão e à distração, e isso a deixava absolutamente louca.

Após cerca de dois anos de convivência, Diane e Eric estavam discutindo cada vez mais. Em vez de apenas ficar irritada com o esquecimento de Eric, Diane estava cada vez mais brava e má com ele. Começou a chamá-lo de irresponsável, preguiçoso e imaturo. Se Eric não estivesse tão apaixonado, provavelmente teria ficado farto com a crítica constante e teria ido embora. Em vez disso, queria entender o que estava acontecendo.

Depois de longas conversas, ficou claro que o desejo de controle de Diane provinha, na verdade, do medo. Aos 16 anos, pouco depois de tirar a carteira de motorista, Diane estava indo à praia com alguns amigos, calculou errado uma curva e capotou o carro três vezes. Um de seus melhores amigos quase morreu. Ela vivia assustada e queria garantir que nada de ruim acontecesse novamente. Ao tentar controlar tudo em sua vida, Diane se sentiu mais segura, como se pudesse contrariar a imprevisibilidade da existência. Em vez de ter compaixão por essa tendência de controlar tudo, no entanto, seu primeiro instinto era se criticar por ser tão rígida ou criticar Eric por ser tão descuidado – frequentemente, inclusive, criticava ambos.

Quando Eric entendeu o que estava causando esse comportamento, foi capaz de ajudá-la a lidar com suas emoções de forma mais produtiva. Eric, já engajado no budismo e em outras tradições orientais, compreendeu o valor da autocompaixão. Ele percebeu que era isso que Diane mais necessitava. Assim, sempre que via que Diane ficava estressada ou com raiva, mesmo quando ela o estava atacando com uma enxurrada de críticas, ele a lembrava de entrar em contato com os sentimentos subjacentes à sua reação. "Você está chateada porque está sentindo medo e perdendo o controle? Por que você não para um momento para se dar um pouco de compaixão? Aí poderemos falar sobre o que aconteceu."

Embora isso realmente parecesse estranho à primeira vista, Diane começou a prática autocompassiva, usando seus sentimentos de raiva como um lembrete de que ela precisava ser amável, gentil e compreensiva consigo mesma. Sempre que sentia o desejo de controle surgir, consolava-se com carinho, acalmando-se com as palavras: "Eu sei que você se sente assim pelo susto do acidente no qual seu melhor amigo quase morreu. Essa situação provoca medo, o que é compreensível. Está muito difícil para você agora". Assim que ela mudava de atitude em relação a si mesma, descobria que seus sentimentos de agitação começavam a se tranquilizar. Diane se tornou mais confiante e relaxada.

Depois de alguns meses nesse novo padrão, Diane e Eric discutiam com muito menos frequência. Diane finalmente se permitiu perceber que o namorado a amava de verdade, e que ela era digna de seu amor. Eric, por sua vez, começou a ficar um pouco mais responsável, pois não queria causar qualquer dor desnecessária à sua parceira. Apesar de ainda estarem com esse processo em andamento, seu relacionamento está melhor do que nunca. Eles até já falaram em casamento – mas, se de fato casarem, Diane com certeza vai se encarregar de todos os preparativos!

Exercício um
Identificando seus padrões de relacionamento

Pense no seu relacionamento romântico atual ou mais recente. Quais são os seus gatilhos emocionais mais fortes? Você se magoa com facilidade, chegando imediatamente à conclusão de que seu parceiro ou parceira não se importa? Você fica ansioso, presumindo que seu parceiro ou parceira vai deixá-lo? Quase todas as pessoas têm questões fundamentais que impulsionam o exagero nos relacionamentos. É como se um barco cheio de bagagens extras fosse adicionado àquilo que nosso parceiro diz ou faz, tornando tudo rapidamente incontrolável. Nossos padrões são cicatrizes, vestígios de relacionamentos anteriores que deram errado. Embora um(a) parceiro amoroso e solidário possa nos ajudar a curá-los, o melhor remédio vem de dentro.

Da próxima vez que pisarem no seu calo em um relacionamento, tente ver com clareza o que está realmente acontecendo. Em vez de culpar imediatamente seu(sua) parceiro(a) pelo que você está sentindo, tente avaliar até que ponto sua emoção não é apenas a reafirmação do seu antigo padrão, e aproveite a oportunidade para dar-se compaixão. No caso de se sentir magoado, tente tornar-se consciente desse sentimento e aceite plenamente a sua reação exagerada. Foque ativamente em acalmar e tranquilizar sua dor com a autobondade, reconhecendo que todos os seres humanos têm feridas emocionais de um tipo ou de outro. Seu mantra de autocompaixão pode vir a calhar.

Em vez de confiar que seu parceiro ou parceira lhe dê exatamente o que você precisa, tente, antes, satisfazer as suas próprias necessidades. Identifique o que você deseja (validação, cuidados, apoio etc.) e veja se a autocompaixão pode ajudá-la. Isso vai tirar a pressão que seu parceiro ou parceira tem de ler a sua mente e reagir exatamente da maneira que você quer. À medida que aprende a confiar mais na autocompaixão para lidar com os seus padrões quando eles surgem, vai descobrir que eles têm menos influência sobre você. As feridas realmente cicatrizam se receberem o cuidado e a atenção adequados.

Dinâmica do relacionamento

O psicólogo e pesquisador John Gottman é um dos maiores especialistas do mundo no estudo dos relacionamentos românticos. Ele afirma que sabe com 91% de precisão quando um casal vai ou não se separar com base em uma breve observação de como eles interagem em situações de conflito. A chave não é *se* um casal tem conflitos (mostre-me o casal que não tem), mas *como* eles os resolvem. São quatro os principais problemas de comportamento que indicam a condenação de um relacionamento. Gottman os chama de "quatro cavaleiros do apocalipse" e os organiza por ordem de importância: a crítica, o desprezo, a defensividade e a obstrução. Se, durante uma briga, as pessoas criticam duramente seus parceiros, mostrando aversão ou desprezo (revirando os olhos, usando sarcasmo etc.), ficam excessivamente na defensiva e culpam seus parceiros pelos problemas, ou, ainda, causam obstrução (ignorando seus parceiros e cortando a comunicação), o prognóstico é sombrio. Felizmente, Gottman também identificou fatores que preveem relacionamentos felizes e estáveis. Se um casal mostra qualquer tipo de emoção positiva durante um conflito (um olhar amável, um pequeno gesto de carinho, uma desculpa, risos), essas relações têm chances de durar.

A autocompaixão tende a inspirar emoções positivas durante os conflitos de relacionamento. Quando estamos chateados com um problema na relação, a autocompaixão nos permite tranquilizar e acalmar a intensidade dos nossos sentimentos, o que significa que ficamos mais capazes de controlar os quatro cavaleiros. Ficamos menos dispostos ao comportamento crítico, ao desprezo ou à posição defensiva do ego durante uma discussão se temos a segurança emocional necessária para reconhecer o nosso próprio papel na discussão. A autocompaixão também oferece a serenidade necessária para falarmos sobre questões difíceis da relação e pode reduzir barreiras. A autocompaixão tende a amolecer o nosso coração, deixando que o carinho por nossos parceiros o permeie e facilitando a manifestação de emoções positivas durante os conflitos. A autocompaixão nos permite levar o ego menos a sério. Por isso, às vezes podemos até encontrar o humor em nossas reações exageradas.

Lembro-me de uma vez, em uma briga com Rupert, em que a frase "me dá um tempo!" escapou de minha boca exatamente com a mesma voz sarcástica da minha mãe. Olhamos um para o outro e começamos a rir, reconhecendo silenciosamente que tínhamos chegado aos nossos maus hábitos. Nem é necessário dizer que foi muito fácil resolver o conflito depois disso.

A autocompaixão pode ajudar de outra forma em situações de conflito. Muitas vezes, as brigas entre parceiros decorrem do fato de cada pessoa querer validar seu próprio ponto de vista. Se eu falar de um problema do relacionamento e Rupert não o reconhecer, apenas limitando-se a afirmar a sua posição divergente, não vou me sentir ouvida. Suponhamos que eu esteja chateada porque Rupert, que ama cavalos, passou três finais de semana seguidos praticando equitação com os amigos. Peço-lhe que fique em casa no próximo fim de semana e passe mais tempo comigo, mas, em vez de reconhecer que estou chateada, ele me diz como vê as coisas. "Você sabe o quanto eu amo montar e não está sendo muito generosa, especialmente agora que o clima está tão bom para cavalgar". Pelo fato de eu não sentir que Rupert levou meus sentimentos a sério, minha reação vai acabar indo ao extremo, como se dissesse: "Está vendo? É justo eu me sentir assim!". Por exemplo, eu poderia responder: "Mas nós nunca mais passamos tempo juntos como uma família!" (mesmo que tivéssemos passado uma semana de férias em família no mês anterior). Isso só faria com que ele usasse esse fato a seu favor. "Você sempre exagera. E nunca considera o que eu quero ou preciso!" O tom de raiva e culpa em ambas as vozes tornaria ainda menos provável que chegássemos a um ponto de entendimento mútuo.

A sábia recomendação dos conselheiros de relacionamento é que os parceiros validem primeiro as emoções do outro antes de apresentarem seus próprios pontos de vista. "Sei que você ama montar e quer fazê-lo o máximo possível neste clima agradável, mas me sinto só quando você está longe e gostaria de passar mais tempo com você no próximo fim de semana". Ou ainda: "Posso entender que você se acha deixada de lado quando passo o fim de semana cavalgando com meus amigos, mas isso é realmente importante para mim e eu não cavalgarei com tanta frequência quando começar o calor". Às vezes, no entanto, as coisas começam a engrossar e é difícil sair da sua própria posição, ouvir seu parceiro e validar suas emoções. Se eu esperar que Rupert me dê o que eu preciso e ele esperar o mesmo de mim, ambos podemos esperar por um longo tempo. Esse é o momento no qual a autocompaixão pode vir a calhar.

Se você puder validar seus próprios sentimentos, lembrando-se gentilmente que é natural se sentir assim, não terá que falar cada vez mais alto para ser ouvido. Você pode dizer o que realmente quer ouvir naquele momento: "Eu sou assim, desculpe você estar se sentindo magoado e frustrado agora, o que eu posso fazer para melhorar as coisas?" Então, uma vez que você começar a se sentir aceito e cuidado, encontrará uma posição melhor para ouvir o que seu parceiro está dizendo e ver as coisas do seu ponto de vista. Menos combustível vai ser adicionado ao fogo, e o conflito com certeza começará a esfriar.

Os benefícios da autocompaixão no relacionamento

Pesquisas demonstram que a autocompaixão melhora de verdade a qualidade dos relacionamentos românticos. Um colega e eu recentemente realizamos um estudo com mais de cem casais, medindo o nível da autocompaixão de cada parceiro e pedindo-lhes para nos dizer o quanto estavam felizes e satisfeitos em seus relacionamentos. Solicitamos também que cada participante descrevesse o comportamento do seu parceiro no relacionamento. Eles eram cuidadosos e sensíveis ou controladores e exigentes? Ficavam com raiva pelas mínimas coisas ou conseguiam falar sobre elas? Isso nos permitiu observar se pessoas altamente autocompassivas relatariam ter uma relação romântica melhor, e se seus parceiros as descreveriam como sendo mais amorosas, apoiadoras e atenciosas. Também avaliamos os níveis de autoestima dos participantes, mas não pensamos que as pessoas com alta autoestima teriam, necessariamente, um relacionamento melhor. Muitas vezes as pessoas ficam com raiva, com ciúmes e na defensiva quando sua autoestima é ameaçada pelos parceiros, um padrão que está na raiz de muitos problemas de relacionamento. Além disso, quando a autoestima vem sob a forma de narcisismo, muitas vezes leva ao egoísmo e a artimanhas nos relacionamentos românticos – o que não é exatamente a chave para a felicidade duradoura.

Os resultados do nosso estudo indicaram que as pessoas autocompassivas têm, de fato, relacionamentos românticos mais felizes e mais satisfatórios. Isso acontece principalmente porque os participantes autocompassivos foram descritos por seus parceiros como sendo mais abertos e imparciais. Em vez de tentar mudar seus parceiros, as pessoas autocompassivas tendiam a respeitar suas opiniões e a considerar o seu ponto de vista. Também foram descritas como sendo mais carinhosas, conectadas, afetuosas, íntimas e dispostas a conversar sobre os problemas de relacionamento. Ao mesmo tempo, os homens e as mulheres autocompassivos relataram oferecer mais liberdade e autonomia a seus parceiros. Tendiam a incentivá-los a tomar suas próprias decisões e a seguir seus próprios interesses. Em contraste, pessoas sem autocompaixão foram descritas como sendo menos carinhosas e mais críticas em relação a seus parceiros; eram mais controladoras, tentavam dar ordens e dominar as relações. Também foram descritas como autocentradas, querendo tudo à sua maneira, são inflexíveis.

A autoestima elevada não parecia ser grande coisa para os casais. Não foi associada a relacionamentos mais felizes e saudáveis, e pessoas com elevada autoestima não foram descritas pelos seus parceiros como sendo mais abertas, cuidadosas ou companheiras. Em outras palavras, os resultados do nosso estudo sugerem que a autocompaixão desempenha um papel importante na promoção de boas relações, mas que a autoestima realmente não ajuda em nada. A autocompaixão promove sentimentos de mutualidade nos relacionamentos, de modo a equilibrar e integrar as necessidades do casal. A autoestima, por outro lado, é focada no ego e amplia sentimentos de separação e concorrência entre as necessidades de cada um.

Para construir a relação íntima e conectada que você almeja ter, é necessário, primeiro, sentir-se próximo e conectado a *si mesmo*. Sendo carinhoso e solidário quando enfrenta as limitações de viver uma vida humana, você terá os recursos emocionais necessários para agir de maneira carinhosa e solidária com seu companheiro. Ao atender suas próprias necessidades de amor e aceitação, você se tornará menos carente e sufocante. E, ao aceitar o fato de que nem você e nem o seu relacionamento são perfeitos, será capaz de desfrutar a sua relação mais pelo que ela é, em vez de compará-la com um romance idealizado – como o da Cinderela com o Príncipe Encantado em um conto de fadas que, de qualquer forma, seria demasiado unidimensional para segurar o interesse do casal por muito tempo. A autocompaixão acolhe a imperfeição com amor, proporcionando o solo fértil necessário para o romance florescer verdadeiramente.

Minha história: prometo ajudar você a ter compaixão por si mesmo

Mencionei antes que, quando Rupert e eu nos casamos, incluímos em nossos votos a promessa de nos ajudarmos mutuamente a sermos mais autocompassivos. Essa não foi uma promessa vazia, mas um compromisso com o nosso estilo de vida e de um com o outro, que transformou radicalmente a nossa relação. Além disso, tomamos algumas medidas concretas que nos ajudaram a nos tornarmos mais autocompassivos no relacionamento com o outro. Uma prática que consideramos ser particularmente eficaz é a "pausa para autocompaixão" durante as discussões. Tais rupturas proporcionam um espaço não só para nos acalmarmos, mas também para nos darmos a compaixão necessária para lidar com a situação difícil em que nos encontramos. Essa prática é útil por uma série de razões. Ela ajuda a acalmar ambos os egos feridos, uma ferramenta útil, já que muitas brigas de casal têm origem na nossa necessidade de proteger a nossa autoestima.

Lembro-me de uma vez em que Rupert ficou irritado comigo porque eu fiz várias intervenções em uma discussão que ele estava tendo com um amigo. Foi quando o governo britânico estava propondo proibir a caça à raposa, o que acabou acontecendo em 2004. Rupert é um ávido equitador e cresceu praticando o esporte; eu sou vegetariana. Não é necessário dizer que tivemos opiniões muito diferentes sobre a natureza ética de galopar num campo com cães perseguindo uma raposa. O problema não era a minha opinião, mas o fato de eu interromper o Rupert no meio das suas frases, sem que ele conseguisse expressar adequadamente o seu próprio ponto de vista. Depois que o amigo dele foi embora, fui repreendida pela contínua intromissão em sua conversa. Em vez de pedir desculpas, agravei a situação, sugerindo que a opinião de Rupert sobre a caça à raposa estava errada e precisava ser corrigida. Pensando bem, eu estava muito envergonhada para admitir o meu erro em interrompê-lo, mesmo acreditando *de verdade* que a caça à raposa seja cruel. Então, para salvar minha autoestima, tentei mudar de assunto para um tópico mais lisonjeiro: o fato de que eu estava certa e ele errado. Isso apenas piorou as coisas, é claro, porque o Rupert agora sofria um golpe duplo: tinha sido humilhado na frente de seu amigo e, ao mesmo tempo, era insultado por sua esposa. As coisas começaram a esquentar a partir daí.

Felizmente, antes de as coisas irem longe demais, consegui gritar um "pausa para autocompaixão!" entre o fogo cruzado das nossas metralhadoras. Levou alguns minutos para que ambos fechássemos os olhos e nos enviássemos compaixão. Percebi que era simplesmente humano da minha parte querer expressar minha opinião sobre um tema tão sensível para mim. Eu não estava tentando calar o Rupert, estava apenas sendo levada pelo meu entusiasmo. Uma vez que minha postura defensiva se suavizou, eu me perdoei por sair da linha e fui capaz de me desculpar adequadamente. "Sabe, você está certo. Foi muito rude da minha parte ficar te cortando e deve ter sido terrivelmente frustrante para você. Peço desculpas, mesmo que eu ainda não concorde com a sua opinião. Na verdade, você estava apresentando pontos válidos, e eu não estava aberta a considerá-los".

Rupert, por sua vez, tinha se dado compaixão pela frustração que sentiu, então, quando validei seus sentimentos e seu ponto de vista, ele estava pronto para aceitar o meu pedido de desculpas. Não sentia mais que precisava se defender e estava com uma estrutura mental mais receptiva depois de ter se acalmado e se confortado. Na verdade, ele admitiu que muitos dos meus pontos também eram válidos, e acabamos tendo uma discussão realmente produtiva sobre os males *e* os benefícios da caça à raposa, e nos aproximamos de um consenso sobre o assunto, o que eu achava ser impossível. Rupert desistiu da caça à raposa naquele ano, mas não para me acalmar. Seu próprio senso de compaixão permitiu que ele sentisse mais vínculo com as raposas do que com a cultura na qual havia crescido. Ele ainda pratica hipismo em todo país, mas sem o dilema moral de ter que caçar um animal.

Às vezes, quando Rupert e eu estamos em conflito, as questões vão mais fundo do que egos machucados ou um conceito moral abstrato, tal como a caça à raposa. A maioria das pessoas desenvolve padrões inúteis para reagir nos relacionamentos, que são tipicamente formados em resposta a traumas de infância. O meu, por exemplo, é o da "menina ferida". Como me senti abandonada por meu pai em uma idade precoce, sentimentos de mágoa e abandono alcançam com bastante facilidade meus relacionamentos com os homens. Esse padrão foi especialmente forte nos primeiros anos da minha relação com o Rupert. Nós nos conhecemos durante a realização de minha pesquisa de dissertação na Índia. Rupert era um escritor de guias de viagem que estava reunindo informações no sul do país. Depois que nos casamos, ele continuou ganhando sua vida escrevendo artigos para revistas de viagem. Apesar de saber que o trabalho de meu marido exigia que ele ficasse muito afastado de casa, ainda agia como se ele estivesse me abandonando quando partia para uma nova missão. Fazia beicinho quando Rupert viajava e ficava de mau humor quando ele voltava. A sensação de ser ferida e abandonada coloria cada uma das minhas expressões.

O padrão de infância de Rupert, por sua vez, é o do "garotinho injustiçado". O seu sofrimento na infância era resultado do tratamento rigoroso dos professores britânicos na escola particular que frequentou – pessoas que, na verdade, deveriam estar preocupadas com o seu bem. Quando tirou uma nota ruim em matemática, por exemplo, foi humilhado publicamente e acabou sendo obrigado a largar o seu curso preferido, de história, como punição – mesmo sendo um excelente aluno nessa matéria. Foi perseguido pelo professor e sofreu *bullying* por parte das outras crianças, que tinham entendido que podiam debochar dele sem problemas. O estresse desse tratamento injusto foi tanto que ele, aos onze anos de idade, ele sofreu um colapso nervoso e passou três meses na cama.

Quando Rupert tinha que sair para uma viagem de negócios (trabalho necessário para ajudar no nosso sustento como casal) e eu agia como se estivesse ferida, rapidamente pressionava o botão "isso é injusto!". Em vez de aliviar minha insegurança, Rupert ficava irritado e chateado com meu comportamento. Do seu ponto de vista, minhas reações eram uma crítica grosseiramente injusta, porque ele não tinha feito nada de errado. Seus sentimentos, como os meus, eram exagerados. Nossas reações eram desmedidas por conta do poço de dor mais fundo do que das circunstâncias particulares do momento.

Felizmente, como o Rupert e eu tínhamos firmado um compromisso com a autocompaixão, por fim fomos capazes de nos libertarmos das nossas infâncias traumatizadas. Esse foi um grande desafio, porque nossos padrões complementares significavam que ambos tendíamos a estar simultaneamente sob a influência de um trauma irracional. Ainda assim, se um de nós não se lembrasse de iniciar o processo da autocompaixão durante o conflito, o motor que dirigia nossas reações negativas começaria a funcionar a todo vapor. A minha menina ferida tinha suas necessidades satisfeitas pelos sentimentos de cuidado e aceitação – só assim reconhecia que não estava sendo realmente abandonada. Da mesma forma, o garotinho injustiçado de Rupert começava a se acalmar e deixava sua raiva ir embora para perceber que minhas reclamações não eram, na verdade, uma crítica pessoal. Uma vez que fomos capazes de tratar nossos padrões infantis com compaixão, pudemos nos concentrar no que realmente estava acontecendo aqui e agora, e nosso conflito se resolvia mais facilmente. Os votos que fizemos de sermos mais autocompassivos para ajudarmos um ao outro foi uma das melhores coisas que já fiz.

Exercício dois
Fazendo uma pausa para a autocompaixão

> Na sua próxima discussão acalorada com um parceiro, tente fazer uma pausa para a autocompaixão. É melhor se ambos concordarem em fazê-la, mas mesmo que seu parceiro não embarque nessa ideia, fazer uma pausa para se oferecer compaixão durante um conflito pode ser extremamente útil. O mais difícil é reunir consciência suficiente para se lembrar de fazer uma pausa. Muitas vezes estamos tão envolvidos na trama que impulsiona o conflito que nada mais entra em nossa consciência. Com a prática, no entanto, você pode usar a dor envolvida para lembrar que precisa de autocompaixão.

Durante a pausa, vá para um lugar onde você possa ficar sozinha por alguns minutos (até o banheiro, se necessário). A primeira coisa a fazer é colocar o motivo da briga em si em suspenso. Sua tarefa agora é apenas aliviar seu estado desapontado, validando suas emoções. Diga a si mesmo "está realmente difícil agora" (mais uma vez, o seu mantra de autocompaixão será útil aqui). Uma das principais causas de sofrimento num conflito é o desespero de ambas as partes em apresentar seus argumentos, de forma que o outro nunca se sente ouvido ou validado. Além disso, cada um se sente desprezado e rejeitado pelo tom irritado do outro. Portanto, ouça e valide a si mesmo primeiro. Aceite-se e cuide-se em primeiro lugar. Essa é uma grande ajuda para administrar a sua reatividade emocional e alcançar uma estrutura mental mais pacífica.

Quando terminar a pausa, você será capaz de se engajar com o seu parceiro de maneira mais construtiva. Se puder, tente expressar pelo menos uma emoção positiva para o seu parceiro: uma risada, um sorriso, uma palavra amável ou uma declaração de que você entende o que seu parceiro está dizendo. Isso pode ajudar consideravelmente a dinâmica do conflito e transformá-lo em uma discussão produtiva.

A autocompaixão dá uma força incrível para os relacionamentos românticos. Quando paramos de depender de nossos parceiros para atender a todas as nossas necessidades emocionais, com todo o amor e a aceitação que queremos, tornamo-nos menos sufocantes, carentes e dependentes. Quando lembramos que somos apenas humanos, podemos admitir nossos erros e falar sobre as coisas com maior calma e clareza. Por sermos gentis e cordiais conosco, posicionamo-nos num espaço emocional melhor para oferecer suporte à pessoa que amamos.

A autocompaixão na cama

A autocompaixão não leva apenas à satisfação e à validação mútua das relações românticas: também pode melhorar a vida sexual de um casal. É um bônus. O sexo é uma forma incrível de nos sentirmos vivos, apaixonados e conectados. É também uma das atividades mais prazerosas na qual podemos nos envolver como adultos. Então por que nossa sociedade é tão esquizofrênica com esse tema? Embora haja imagens eróticas em toda parte, as pessoas têm dificuldade em lidar com o sexo de maneira aberta e honesta. Há uma vergonha incrível associada à sexualidade, especialmente para as mulheres. Mesmo para aqueles criados após a revolução sexual dos anos 1960, a sociedade envia a mensagem de que o valor e a autoestima de uma mulher residem na sua capacidade de se manter sexualmente pura. Uma mulher que gosta bastante de sexo é chamada de... Bem, nós sabemos do que ela é chamada.

Já foi pior, é claro. As mulheres já não precisam mais casar virgens, mas ainda há duas verdades. Homens com múltiplas parceiras sexuais são elogiados por serem pegadores, enquanto as mulheres são condenadas se adotarem o mesmo comportamento. Há poucos modelos de mulheres orgulhosas e sem remorso sobre sua sexualidade. A personagem Samantha em *Sex and the City* é um bom exemplo. Sabe qual é o seu ponto de vista sobre sexo no início de um relacionamento? "Não banque a difícil com um homem difícil de se ter". Samantha é tão engraçada porque é corajosa o suficiente para celebrar algo que é geralmente desaprovado.

Por outro lado, uma mulher que faz sexo no primeiro encontro porque quer que ele goste dela, e não porque a ação reflete sua autêntica sexualidade, *está*, de fato, se desvalorizando. Se uma mulher baseia seu senso de autoestima em quantas cantadas ela recebe enquanto anda de seu salto agulha (Jimmy Choos ou não), ela está se vendendo por pouco, porque sua autoestima depende da forma como o mundo a vê, não vem de dentro. Usar o sexo como um meio para obter a autoestima pode levar a más decisões, além de poder torná-la emocionalmente vulnerável. "Por que ele não me liga de volta? Não fui boa o suficiente?"

As adolescentes enfrentam um desafio especialmente difícil quando se trata de sexualidade e autoestima. Por um lado, a adolescência é cada vez mais sexualizada na nossa sociedade. Dê um passeio em qualquer *shopping center* e verá meninas com as tirinhas das tangas para fora dos jeans de cós baixo e sutiãs rendados com enchimento claramente visíveis debaixo de camisetas de tecido tão fininho quanto papel. Não apenas adolescentes. De acordo com Diane Levin e Jean Kilbourne, as autoras do livro *So Sexy So Soon (Tão Sexy, Tão Cedo)*, até mesmo meninas pré-púberes estão vestindo minissaias, tangas e sutiãs acolchoados. A mensagem? O seu valor está no que você tem, e você deve ostentar os seus atributos. A música que os jovens ouvem reforça a noção de que as meninas são, antes de mais nada, um objeto sexual. Aproximadamente dois terços das canções populares que focam o sexo têm letras que degradam as mulheres. Como a música dos Ying Yang Twins: "Dizem que uma boca fechada não é alimentada. Então eu não me importo de pedir a sua cabeça. Você ouviu o que eu disse, temos de ir para a cama". O adolescente normal escuta em média duas horas e meia de música por dia.

Para algumas mulheres jovens, o sexo por si só está se tornando menos significativo. No seu livro *Unhooked* (em português, Sem Compromisso), Laura Sessions Stepp documenta como "ficar" é a norma em muitas escolas e universidades. Não é mais legal querer sexo no contexto de um relacionamento emocionalmente íntimo de longo prazo. Em reação à misoginia galopante, algumas meninas estão respondendo na mesma moeda. Uma delas colocou dessa forma: "Às vezes, você só quer ferrar com eles antes que ferrem com você". Stepp conta a história de uma garota chamada Nicole, que fez sexo com um cara no quarto dele depois que ele lhe enviou uma mensagem convidando-a para um encontro. "Algumas horas depois, enquanto Nicole se preparava para sair, o rapaz perguntou: 'O que faremos agora?'... "Nada", disse ela. "Já tive o que eu queria".

Ao mesmo tempo em que as normas sexuais parecem estar ficando mais soltas, o oposto é uma tendência paralela. Se olhar de perto, verá que muitas das meninas no *shopping* que usam botas de cano alto e *tops* curtos também ostentam anéis de pureza. Quase um quarto das adolescentes (e cerca de um sexto dos meninos) assumiu o compromisso de abstinência sexual até o casamento. Alguns construíram carreiras bem-sucedidas sendo virgens, como Britney Spears, Jessica Simpson e Brooke Shields. Essas jovens estrelas, em grande parte, tornam-se populares por mostrar o máximo do seu corpo possível, posando de forma provocante para a câmera, mas entusiasmando-se com a importância da castidade. As mensagens conflitantes sobre sexo têm suas consequências. Vários estudos descobriram que os jovens que fazem promessas de virgindade são tão propensos a ter relações pré-nupciais quanto os outros, mas têm *menos* hábito de usar preservativos e *mais* tendência a praticar sexo anal e oral (modalidades que, tecnicamente, não contam).

As meninas e as mulheres na nossa sociedade têm muita dificuldade de se relacionar com a sua sexualidade de forma saudável. Somos feitas para sentir vergonha do sexo, seja pelo excesso ou pela escassez.

A autocompaixão pode nos ajudar a desenvolver uma forma mais saudável e mais autêntica de nos relacionarmos com o sexo. Em primeiro lugar, ao darmos apoio e estímulo focando nossa sexualidade, independentemente da nossa orientação ou dos nossos gostos, podemos deixar de ser vítimas da vergonha sexual. Não precisamos nos julgar de acordo com as confusas normas sexuais da sociedade. Alguns são heterossexuais, alguns homossexuais, alguns bissexuais, outros trissexuais (como em "vou tentar qualquer coisa"). Algumas pessoas querem sexo o tempo todo, outras apenas ocasionalmente. Algumas pessoas optam por permanecer virgens até o casamento, outras não. Algumas pessoas querem o celibato ao longo da vida, outras, a monogamia, outras, a monogamia serial, outras, a poligamia. Alguns casais são platônicos e não fazem sexo. Não há certo ou errado nesse assunto, apenas o que é saudável para cada indivíduo ou casal. Se negarmos nossa natureza, e o desejo sexual certamente encontra-se no cerne da natureza humana, não teremos um relacionamento sexual saudável. E, portanto, também não teremos relacionamentos românticos saudáveis. O bem-estar não pode ser alimentado com mentira.

Quando nos entregamos à compaixão, quando nos importamos conosco e cuidamos do nosso bem-estar, podemos começar a nos esquecermos das definições restritas da sociedade sobre o comportamento social adequado de homens e mulheres. Podemos começar a amar e aceitar a nós mesmos exatamente como somos, e podemos expressar nossa sexualidade de maneira satisfatória. Em seu livro *The Soul Beneath the Skin: The Unseen Hearts and Habbits of Gay Men* (em português, A alma sob a pele: os corações e hábitos invisíveis dos gays), o autor, David Nimmons, argumenta que os homens homossexuais são provavelmente os mais liberados nesse sentido. Como já tiveram que desafiar a convenção social, têm mais chances de encontrar apoio em suas comunidades para a autenticidade sexual, seja ela qual for.

O mais importante é honrar a vivacidade apaixonada que resulta do encontro de almas humanas. O que é certo para uma pessoa pode não o ser para outra, por isso é irracional esperar que todas as pessoas sigam um único padrão "aceitável" de sexualidade. Nossas escolhas devem resultar do nosso desejo interno para a felicidade, e não da pressão social para nos adequarmos aos moldes alheios.

Exercício três
Liberando-se da vergonha sexual

Observe atenta e honestamente o seu eu sexual. Você aceita totalmente seus desejos? Existe alguma coisa pela qual você se sente envergonhado ou se julga? Em primeiro lugar, dê-se compaixão pelo julgamento que você está enfrentando. Perceba que quase todas as pessoas se envergonham de seus pensamentos sexuais. Tenha compaixão por esse aspecto comum da experiência humana. Libere sua culpa e dê a si mesmo compaixão pela dificuldade de ser um ser sexual na nossa sociedade sexualmente conflitante e confusa.

Então, é importante perguntar se os sentimentos negativos que você tem a respeito de sua sexualidade vêm do fato de que você está, de alguma forma, prejudicando a si mesmo ou se eles se originam principalmente de convenções sociais. Você sente vergonha principalmente porque a cultura diz que você não deve ser do jeito que é? Ou porque de fato há um aspecto pouco saudável na sua sexualidade, que lhe prejudica ou prejudica os outros? Seus impulsos sexuais realmente fazem você se arrepender? Enquanto pensa na sua sexualidade, tente determinar o que lhe é autêntico. Lembre-se: todos os seres humanos são sexualmente diferentes, mas compartilhamos do sofrimento quando a nossa sexualidade entra em conflito com ditames sociais em algum momento das nossas vidas. Se quiser fazer mudanças em sua vida sexual, certifique-se de que suas decisões sejam impulsionadas pelo desejo de ser saudável e feliz. A sexualidade autêntica indica a aceitação e a validação de todos os seus sentimentos sexuais e satisfaz seus desejos de uma forma que o ajuda a crescer e florescer.

Quando nos aceitamos (o que inclui nosso corpo e nossa sexualidade), abraçando-nos com bondade, também melhoramos diretamente a nossa resposta sexual. Embora esta seja uma nova área de pesquisa, evidências sugerem que as mulheres autocompassivas estão mais em contato com seu corpo. Um estudo reuniu um grupo de estudantes universitárias do sexo feminino durante 15 semanas para um curso de formação sobre atenção consciente e um outro grupo de controle. Os pesquisadores descobriram que o grupo da atenção consciente aumentou seu nível de autocompaixão em relação ao de controle, um resultado consistente com outras pesquisas. No entanto, os resultados também mostraram que o aumento da autocompaixão foi associado com reconhecimento mais rápido dos sentimentos sexuais. Quando foram apresentadas a imagens eróticas, as mulheres autocompassivas perceberam mais rápido quando estavam excitadas, sugerindo que a autocompaixão pode ajudá-las a ter mais sintonia com seu corpo e mais conforto com sua sexualidade.

A autocompaixão também pode melhorar a nossa vida sexual de outra maneira – ajudando a curar as feridas da infância que invadem o quarto. Mais uma vez, esse problema pode ser especialmente marcante para as mulheres. Devido ao fato de que metade de todos os casamentos termina em divórcio e a maioria dos filhos de pais divorciados é criada por mães solteiras, um grande número de meninas são privadas do amor e da atenção paternos enquanto crescem. O padrão "menininha ferida" causado por essa privação é incrivelmente comum, e eu sei que não sou, de forma alguma, diferente por sofrer com isso. No entanto, sei também que esse padrão pode interferir na intimidade sexual. O sexo nos abre psicológica e espiritualmente e, por isso, tende a expor velhas feridas relacionadas com a carência afetiva. Essa carência e ânsia de validação são quase tão *sexies* quanto um cobertor molhado e frio.

MINHA HISTÓRIA: A CURA SEXUAL

No início da minha relação com Rupert, eu inexplicavelmente mudava da deusa do sexo à menina ferida num piscar de olhos. Suspiros de paixão de repente viravam soluços de tristeza, sem aviso prévio. Isso era, no mínimo, desconcertante para o meu parceiro. Era como se, ao receber o amor e a intimidade tão desejados, os velhos medos de não ser amada e de ser rejeitada se sentissem seguros o bastante para quebrar as barreiras até a minha atenção consciente. Por causa do nosso compromisso com a autocompaixão, tentávamos usar essas ocasiões como oportunidades de cura. Em vez de ter vergonha do meu comportamento decididamente *não sexy*, com o incentivo de Rupert, eu era capaz de me concentrar no sofrimento que estava experimentando no momento e no desejo de melhorar esse sofrimento. Ambos concentrávamos toda a nossa atenção, acalmando as emoções do meu eu ferido, tendo compaixão pelas cicatrizes profundas, ainda embutidas na minha psique. Houve um período de vários meses em que isso aconteceu frequentemente, e Rupert, que Deus o abençoe, foi completamente solidário.

O que aconteceu pode parecer estranho e pode ser interpretado em um nível metafórico, mas, quando fazíamos amor focando na cura da "menininha ferida", era como se nós também estivéssemos curando as feridas de inúmeras mulheres antes de mim. Eu tenho imagens mentais claras de mulheres passando pelo meu corpo e sendo liberadas, e senti profundamente o contato com a dor causada a elas ao longo da história. Reprimidas, suprimidas, usadas, abusadas, desvalorizadas, sem forças e abandonadas: tantas almas precisando de cura! Quando nos concentrávamos na libertação dessas almas feridas, Rupert e eu caíamos numa espécie de transe, transformando o sofrimento através do poder da compaixão – o meu próprio e inúmeros outros. Depois de meses de dedicação consciente no nosso ato sexual, parei de ver essas imagens mentais de mulheres sofridas. O ciclo parecia ter terminado, a cura estava completa. E, surpreendentemente, a menina ferida nunca mais voltou ao nosso quarto, pois está segura de que era e é amada. Felizmente, a deusa do sexo ainda gosta de aparecer de vez em quando.

Parte cinco
A alegria da autocompaixão

Capítulo doze:
A borboleta emerge

*Quanto mais profunda a tristeza esculpida em seu ser,
mais alegria você pode conter.
O mesmo cálice que contém o vinho,
não é aquele que foi queimado no forno do oleiro?*
Kahlil Gibran - *O Profeta*

A autocompaixão tem o poder de transformar radicalmente a nossa realidade mental e emocional. Assim como os alquimistas antigos procuravam usar a pedra filosofal para transformar o chumbo em ouro, podemos usar a autocompaixão para tornar o sofrimento em alegria. Mudando a maneira como nos relacionamos com a nossa própria imperfeição e dor, podemos alterar a nossa experiência de vida. Embora tentemos, não conseguimos controlar a vida de modo que ela seja exatamente como queremos. O indesejado e o inesperado acontecem todos os dias. No entanto, quando envolvemos o nosso sofrimento no casulo da compaixão, algo novo emerge. Algo maravilhoso, refinado, belo.

SINCERIDADE

Quando nos damos compaixão, estamos abrindo nossos corações de forma transformadora. O que significa ser sincero? Usamos essa expressão o tempo todo, mas o que ela realmente significa? No estado de receptividade emocional da sinceridade, até mesmo o desagradável ou as experiências negativas são realizados com preocupação solidária. Quando beijamos o dodói no dedo ferido de uma criança ou ouvimos com empatia os problemas de um querido amigo – em outras palavras, quando sentimos compaixão –, experimentamos um calor interno irradiando do nosso peito para fora. Esse sentimento é o que nos permite saber que nosso coração está aberto. E como é essa sensação? Muito, muito boa! Quando a compaixão flui através das nossas veias, sentimos o que temos de melhor e vibramos – conectados, vivos, "ligados". Quando desbloqueamos o nosso coração, novas experiências ficam livres para emergir: experiências de amor, coragem e possibilidade ilimitada.

Quando nossos corações estão fechados, no entanto, permanecemos insensíveis às tristezas da vida. À medida que calamos a dor, também nos enclausuramos. O medo de ser oprimido por emoções negativas leva a um ajuste meramente externo, de modo que conseguimos apenas sentir um aperto no fundo do peito. O preço pago para proteger nosso coração é cortar nossa própria força vital. Sentimos frio, vazio, infelicidade e profunda insatisfação. Quando a nossa dor vem do autojulgamento negativo, os nossos corações estão ainda mais propensos a se fechar; nesse momento sentimos que, de alguma forma, não somos bons o suficiente. Somos, muitas vezes, incrivelmente insensíveis quando nos relacionamos com as nossas próprias falhas e imperfeições. Isso significa que, na maior parte do tempo, fechamos a porta do nosso coração na nossa própria cara.

Felizmente, quando decidimos cuidar de nossa humanidade imperfeita com compaixão, tudo muda. Ao responder à nossa própria dor com um sentimento de bondade e conexão, acalmando-nos e confortando-nos quando somos confrontados com a nossa imperfeição ou com a imperfeição da vida, estamos criando novas emoções positivas. Em vez de nos sentirmos inadequados, também nos sentimos *conectados por esse aspecto comum da experiência humana*. Em vez de sentirmos apenas tristeza, agora somamos a ela *a ternura doce da preocupação com uma ferida que precisa de cura*. Em vez de sentirmos apenas medo, também sentimos *conforto, graças à nossa própria bondade e carinho*. Ao nos relacionarmos conosco de forma compassiva, acolhemos as nossas emoções negativas no abraço caloroso de um sentimento bom.

Isso significa que, dentro de cada momento de angústia, reside escondido o potencial de contentamento. A dor pode ser a porta para a felicidade, porque a sensação de ser amado, cuidado e de estar conectado é o que nos faz verdadeiramente felizes.

Lembro-me de quando percebi o potencial da autocompaixão para transformar experiências dolorosas difíceis em agradáveis. Foi no meu último ano de pós-graduação na Berkeley, uns dois meses depois de aprender sobre a autocompaixão no meu grupo de meditação semanal. Eu estava com um humor particularmente ruim. Meu então futuro-ex-marido, John, tinha acabado de me ligar para dizer que pessoa repugnante e horrível eu era, e acabei desligando na cara dele no meio da discussão. Rupert tinha viajado para executar um trabalho e tínhamos discutido na manhã em que ele viajara, e, assim, as coisas entre nós ficaram com um tom amargo. O prazo para a apresentação do projeto final da minha dissertação aproximava-se rapidamente. Eu estava atrasada no meu trabalho e me perguntava seriamente se eu tinha real capacidade de torná-lo um trabalho acadêmico. Será que eu vou conseguir um emprego "de verdade"? Terei uma vida feliz, sem complicações? Eu estava enrolada numa bola apertada de insegurança, medo e autoaversão.

E, então, lembrei-me da autocompaixão. *Pode repetir o que o professor disse? Refleti. Ah, sim, isso mesmo, em primeiro lugar, apenas esteja consciente do que está enfrentando. Observe cada pensamento e emoção. Como surgem? Descreva-os com delicadeza, sem tentar resistir a eles ou afastá-los. Certo, acho que posso fazer isso. Vamos ver. Vergonha, sensação de aperto na garganta, pressão, dor no meu estômago. Sensação de peso: afundando, afundando. Medo, pressão na parte de trás da minha cabeça, coração batendo rápido, dificuldade de respirar... Tudo bem, agora tente dar-se compaixão porque é difícil se sentir assim agora. Humm. Não consigo sentir nada. Vou tentar me dar um pequeno abraço... Calor. Formigamento quente subindo pelos meus braços. Suavidade. E, então, vieram as lágrimas. Descobri poços profundos de tristeza quando me permiti sentir realmente como aquele momento estava difícil. Está tudo bem, está tudo bem. A vida é difícil às vezes, tudo bem. Todo mundo tem esses momentos. Eu estou aqui para você, eu me preocupo com você. Não é tão ruim, isso vai passar. Amolecimento no meu peito e na garganta. Ondas pequenas de felicidade se espalhando no meu rosto. Tranquilizando. Tranquilizando. Tudo quieto.*

Cada vez que um novo sentimento doloroso surgia, mantinha-o na minha consciência dessa forma, descrevendo-o mentalmente e enviando-me compaixão. E então, segurava o sentimento da compaixão em minha consciência, descrevendo-o e sentindo-o em meu corpo, saboreando como é bom ser cuidada. Depois que as coisas se acalmavam, outra sensação dolorosa logo surgia, e eu passava por todo o ciclo novamente. Foi assim durante cerca de uma hora.

No entanto, depois de um tempo, percebi que a minha experiência predominante não era mais desagradável. A mudança estava em andamento. Em vez de estar presa na dor, minha consciência cada vez mais repousava no sentimento de amor, bondade e conexão que seguravam a dor. Assim como acontece normalmente, a própria dor começou a amolecer, a preocupação a sumir, e eu comecei a sentir uma leveza no meu corpo. Foi, talvez, a primeira vez em que abri meu coração para mim e comecei a me sentir quase tonta, como se tivesse bebido a primeira taça de champanhe da minha vida. Talvez fosse mais como beber um copo de vinho tinto de boa safra: tinha um sabor rico, profundo, picante e complexo. Senti-me centrada, estável, em paz. Percebi que as belas sensações que eu estava experimentando não dependiam das coisas acontecerem do jeito que eu queria. Não dependiam de elogios ou de sucesso ou de eu ter um relacionamento perfeito. Meu coração era um poço profundo e eu poderia saciar a minha sede a qualquer momento – ironicamente, seria *muito* mais provável eu me lembrar de beber desse poço quando as coisas estivessem difíceis. Eu tinha encontrado algo que mudaria a minha vida para sempre – e não poderia estar mais agradecida.

Exercício um
Transformando a negatividade

> A próxima vez que você se encontrar sob o domínio de emoções negativas, tente gerar algumas emoções positivas para acompanhá-las. Você pode usar as seguintes frases quando estiver preso na negatividade, projetando-as para validar seus sentimentos e concentrando-se no seu desejo de ser feliz, ao mesmo tempo:

É difícil sentir (nome do sentimento) no momento.
Sentir (nome do sentimento) é parte da experiência humana.
O que posso fazer para ficar mais feliz neste momento?

A primeira frase reconhece a dificuldade de ter emoções negativas de forma compassiva. A segunda é um lembrete de que as emoções negativas são uma parte normal e natural do ser humano e, portanto, não devem ser julgadas. A terceira ajuda a entrar em contato com o seu desejo de ser feliz. Isso pode permitir que você amplie o seu foco, encontrando formas criativas para redefinir seus botões. Você pode tomar um banho quente ou considerar o que está bom na sua situação atual (quase sempre há algo de bom em qualquer momento). Essas medidas devem ser tomadas para resistir a um estado de espírito negativo, além de manter a saúde e o bem-estar que você quer.

Assim que disser essas frases, o seu humor negativo pode começar a ir embora, sendo substituído por um sentimento de calmo contentamento. Você pode até mesmo ser capaz de levar tudo isso com senso de humor, e nada melhor para acabar com o mau humor do que uma boa risada. Woody Allen fez sua carreira ironizando o pessimismo e disse: "E se tudo for uma ilusão e nada existir? Nesse caso, eu definitivamente paguei muito pelo meu tapete".

Mente aberta

A autocompaixão não abre apenas nossos corações, mas também nossas mentes, liberando nossas percepções do aperto da negatividade. Quando estamos perdidos no julgamento negativo, automaticamente diminui a nossa consciência sobre o que há de errado conosco e com as nossas vidas. Só vemos uma mancha de imperfeição, tomando por certo a beleza e a maravilha do quadro mais amplo.

O objetivo da evolução das emoções negativas é estimular ações que irão nos ajudar a sobreviver, provocando impulsos poderosos, conhecidos como *tendências à ação específica*. A raiva, por exemplo, cria o desejo de atacar; o medo gera o desejo de escapar; a vergonha desperta o instinto de se esconder e assim por diante. Quando somos pegos no aperto das emoções negativas, parece haver uma única opção. Quando um urso está nos encarando, não temos tempo para deliberar sobre as nossas opções. Agimos ou morremos. Essa tendência vem a calhar quando somos ameaçados por carnívoros peludos, mas não é tão útil quando os nossos problemas são menos ligados a um risco de vida (como quando um carrinho de compras do supermercado arranha nosso automóvel novo no estacionamento). As emoções negativas estreitam a nossa visão de mundo a tal ponto que não conseguimos ver as outras possibilidades bem debaixo do nosso nariz. Como disse Helen Keller: "Quando uma porta para a felicidade se fecha, outra se abre. No entanto, muitas vezes olhamos para a porta fechada por tanto tempo que não percebemos a outra que nos foi aberta."

Quando nos damos compaixão, abraçando a nossa decepção com gentileza, conectados e com consciência atenta, a porta se abre novamente. Quando nos acalmamos e nos confortamos, fornecendo-nos a sensação de segurança, alcançamos a coragem de finalmente espiar para fora da caverna onde nos escondemos e vermos o que há lá fora. Mais frequentemente do que pensamos, as coisas não são tão ruins quanto temíamos, e começamos a perceber coisas sobre nós e sobre nossas vidas que são realmente muito boas.

A mentalidade calma e esperançosa fornecida pela autocompaixão pode gerar um espiral ascendente de emoções positivas que nos liberta do medo e melhora a nossa qualidade de vida. A importante psicóloga social, Barbara Frederickson, autora do livro *Positivity (Positividade)*, propôs uma teoria chamada ampliando-e-construindo para explicar como tudo funciona. Barbara argumenta que as emoções positivas permitem que tiremos *vantagem* das oportunidades, em vez de simplesmente *evitarmos* os perigos. As emoções positivas, em vez de estreitarem a nossa atenção, fazem exatamente o oposto. Por meio delas, nós nos sentimos tão calmos e seguros que ficamos mais abertos a novas experiências. Bons sentimentos também aumentam o nosso senso de conexão e a confiança nos outros. Como diz Frederickson: "A positividade nos abre. A primeira verdade essencial sobre as emoções positivas é que elas abrem nossos corações e mentes, tornando-nos mais receptivos e mais criativos."

Primeiro, consideremos como as emoções negativas interferem na nossa capacidade de ver as coisas com clareza e como nos impedem de tomar decisões sábias. Imagine que você está atrasada para o trabalho e ainda tem de passear com o cachorro antes de sair. Você está estressada e com raiva de si por não ter levantado mais cedo. Pega a guia e tenta colocá-la na coleira do Fido – a guia em uma mão, a xícara de café na outra. Atormentada como está, não consegue atrelar a guia no anel da coleira, levando três vezes mais tempo do que o normal. Além disso, a demora é tanta que Fido pensa que você está inclinando-se para lhe dar um abraço. Animadamente, ele tenta lamber o seu rosto e acaba derramando seu café no chão da cozinha. Você prajueja, limpa o chão e puxa o cão para fora da porta. Você está impaciente e mal-humorada. *Esse cachorro não vai fazer? Já estou 15 minutos atrasada.* Quando ele finalmente faz suas necessidades, mira bem no meio da calçada. Você procura na bolsa os saquinhos descartáveis para recolher o cocô e descobre que se esqueceu de trazê-los por causa da pressa. Cinco minutos, dez folhas e 15 caretas depois, você consegue limpar a bagunça. Quando finalmente chega em casa, vai pegar a chave do carro no compartimento da bolsa onde normalmente a deixa. Mas a chave não está lá. Você olha uma, duas, três vezes e fica cada vez mais frustrada. Finalmente, despeja todo o conteúdo da bolsa apenas para descobrir que a chave do carro está, na verdade, no compartimento de trás. Quando finalmente começa a trabalhar, está meia hora atrasada e perdeu o início da reunião diária com sua equipe. Você entra timidamente e tenta encontrar uma cadeira enquanto todos olham na sua direção. Você queria ser invisível. Sua mentalidade negativa deixou-a desajeitada e ineficiente, além de colocá-la em apuros com seu chefe. E é provável que seu dia ainda piore.

Agora considere como esse cenário poderia ter sido se você tivesse focado no lado positivo. Você está atrasada para o trabalho e tem de passear com o cachorro antes de sair. Mesmo tendo dormido um pouco demais, sente-se grata pelos poucos minutos extras de sono. Serve uma xícara de café apreciando seu aroma. Saboreia por um tempo os primeiros goles e percebe que provavelmente deve bebê-lo em uma caneca tampada enquanto leva Fido para sua caminhada. Você pega a guia e a prende na coleira do Fido – guia numa mão, xícara de café na outra. Ao fazê-lo, Fido tenta lhe dar um beijo. Você coloca seu café no chão (felizmente servido em uma caneca para viagem, do tipo que não derrama), dá uma batidinha atrás das orelhas do Fido, e de forma rápida e fácil atrela a guia à coleira. *Meu cão querido é tão bom companheiro!*, você pensa consigo mesma. Sai com calma e lembra-se de pegar os sacos para recolher o cocô do cachorro. A manhã está linda e brilhante e você desfruta completamente da sua breve caminhada. Assim que Fido termina de fazer cocô, você limpa a sujeira e volta logo para casa. Procura a chave do carro na sua bolsa. *Onde está? Eu sempre coloco no bolso da frente. Ai, sim. Certo. Coloquei-as no bolso de trás para que pudesse sair mais rápido. Sou mais inteligente do que pensava!* Você chega ao escritório com apenas dez minutos de atraso e cinco minutos antes da reunião matinal do seu grupo de trabalho. Está com o espírito elevado quando a reunião começa, especialmente quando o seu chefe aprova a sua solução criativa para um dos problemas. A mentalidade positiva a ajuda a ser hábil, cuidadosa e eficiente em suas ações e, provavelmente, vai conduzi-la nesse dia, que está ficando cada vez melhor.

Todos nós, em certo momento, já precisamos nos desdobrar como no primeiro cenário e, felizmente, também nos desdobramos muitas vezes como no segundo. Quando estamos com o estado mental negativo, parece que tudo dá errado. Quando estamos com o estado de espírito positivo, no entanto, as coisas seguem com mais suavidade. A pesquisa de Frederickson desvenda a mágica por trás desse processo. As emoções negativas tendem a limitar a nossa atenção de tal forma que não vemos o óbvio e cometemos erros, causando a nós mesmos esforço extra e problemas. As emoções positivas, por outro lado, tendem a alargar a nossa atenção para que possamos perceber detalhes úteis e ter ideias criativas, maximizando o nosso raciocínio e as nossas habilidades de tomada de decisão e de enfrentamento.

Exercício dois
Uma caminhada prazerosa

Dê uma caminhada prazerosa de 15 a 30 minutos. O melhor é caminhar na natureza, mas toda a caminhada ao ar livre vale a pena (por exemplo, no caminho do seu escritório para o estacionamento). O objetivo é observar a maior quantidade possível de coisas agradáveis, de modo a gerar uma estrutura mental otimista. Quantas coisas felizes, bonitas ou inspiradoras você pode notar enquanto está andando? O dia está bonito? Se estiver chovendo, pode se concentrar nas qualidades vitais da chuva? Veja se há plantas ou flores belas. Escuta o canto dos pássaros? Um esquilo? Sente algum aroma agradável? O que há de bom na experiência de caminhar em si? Você pode entrar em contato com a maravilha de ser capaz de andar, de sentir a terra debaixo de seus pés? Como são as pessoas no seu caminho? Existem namorados de mãos dadas, amigos rindo, uma mãe com seu filho pequeno? Se estiver sorrindo nesse momento (e provavelmente estará depois de gerar tais emoções positivas), você está recebendo sorrisos de volta? Talvez receba até mesmo um "Olá!". Muito do nosso estado mental depende da nossa intenção de notar o bem. É ela que rega as sementes de felicidade.

Recentemente, Fredrickson e seus colegas ficaram interessados em como os sentimentos de compaixão ajudam a cultivar emoções positivas. Realizaram um estudo no qual os participantes foram ensinados a fazer a meditação da benevolência descrita no Capítulo 9. Cinco dias por semana, durante dois meses, os participantes geraram sentimentos de bondade para si, para pessoas próximas, conhecidos, desconhecidos e, finalmente, a todos os seres vivos.

Em comparação com um grupo de controle (que se inscreveu para o curso de meditação, mas ainda não o tinha feito), os participantes que praticavam meditação da benevolência relataram sentir emoções mais positivas diariamente, como o amor, a alegria, a gratidão, o contentamento, a esperança, o orgulho, o interesse, a diversão e o respeito. Eles também relataram sentir maior autoaceitação, bem como relações mais positivas com outras pessoas em suas vidas. Curiosamente, os participantes também apresentaram melhor saúde física, relatando menos sintomas de doenças, tais como dores de cabeça, congestão ou fraqueza.

Da mesma forma, um estudo de FMRI por Richie Davidson examinou o funcionamento do cérebro de monges budistas experientes e estudantes voluntários inexperientes, que meditaram sobre a compaixão incondicional para com todos os seres, incluindo eles mesmos. Os resultados indicaram que, durante a meditação, ambos os grupos tinham níveis mais altos de ativação cerebral no córtex pré-frontal esquerdo, região do cérebro associada à alegria e ao otimismo. Os monges, na verdade, tiveram os mais altos níveis de ativação já registrado por cientistas ocidentais. Que monges felizes!

A AUTOCOMPAIXÃO E A PSICOLOGIA POSITIVA

Na última década, psicólogos como Martin Seligman e Mihaly Csikzentmihalyi, se tornaram cada vez mais interessados na maneira como as emoções positivas (o amor, a alegria, a curiosidade e a esperança) podem ajudar a maximizar a saúde e o bem-estar. O movimento, geralmente conhecido como "psicologia positiva", tem seu foco na compreensão dos fatores que levam à saúde mental e não à doença – cultivando pontos fortes em vez de eliminar deficiências. Nossa pesquisa mostra que as pessoas autocompassivas experimentam sentimentos mais positivos em sua vida do que as autocríticas. Elas também relatam ser muito mais felizes. Ironicamente, apesar de a autocompaixão surgir durante experiências de sofrimento, tende a criar estados mentais alegres. Mais uma vez, esse sentimento não apaga as emoções negativas, mas as *acolhe* com cuidado e bondade. Isso desencadeia o "ciclo ampliando-e-construindo" mencionado anteriormente. Como a autocompaixão promove a sensação de segurança, sentimo-nos centrados, conectados, e podemos nos deliciar com o que é maravilhoso nas nossas vidas. Já não nos detemos exclusivamente sobre problemas e limitações. Podemos começar a ir atrás dos nossos sonhos, em vez de simplesmente afastar os perigos.

Nossa pesquisa mostra que as pessoas autocompassivas são muito mais otimistas. O otimismo refere-se à crença de que as coisas vão ficar bem, que o futuro nos reserva coisas boas. Os pessimistas, ao contrário, muitas vezes não se dão ao trabalho de tentar, porque acreditam que tudo vai virar inevitavelmente um desastre (como diz o ditado, você deve sempre pedir o dinheiro emprestado a um pessimista – eles nunca esperam devolução). Os otimistas geralmente trabalham diligentemente na direção dos seus objetivos, certos de que os seus esforços vão dar frutos. As pessoas autocompassivas são mais otimistas, porque sabem que, se houver problema, conseguem sobreviver. Elas têm a força emocional necessária para lidar com o que surgir. Se você é capaz de se confortar cada vez que algo doloroso acontece, ficar centrado e não ter a reação de fugir, pode começar a confiar em si mesmo. Você pode encontrar mais facilmente a coragem interior em tempos difíceis, sabendo que pode passar por quase qualquer coisa com a ajuda de seu próprio apoio compassivo.

Da mesma forma, também descobrimos que as pessoas autocompassivas tendem a ser mais curiosas a respeito da vida. A curiosidade é o motor do crescimento, estimulando-nos a explorar, descobrir e assumir riscos, mesmo quando nos sentimos ansiosos ou desconfortáveis. A autocompaixão nos dá a sensação de segurança e a serenidade necessária para permanecermos abertos quando damos um salto no desconhecido. Permite-nos o refúgio no interesse e na descoberta quando não temos a mínima ideia do que vai acontecer.

Pessoas com autocompaixão também tendem a estar mais satisfeitas com suas vidas, descoberta válida tanto em culturas orientais quanto ocidentais. A satisfação com a vida refere-se a um sentimento geral de contentamento com o desenrolar da sua própria história e à sensação de que a vida tem sentido e valor. Quando você aplica o bálsamo da autocompaixão nas suas feridas (seus fracassos e decepções), pode integrar sua tristeza numa profunda, rica e gratificante aceitação do que significa viver uma vida humana.

CELEBRANDO A EXPERIÊNCIA HUMANA

Sabemos que a autocompaixão gera sentimentos positivos que maximizam a saúde e o bem-estar. Essas emoções positivas não exigem que você *finja* que a realidade é outra, e isso é incrivelmente maravilhoso. Em vez disso, a autocompaixão lhe permite ampliar sua perspectiva, para que possa apreciar plenamente e reconhecer todos os aspectos da vida, tanto os maus quanto o bons.

A vida verdadeiramente agradável e satisfatória é variada e diversificada – uma polifonia, não uma monotonia. Imagine que só existissem suas dez canções favoritas para ouvir. Só isso. Para todo o sempre. Você iria querer pular da janela de tanto tédio. Para manter as coisas interessantes, precisamos de contraste e variedade em nossas vidas. O ideal Doris Day de uma disposição eternamente radiante é apenas isso: hollywoodiano. Uma imagem de papelão que, no fim, deixa um gosto de 'quero mais'. Dizem que Doris Day recusou o papel de Mrs. Robinson no filme *A primeira noite de um homem* porque a personagem entrava em conflito com seu papel habitual de boa moça. Consegue imaginar como teria sido mais interessante a história do filme – e quanto mais a carreira de Day teria durado – se ela tivesse aceitado o papel?

O que realmente queremos, afinal, é a felicidade em nossas vidas. Contudo, a realização desse estado requer que sintamos todas as nossas emoções – os altos e baixos, os avanços e os contratempos. Emoções como tristeza, vergonha, raiva e medo são tão necessárias e integrantes do drama da vida como a alegria, o orgulho, o amor e a coragem. Como Carl Jung certa vez escreveu: "Mesmo uma vida feliz não pode existir sem a comparação com a escuridão, e a palavra feliz perderia o sentido se não fosse equilibrada com a tristeza." A palavra-chave aqui é *equilíbrio*. Não queremos que os sentimentos negativos pintem todas as nossas percepções, mas não queremos excluí-los totalmente. Excluí-los não é sequer possível.

Quando somos compassivos com o nosso sofrimento, os prazeres da bondade, da conexão e da atenção plena rapidamente se misturam com os nossos sentimentos dolorosos. O sabor resultante pode ser surpreendentemente satisfatório, um pouco como o chocolate meio amargo. Sem qualquer dor, o prazer da vida seria muito açucarado, faltando-lhe profundidade ou complexidade. Por outro lado, a dor sem prazer seria muito amarga, como o cacau sem açúcar. Mas quando a dor e o prazer são combinados, quando ambos são abraçados com o coração aberto, você começa a sentir-se inteiro, pleno, completo. Então, da próxima vez que enfrentar dificuldades, tente se lembrar do *chocolate meio amargo*. Isso vai lhe fornecer a inspiração necessária para embrulhar a sua dor amarga nas dobras gentis e amorosas da compaixão.

MINHA HISTÓRIA: O MENINO DO CAVALO

Com certeza sei de primeira mão a alegria que a autocompaixão pode proporcionar. O compromisso que Rupert e eu firmamos de abrir nossos corações e mentes permitiu-nos fazer algo louco: perseguir um sonho impossível e transformá-lo em realidade.

Ninguém sabe a causa do autismo. É um mistério. Também não entendo por que o autismo tem aumentado a níveis alarmantes. Para os pais na linha de frente, no entanto, a grande questão não é a causa do autismo, mas o que fazer com ele. Grande parte das informações sobre as terapias e tratamentos é conflitante. Tudo é caro. Quando nosso filho foi diagnosticado com a doença, não tivemos escolha, a não ser aceitar as incógnitas e lidar com cada momento da melhor maneira possível. Por haver tão poucas respostas, decidimos experimentar qualquer coisa para ajudá-lo. Eu mal sabia a aventura a que essa decisão nos levaria.

O autismo é desgastante. Como mencionei anteriormente, Rowan estava sujeito a ataques e gritos intermináveis causados por seu sistema nervoso superestimulado. Mas quando estava em contato com a natureza, acalmava-se um pouco. Quando vinham os acessos de raiva, Rupert levava Rowan para o bosque atrás de nossa casa. Um dia, quando nosso filho estava com três anos, saiu da floresta correndo e foi para a pastagem de cavalos de um vizinho, conseguindo atravessar a cerca e ficar no meio dos cascos dos animais antes que Rupert pudesse detê-lo.

Lá estava ele, deitado de costas em meio a cinco cavalos que batiam seus cascos no chão.

Algo extraordinário aconteceu. Betsy, a égua-chefe, velha e notoriamente mal-humorada, delicadamente empurrou os outros para o lado e inclinou a cabeça para o nosso filho em submissão. Alguma conexão surpreendentemente suave e insondável ocorrera entre eles. Rupert, cavaleiro de uma vida, presumiu que Rowan não estava seguro no meio dos cavalos, mas depois de ver aquela cena teve a ideia de levar Rowan para montar Betsy. Eu fiquei nervosa e pedi cautela. Mas quando Rupert colocou a sela e montou, Rowan, surpreendentemente, começou a falar. Falava algo significativo pela primeira vez. Ficamos impressionados.

Nesse mesmo ano, outra coisa extraordinária aconteceu. Rupert, que trabalha com direitos humanos, além de ser escritor, trouxe um grupo de bosquímanos (membros de uma tribo da África do Sul) para falar na ONU, onde protestaram por terem sido expulsos das terras em que seus ancestrais caçavam. Os bosquímanos têm uma forte tradição de cura através do uso do transe. Juntamo-nos a eles por alguns dias para um encontro com médicos tradicionais nos arredores de Los Angeles, e eles se ofereceram para "trabalhar" com o Rowan. Quase imediatamente Rowan começou a apontar e a mostrar seus brinquedos, envolvendo-se muito mais com eles do que normalmente fazia. Por alguns dias, era quase como ter um filho "normal". Estávamos em êxtase. Infelizmente, ele voltou para as profundezas de seus sintomas logo que os bosquímanos foram embora. Mas esse súbito e inexplicável avanço, combinado com a reação radicalmente positiva de Rowan diante dos cavalos, plantara uma ideia na mente de Rupert.

Uma noite, depois de dar uma volta com o Rowan, Rupert sugeriu uma viagem em família para a Mongólia, único lugar onde a cura e os cavalos funcionam juntos. Propôs isso como se fosse a coisa mais natural do mundo. Esse foi o primeiro país a domesticar cavalos e foi onde se originou a palavra "xamã" (cujo significado é "aquele que sabe"). Não tem estresse, ele disse. Eu discordei. Fortemente.

"Deixe-me ver se entendi", eu disse. "Você quer levar o nosso filho autista por toda a Mongólia a cavalo? Isso é um absurdo! É a *última* coisa que precisamos fazer. Já é difícil o suficiente a atividade de cada dia, imagine algo louco assim. Eu não posso acreditar que você sugeriu isso a sério. E eu odeio cavalos!"

Talvez ódio seja uma palavra muito forte, mas eu nunca fui uma dessas garotas que querem um pônei. Rupert é o adorador de cavalos da nossa família. Como cresci nos subúrbios de Los Angeles, tenho mais a ver com *rock* gótico e tentar ser descolada. Rupert tinha me ensinado a montar com o mínimo de autonomia. Mas eu nunca tive o desejo de impor minha vontade sobre um cavalo. E os animais sabem disso: perdi o controle e caí do cavalo mais vezes do que posso contar.

Mas o sentimento de Rupert era forte e persistente, ele insistia que precisávamos levar Rowan para a Mongólia para ajudá-lo. Quando eu pensava em ir para a Mongólia não tinha sequer uma má intuição – era terror. Rupert e eu brigamos por isso, e brigamos muito. Estranhamente, por sermos dois teimosos, ambos recuamos esperando que o outro fosse ceder. Dois anos se passaram. Rowan e Rupert montavam juntos quase todos os dias, e os efeitos dessa equoterapia domiciliar eram claros no rápido desenvolvimento da linguagem do nosso filho. Mas, aos cinco anos, Rowan ainda não ia ao banheiro sozinho. Tiramos as suas fraldas pensando que o desconforto das cuecas sujas seria uma motivação para ele usar o banheiro. Mas não havia funcionado. Nada funcionou. E Rowan ainda sofria de insondáveis e inconsoláveis birras. Também estava separado de seus pares, era incapaz de fazer amigos.

Rupert manteve contato por *e-mail* com uma operadora de viagens na Mongólia e foi planejando a viagem aos poucos, apesar das minhas reservas. Um jovem amigo cineasta, Michel, queria nos acompanhar para documentar a viagem. Não seria pago, disse ele, pois via a oportunidade como uma grande produção cinematográfica. Continuou insistindo.

Eu tinha aprendido ao longo dos anos que, quando Rupert tinha esse forte sentimento no peito, costumava estar certo. Afinal, seu pressentimento sobre mim fez com que me pedisse em casamento no dia em que nos conhecemos. Então refleti sobre a Mongólia por um tempo e minha reação me surpreendeu. Percebi que não queria perder a aventura. A vida estava me proporcionando a oportunidade de mudar as coisas, de canalizar nossa tristeza sobre o autismo de Rowan em busca da cura. Podia optar entre o amor e o medo. Então respirei fundo e disse sim. Mas brinquei dizendo que a vitória era minha: afinal, se a viagem fosse um fracasso, eu iria dizer "eu te avisei" eternamente para Rupert; e, se fosse um sucesso, melhor ainda.

Rupert se propôs a escrever um livro sobre a viagem, chamado *O Menino e o Cavalo*, na esperança de compensar, pelo menos, alguns dos nossos gastos e a perda de renda. A proposta tinha sido feita ao seu agente meses antes e até agora não havia resposta. Em um ato de fé, decidimos ir em frente e comprar as passagens de avião, estourando o limite dos cartões de crédito.

Surpreendentemente, cerca de duas semanas depois, despencou uma chuva de ofertas. Rupert recebeu um adiantamento pelo livro que ultrapassou os nossos sonhos mais otimistas. De repente, havia mais dinheiro do que o suficiente para cobrir todas as despesas e fazer um documentário adequado com o mesmo nome do livro. Mais importante ainda, sobraria dinheiro para o futuro de Rowan. Era como se a vida confirmasse a nossa decisão de partir nessa aventura e nos desse o máximo de segurança possível para fazê-lo. Fomos surpreendidos com gratidão.

Por isso, foi nesse espírito de gratidão que nos encontramos, em agosto de 2007, no sopé de uma montanha sagrada na Mongólia. Nove xamãs se reuniram do lado de fora da cidade de Ulaanbaatar para realizar um ritual para nós. De acordo com o nosso guia, Tulga, a maioria tinha vindo de muito longe apenas para ajudar Rowan. Talvez tenha sido a tarde mais intensa da minha vida. No início, o nosso filho estava odiando. Gritava e resistia claramente desorientado, sem entender todo o barulho da percussão tocada ao nosso redor. Devo dizer, porém, que ele não estava mais angustiado do que em uma típica visita ao supermercado.

De repente, ficou tudo realmente bizarro. Os xamãs disseram que a energia negra tinha entrado no meu útero durante a gravidez, e me fizeram ir até o rio, lavar as partes íntimas com *vodka*. Sim, *vodka*. Também disseram que um ancestral do lado da minha mãe, alguém com doença mental, de alguma forma se agarrou a Rowan. Na verdade, minha avó materna tinha perdido seu filho de oito anos de idade num acidente de carro quando minha mãe tinha apenas dois anos. Anos mais tarde, apenas algumas semanas após o casamento da minha mãe, meu avô materno morreu de ataque cardíaco. Minha avó ficou louca com a dor do luto e teve que ser internada. Seria esse o ancestral feminino? Bizarro. Tudo aconteceu muito rápido. Quando vimos, Rupert e eu estávamos ajoelhados de frente para a parede da montanha enquanto um dos xamãs nos batia com correias de couro cru, levantando vergões vermelhos agonizantes nas nossas costas, nos braços e nas coxas, enquanto Tulga, rindo nervosamente, dizia: "É importante não gritar." Rowan não passou por esse ritual, graças a Deus.

Tirando o parto, acho que nunca experimentei algo tão doloroso. Quando me ajoelhei na grama, respirando profundamente e sentindo as correias de couro cru perfurarem minha pele, enviei-me compaixão. Compaixão pela dor do chicote, compaixão pela dor de ter um filho autista, compaixão por todas as pessoas no mundo que sofrem de muitas maneiras diferentes. Eu sabia que a dor causada pelo xamã tinha nascido da intenção de cura, o que a tornou suportável.

"Você perdoa o seu marido louco?", perguntou Rupert quando o ritual terminou. Abraçamo-nos, rindo. O que mais poderíamos fazer?

E, então, algo bonito aconteceu. Rowan começou a rir. Rir e brincar com os xamãs. Pouco tempo depois, para nosso espanto, nosso filho se voltou para um menino que estava parado na borda do círculo, abraçou-o e disse: "Irmão mongol."

Ele nunca tinha feito nada parecido antes.

O menino chamava-se Tomoo e era filho do nosso guia, Tulga. Vendo a interação incrível entre os meninos, Tulga decidiu trazer Tomoo junto com a gente na viagem. Rowan tinha feito seu primeiro amigo.

Assim, fomos para o interior. Tudo começou com um quase desastre. Rowan sofreu uma súbita perda de confiança no nosso primeiro dia a cavalo, rejeitou completamente os animais, tanto que tivemos que abandoná-los e continuar num 4x4. Rupert ficou muito magoado: no cavalo, ele e Rowan ficavam mais conectados. Mas era pura alegria ver a amizade de Rowan e Tomoo florescer durante os intermináveis dias de viagem e as longas e incrivelmente belas noites acampados em clareiras. Algo em nosso filho estava mudando.

Tomamos banho com cisnes e cavalos selvagens e rezamos nas águas sagradas do Lago Sharga, um lugar estranho e surreal. Partimos para o norte, rumo à Sibéria, terra do misterioso povo das renas. Seus curandeiros eram, segundo diziam, os mais poderosos na região. Rupert tinha ouvido dizer que esses povos nômades (supostamente ancestrais dos primeiros nativos americanos, por terem cruzado o Estreito de Bering milhares de anos antes) podem ser muito difíceis de localizar. Encontrá-los e pedir uma cura para Rowan era a meta final da nossa jornada. Mas não havia estradas no caminho até a sua localização remota. Para chegar lá, Rowan teria que aceitar montar a cavalo novamente.

A essa altura, eu já estava ficando exausta. Imaginem só lavar a roupa de baixo de uma criança de 5 anos de idade três vezes ao dia sem água corrente, utilizando garrafas de água e sem um lugar apropriado para secar a roupa no acampamento. Eu também estava enjoada das comidas horríveis, especialmente do leite chamado *airag*, uma bebida alcoólica rançosa de leite de égua, com gosto de vômito. Ainda assim, algo estava nos empurrando para a frente.

Rowan finalmente voltou a montar. Seguimos nossos guias até uma passagem de doze mil pés que precisávamos atravessar para chegar às altas pastagens de verão do povo das renas. Depois de três dias de dura cavalgada, finalmente alcançamos o topo da montanha e encontramos as tendas. Rowan estava em transe. As pessoas ali, assim como em toda Mongólia, não poderiam ter sido mais acolhedoras, trazendo renas domesticadas para Rowan e Tomoo montarem e deixando-os abraçar renas filhotes incrivelmente lindas antes de o ritual começar.

O xamã era um homem velho e intensamente carismático, chamado Ghoste. Durante três dias, ele trabalhou em Rowan com dança e percussão ao redor do brilho luminoso da fogueira dentro de sua tenda. Durante o ritual, meu filho se arrastava no chão, fingindo ser um filhote de elefante.

Na última noite, tive um sonho estranho – e quase nunca me lembro dos meus sonhos. Minha falecida avó estava com seu filho precocemente morto. Agora ele era um homem adulto e eles estavam indo embora juntos, de mãos dadas, felizes.

Na manhã seguinte, Ghoste disse que era hora de irmos. Ele também disse que os sintomas mais enlouquecedores de Rowan, a incontinência e os escândalos, parariam agora.

Meu coração estava em suspenso, e o de Rupert também. Mas, no dia seguinte, enquanto acampávamos à beira do rio, Rowan controlou sua vontade de se aliviar, fez suas necessidades e se limpou. Dois dias depois, ele usou pela primeira vez e com sucesso um vaso sanitário, algo que nem mesmo seus avós ou profissionais pagos tinham sido capazes de lhe ensinar. Daquele ponto em diante, tivemos apenas algumas birras menores. Poucas semanas depois de voltarmos para casa, os ataques cessaram completamente. Enquanto isso, o círculo de amizades de Rowan começou a crescer. Ele até começou a montar Betsy sozinho. Para Rupert, era a realização de um sonho.

Não sabíamos se tinham sido os xamãs, algum tipo de placebo ou o efeito de o levarmos a um ambiente radicalmente novo, mas nosso filho tinha ultrapassado seus limites. Eu não sei o porquê. Sei, porém, que nossa família assumiu um risco e, de alguma forma, por um louco salto de fé, encontrou uma recuperação.

Digo "recuperação" e não "cura" porque Rowan não se curou do autismo. Ele ainda é autista. Mas se curou de algumas disfunções ligadas à doença. Hoje Rowan é tão funcional que algumas pessoas têm dificuldade em dizer que ele ainda está "no espectro". Mas seu autismo estará sempre no cerne de quem ele é e moldará como ele vê o mundo. Nós não queremos que seja de outra maneira.

A cura que *Rupert e eu* recebemos na Mongólia é a aceitação verdadeira do autismo de Rowan. Paramos de lutar contra isso. Ao nos abrirmos ao mistério do autismo, aprendendo a vê-lo como uma aventura, e não uma maldição, percebemos que a condição de Rowan foi realmente a melhor coisa que aconteceu para nós. Não levaríamos uma vida tão incrivelmente interessante se não fosse pelo seu autismo. Ghoste nos havia dito que precisávamos levar o Rowan a um bom curandeiro tradicional todo ano até que ele tivesse nove anos. Não importava a tradição de origem. Assim, em 2008, fomos à Namíbia para visitar um curandeiro bosquímano amigo de Rupert, o poderoso xamã Besa (somos tão próximos que o nome completo de Rowan é Rowan Besa Isaacson). Em 2009, nós o levamos para ver um curandeiro aborígine incrível na Austrália. Em 2010, viajamos para o Novo México e Arizona para ver um pajé Navajo. Em cada uma dessas viagens, Rowan ia se transformando, e nós nos transformávamos junto com ele, próximos como uma família.

Também temos sido capazes de compartilhar as experiências que tivemos com Rowan com outras famílias. Começamos a organizar acampamentos de quatro dias, chamados "O menino e o cavalo", para famílias com crianças autistas, permitindo uma intensa imersão na natureza. Várias crianças tiveram avanços no campo, incluindo crianças não verbais que conseguiram emitir suas primeiras palavras com um cavalo, para o espanto de seus pais. Tenho falado muito sobre a autocompaixão nesses acampamentos. Ela é crucial para lidarmos com o estresse de criar uma criança autista. A alegria, a satisfação e o verdadeiro divertimento que temos ao fazer tudo isso é verdadeiramente inspirador.

O autismo é um dom se você permitir que ele seja. Todo o charme de Rowan, seu humor, seu talento e seu intenso interesse pela natureza vêm do autismo. Por que mudaríamos isso? Como Rupert gosta de me lembrar, "o velho ditado diz: quando a vida lhe der limões, faça uma limonada. Pois dane-se a limonada! Quando a vida lhe der limões, faça margaritas".

Exercício três
Encontre o conteúdo de prata

> Pense em um ou dois dos maiores desafios da sua vida até agora. Problemas tão difíceis que pareciam impossíveis de encarar naquele momento. Em retrospectiva, há algo de bom resultante dessa experiência? Você cresceu como pessoa, aprendeu algo importante, encontrou mais significado em sua vida?

Se pudesse, voltaria no tempo e mudaria o que aconteceu, mesmo que isso significasse não ser a pessoa que você é hoje?

Em seguida, pense em um desafio atual. Existe alguma maneira de ver o problema de forma diferente? Existe alguma lição positiva para extrair da sua situação? Qualquer oportunidade de aprendizagem, perspectivas de carreira, novas relações, uma reorganização de suas prioridades...

Se você está encontrando dificuldades para ver *algo* positivo sobre a sua situação atual, é provavelmente um sinal de que você precisa de mais autocompaixão. Tente usar os três portais (bondade, humanidade comum e atenção) para se aproximar do sentimento de medo ou angústia. Em silêncio, ofereça a si mesmo palavras gentis de apoio, como se fosse um amigo próximo. Dê-se um pequeno abraço se ninguém estiver olhando. Pense nas maneiras que sua situação se conecta com a de outras pessoas com problemas semelhantes. Você não está sozinho. Tente respirar profundamente algumas vezes e aceite essa situação, mesmo que não goste muito dela.

Agora olhe novamente. O que a vida está tentando lhe ensinar? Será essa uma oportunidade para abrir o seu coração e a sua mente? Existe alguma maneira dessa aparente maldição vir a ser, de fato, uma bênção? Alguém quer margaritas?

Capítulo treze:
Autoapreciação

Nosso medo mais profundo não é o de sermos inadequados. Nosso medo mais profundo é o de sermos demasiado poderosos. É a nossa luz, não nossa escuridão, que mais nos assusta. Perguntamo-nos: quem sou eu para ser brilhante, lindo, talentoso e fabuloso? Na verdade, quem é você para não sê-lo? Você é um filho de Deus. Fazer pouco não serve ao mundo. Não há luz quando nos encolhemos para que os outros não se sintam inseguros ao nosso lado. Somos todos feitos para brilhar, como as crianças. Nascemos para manifestar a glória de Deus que está dentro de nós. E ela não está apenas em alguns; está em todos nós. Conforme deixamos nossa própria luz brilhar, inconscientemente damos às outras pessoas permissão para fazerem o mesmo. E, conforme nos libertamos do nosso medo, nossa presença automaticamente liberta os outros.
Marianne Williamson, *Um Retorno ao Amor.*

Esse livro foca diretamente em como se relacionar com nossas falhas e insuficiências usando a autocompaixão. Mas os três componentes básicos de autocompaixão (bondade, senso de humanidade comum e atenção plena) não são apenas relevantes para o tratamento dos nossos defeitos. São igualmente relevantes para observarmos as nossas virtudes.

APRECIANDO O NOSSO LADO BOM

Às vezes, é mais difícil ver as nossas virtudes do que os nossos defeitos. Para quem não quer parecer vaidoso, até mesmo *pensar* nas nossas características positivas pode ser desconfortável. Por essa razão, muitas pessoas têm dificuldade em aceitar elogios. Como, por exemplo: "Mary, você está ótima! Gosto de sua blusa". "Ah, obrigada, mas acho que ficaria melhor em alguém com seios maiores". Elogios podem nos deixar constrangidos, e muitas vezes, não sabemos como responder a eles se não tivermos autoconsciência.

Lisonja é muito melhor do que insultos, é claro, mas nós realmente aceitamos o elogio? Apropriamo-nos dele? Deleitamo-nos com ele? Por uma série de razões, muitas vezes termos uma visão positiva de nós mesmos é mais complicado do que se imagina – quase sempre isso acontece por conta do medo.

Um medo comum é o de estabelecer expectativas excessivamente elevadas. Quando restringimos nossos pontos positivos, é provável que surpreendamos positivamente os outros, em vez de decepcioná-los. Por exemplo, se você marcar o gol da vitória no futebol semanal depois de um longo tempo lamentando as suas jogadas ruins, é provável que receba elogios atônitos de seus companheiros de equipe: "Você estava escondendo essa habilidade, hein? Muito bem!". Além disso, se você perder o último chute importante no final do jogo, ainda assim receberá empatia: "Ah, tudo bem, pelo menos você tentou". Por outro lado, se parecer orgulhoso e confiante, fica aberto ao ataque quando as coisas dão errado: "Ei, pensei que tinha dito que era um dos melhores jogadores da equipe da faculdade. Onde você estudou? Na Universidade dos Descoordenados?".

Também tememos soltar o diabo. Se tivermos o hábito de nos colocarmos para baixo, é estranho reconhecermos as nossas qualidades. Ficamos tão mergulhados em sentimentos de inadequação que nos vermos como dignos e valiosos passa a ser algo assustador. É uma espécie de morte e, assim, o nosso sentido negativo do 'eu' luta muito para sobreviver.

O medo de ofuscar o brilho de outras pessoas é outro obstáculo. Sem dúvida, vivemos em uma cultura competitiva, na qual precisamos nos sentir especiais e acima da média para ficarmos bem. Mas, ao mesmo tempo, isso é solitário. Uma parte da nossa psique reconhece que buscar a superioridade é, também, descer ao isolamento. Embora queiramos ter a autoestima elevada, sabemos intuitivamente da potencial desvantagem – sentirmo-nos separados e desconectados dos outros. Se conheço minha grandeza, isso significa que sou melhor do que você. Isso, por sua vez, significa que já não podemos nos relacionar como iguais? A nossa ânsia contraditória e o medo da autoestima elevada dificulta ficarmos confortáveis na nossa própria pele.

Thomas, contador em uma empresa de tecnologia, sentia-se extremamente estranho e desconfortável quando alguém o elogiava. Se recebesse um elogio sobre o seu desempenho no trabalho, por exemplo, rapidamente dizia "obrigado" por uma questão de delicadeza, mas mudava de assunto. Sentia-se como um peixe fora d'água e quase enjoava sempre que um holofote positivo era apontado em sua direção. Não tinha tido nenhum modelo de como aceitar um cumprimento ou de como permanecer no calor de um elogio. Em vez disso, morria de medo de se transformar em seu chefe, um cara muito arrogante, prepotente e convencido que fumava charutos. Odiava a vaidade imperiosa de seu chefe e tinha pavor de se tornar alguém como ele.

Há uma razão para torcermos sempre para o herói modesto e singelo do filme em vez de para seu antagonista arrogante e impetuoso. Ninguém gosta de um narcisista, exceto o próprio. Se reconhecermos nossas características positivas e deliciarmo-nos com elas, não significa que somos egoístas? E egoístas não são amáveis, não é? É uma situação paradoxal. Quando admitimos coisas boas sobre nós, significa que estamos mal. Por isso, concentramo-nos no que é ruim sobre nós para nos sentirmos bem. Absurdo, não é? No entanto, todos nós fazemos isso.

Como celebrar nossas qualidades admiráveis sem cair na armadilha do egoísmo? Creio que a resposta ainda é a autocompaixão, embora de uma forma diferente. Gosto de chamá-la de "autoapreciação." Quando podemos apreciar o que é bom em nós, reconhecendo que todas as pessoas têm pontos fortes e fracos, podemos nos deleitar na nossa bondade sem evocar sentimentos de arrogância, superioridade ou excesso de confiança. William James, um dos fundadores da psicologia ocidental, escreveu uma vez que "o princípio mais profundo na natureza humana é o desejo de ser apreciado". Felizmente, podemos saciar nossa profunda necessidade de apreciação sem dependermos de outras pessoas. Podemos reconhecer nossa própria beleza. Não porque somos melhores do que os outros, mas porque somos seres humanos e expressamos o lado belo da natureza humana.

Alegria solidária

No budismo, um dos alicerces do bem-estar é *mudita*, traduzida como "alegria solidária". Esse estado ocorre quando estamos encantados com as boas qualidades e com as circunstâncias dos outros. A compreensão da alegria solidária pode nos ajudar a compreender melhor o significado de autoapreciação, já que as duas estão intimamente relacionadas. Os sentimentos básicos relacionados com a alegria solidária são a bondade e a boa vontade. Se estou preocupado com o seu bem-estar, querendo o melhor para você, desejo que tenha sucesso. Alegro-me em saber que você tem dons e talentos auxiliando a sua felicidade na vida.

Normalmente, no entanto, as boas qualidades dos outros tendem a fazer com que nos sintamos inadequados. *Aquela mulher é linda, então eu devo ser feia. Ele é inteligente, então eu devo ser estúpida.* O monstro de olhos verdes nos faz sofrer quando os outros brilham, e sofremos muito. Mas e se nossa percepção mudasse radicalmente? E se tivéssemos prazer com as realizações alheias, sentindo-nos realmente felizes pelos outros? Nossas chances de alcançar a felicidade aumentariam de acordo com o número de pessoas pelas quais temos a oportunidade de nos sentirmos contentes. Dadas as últimas estimativas da população mundial, seria cerca de 6,8 bilhões de vezes!

Um ingrediente essencial da alegria solidária é o reconhecimento de nossa conexão inerente. Quando somos parte de um todo maior, podemos sentir prazer sempre que um de "nós" tem algo a comemorar. Eu trabalho na Universidade do Texas, em Austin, e meus conterrâneos são loucos pelo futebol americano universitário. A cada vitória dos Longhorns, a cidade ficava exaltada. Somos reles apoiadores do time, não marcamos o ponto da vitória pessoalmente. Mas podemos nos deliciar com o sucesso da equipe devido ao nosso senso de unidade. Quando nos sentimos conectados com os outros, podemos nos deleitar plenamente na sua glória. E se esse sentimento de pertencimento se ampliasse para incluir toda a humanidade, e não apenas o nosso time de esportes local? Assim, sempre ganharíamos.

Precisamos estar cientes das qualidades positivas dos outros para apreciá-las totalmente, é claro. Se eu não der importância à inteligência do meu marido, à sua boa aparência, à sua criatividade ou ao seu senso de humor, vou deixar de ter consciência de suas características positivas. Elas vão se transformar em algo líquido e certo, já esperado. Devo estar consciente dos seus pontos fortes e de seus talentos para realmente apreciar e reconhecer a pessoa maravilhosa que ele é. Por essa razão, a alegria solidária também requer atenção.

As raízes da autoapreciação

Quando qualidades como a bondade, a humanidade comum e a atenção plena são aplicadas ao sofrimento dos outros, manifestam-se como compaixão. Quando são aplicadas ao nosso próprio sofrimento, manifestam-se como autocompaixão. Quando estão direcionadas às qualidades positivas dos outros, manifestam-se como *mudita* (encantamento, em hindu): a alegria solidária. E quando são dirigidas para as nossas próprias qualidades positivas, manifestam-se como autoapreciação.

Consideremos primeiro a qualidade da bondade aplicada à autoapreciação. Muitos de nós focamos muito mais nos nossos pontos fracos do que nos pontos fortes. Como já apresentado anteriormente, muitas vezes subestimamos nossas características positivas porque parece muito assustador e desconfortável reconhecê-las. Se formos gentis conosco, no entanto, podemos nos alegrar com nossas qualidades. Não é maravilhoso eu ser uma boa mãe, uma trabalhadora, uma amiga fiel ou uma ativista ambiental comprometida? Minhas características de honestidade, paciência, diligência, criatividade, sensualidade, espiritualidade e empatia não são algo a ser comemorado? É um dom de bondade termos apreço por nós mesmos e demonstrarmos a nossa aprovação com elogios sinceros. Não precisamos expressar esse elogio em voz alta, trazendo desconforto para nós e para os outros, mas podemos nos dar tranquilamente o reconhecimento interior merecido e necessário.

Pelo senso de humanidade comum inerente à autoapreciação, apreciamo-nos não porque somos melhores do que os outros, mas porque todas as pessoas têm dentro de si a bondade. Ao valorarmos a bondade alheia, ignorando ou desprezando a nossa própria, criamos uma divisão ilusória entre nós e eles. Mas, por sermos uma expressão única da força vital universal que anima toda a nossa experiência, honramos tudo quando honramos a nós mesmos. Como escreveu o mestre Zen Thich Nhat Hahn: "Você é uma manifestação maravilhosa. O universo inteiro se uniu para tornar a sua existência possível". Se você levar a noção do *interser* a sério, comemorar suas realizações não é mais autocentrado do que ter compaixão por suas falhas. Realmente não podemos assumir a responsabilidade pessoal por nossos dons e talentos. Eles nasceram da nossa piscina genética ancestral, do amor e do carinho dos nossos pais, da generosidade dos amigos, da orientação de professores e da sabedoria da nossa cultura coletiva. Uma convergência única de causas e condições o criou como esta pessoa em constante evolução. A apreciação das nossas qualidades é uma expressão de gratidão por tudo que nos moldou como indivíduos e como espécie. A autoapreciação humildemente honra toda a criação.

A autoapreciação também requer atenção. Assim como precisamos perceber as boas qualidades dos outros, a fim de apreciá-los, precisamos reconhecer conscientemente as nossas próprias características positivas. Dado o desconforto que muitas vezes surge quando nos apreciamos, no entanto, por vezes escondemos tais pensamentos da nossa atenção plena. Suprimimos as nossas suspeitas de que talvez não sejamos tão ruins por não sabermos o que fazer com esses novos bons sentimentos. A atenção plena nos permite abordar as coisas de maneira nova, deixando de lado nossas tendências habituais. Um dos mais poderosos hábitos da mente, é claro, é concentrar-se no negativo, em vez de no positivo, e essa tendência não é mais aparente do que quando pensamos sobre nós mesmos. O nosso instinto nos alerta para identificarmos os problemas e corrigi-los com o objetivo de sobreviver. Muitas vezes consideramos as nossas boas qualidades tão óbvias, e ao mesmo tempo ficamos obcecados com as nossas fraquezas. *Se eu conseguisse perder uns sete quilos,* você diz a si mesma repetidas vezes, ignorando sua juventude, sua alegria, boa saúde, inteligência, carreira de sucesso e o namorado amoroso. Ao adotarmos a intenção de percebermos as nossas virtudes, no entanto, tornamo-nos capazes de contrariar esse deslize na direção da negatividade.

Algumas pessoas podem se preocupar quando se concentram demais nos aspectos que acreditam corretos sobre si e acabam por ignorar áreas debilitadas. Isso só é verdade se o nosso foco é, de fato, "demais". Uma visão desfocada de nós mesmos (*Eu sou perfeito e não tenho nenhuma falha*) é certamente um problema. Eu não sei por que tantas vezes caímos nesse tipo de armadilha do pensamento, mas isso não nos serve. Todo ser humano tem características positivas e negativas. Em vez de fugirmos com uma história exagerada sobre o bom ou o mau, precisamos honrar a nós mesmos e nos aceitarmos como autenticamente somos. Não há melhor nem pior. A chave é ter equilíbrio e perspectiva para que possamos nos ver sem distorção. Apreciamos a nossa luz quando o sol nasce e podemos ter compaixão por nossa escuridão quando o sol se põe.

Exercício um
Apreciando-se

Liste dez características suas de que realmente goste. Não precisam ser qualidades aparentes o tempo todo, podem ser condicionais. Ao anotar cada qualidade, perceba qualquer constrangimento, estranhamento, medo da vaidade ou falta de familiaridade. Se o desconforto surgir, lembre-se que você não está se dizendo melhor do que ninguém nem está se dizendo perfeito. Você está simplesmente observando as suas virtudes. Todo mundo tem qualidades. Veja se pode reconhecer e apreciar os aspectos positivos em si, debruçando-se sobre eles e assumindo-os de verdade.

1. _____
2. _____
3. _____
4. _____

5. _____
6. _____
7. _____
8. _____
9. _____
10. _____

Autoapreciação versus autoestima

Na superfície, a autoapreciação e a autoestima podem parecer bastante semelhantes. Afinal, ambas envolvem um foco aparente nas nossas qualidades, não é? Mas, apesar dos pontos de sobreposição, há também aspectos importantes em que esses dois sentimentos se diferenciam. Uma distinção fundamental gira em torno de reconhecimento da experiência humana comum. A autoestima tende a basear-se na separação e na comparação, em ser *melhor* que os outros, e, portanto, especial. A autoapreciação, ao contrário, baseia-se na conexão. É quando vemos nossas semelhanças com os outros, reconhecendo que todos têm seus pontos fortes.

Outra distinção importante tem a ver com a tendência a nos *definirmos* como bons ou maus. A autoestima é um julgamento de mérito e opera no nível da representação do autoconceito. Trata-se de uma rotulação para capturar nossa essência única (eu sou magro, rico, bem-sucedido, bonito etc.). Resulta de *projeções* sobre nossa identidade em vez de um *reconhecimento* de quem somos. Por isso é tão importante pintar um autorretrato positivo para se ter a autoestima elevada. O autoconceito se confunde com o *verdadeiro eu*. A autoapreciação, por outro lado, não é um julgamento – ou rótulo – nem nos define. É o nosso *relacionamento* com as nossas virtudes. Reconhecemos que somos um processo em constante mudança e nunca poderemos ser totalmente definidos pelo positivo ou pelo negativo. Contudo, reconhecemos os nossos momentos de esplendor.

Há sempre coisas maravilhosas para apreciarmos em nós, mesmo se esses aspectos não nos tornam únicos. O fato de podermos respirar, andar, comer, fazer amor e abraçar um amigo são habilidades magníficas que definitivamente devem ser celebradas. Quase todo mundo compartilha essas habilidades, elas estão lindamente *na média*. Geralmente, só valorizamos o quanto essas capacidades são maravilhosas depois que as perdemos. Quando conseguimos apreciar aspectos de nós mesmos que *são* únicos, devemos fazê-lo no contexto do reconhecimento da nossa natureza complexa e interligada, não como uma forma de marcar mais pontos do que os nossos semelhantes.

A autoapreciação não depende de colocar os outros para baixo. Consigo apreciar minhas próprias realizações e, ao mesmo tempo, reconheço as suas. Posso me alegrar com seus talentos e, ao mesmo tempo, celebrar o meu. A valorização envolve reconhecer a luz em todos, incluindo em nós mesmos.

Apreciar o que é bom em nossas vidas

Embora eu esteja discutindo, principalmente, a importância de valorizar as nossas qualidades pessoais, a apreciação também pode ser estendida às circunstâncias da nossa vida de forma geral. A autoapreciação engloba tudo que é bom e saudável, tanto interna como externamente.

O medo da vaidade e do egoísmo não é gerado ao reconhecermos nossas condições favoráveis de vida. Com isso, temos menos bloqueios em relação a essa forma de autoapreciação. Não é difícil apreciarmos o que há de bom em nossa vida: nossa família amorosa, amigos que nos apoiam, um emprego estável. É mais difícil apreciarmos a *nós mesmos*. Pela tendência habitual da nossa mente em se concentrar no negativo, muitas vezes presumimos que nossa boa sorte é algo que tinha que ser. Ficamos tão presos na resolução de problemas e lidando com a dor da vida que damos pouca atenção ao que nos dá prazer e, por isso, sofremos mais do que precisamos. Como as pesquisas começam a demonstrar, a valorização pode transformar radicalmente a nossa experiência.

No livro *A Ciência da Felicidade*, a pesquisadora Sonia Lyubomirsky observa que as circunstâncias positivas da vida representam apenas uma fatia bem pequena da felicidade – cerca de 10%. Mesmo depois de um grande evento, como ganhar na loteria, as pessoas tendem a voltar aos níveis anteriores de (in)felicidade com o passar dos anos. Por essa razão, muitos psicólogos argumentam que temos um "limite fixado" de felicidade, em grande parte genético. No entanto, essa é apenas uma parte da história. A pesquisa também mostra que as pessoas podem aumentar seu nível de felicidade significativamente se mudarem a maneira como se relacionam com a vida. Em outras palavras, o importante não é tanto *o que* acontece com você, mas sua *atitude* em relação às circunstâncias. Para Lyubomirsky, vários elementos-chave fazem a diferença na maximização da felicidade. Alguns dos mais importantes são: ser grato pelas coisas boas, olhar o lado positivo em situações difíceis, não se comparar aos outros, praticar atos de bondade, estar atento e saborear a alegria. Todos esses fatores se encaixam bem no conceito maior de autovalorização, mas vamos nos concentrar em dois em particular: ser grato e saborear a vida.

Agradecendo e saboreando

Agradecer

A religião sempre enfatizou o valor da gratidão na vida diária, em geral na maneira de dar graças por meio da oração. Considere esta passagem da Bíblia, na qual somos ensinados a dar graças: "àquele que por entendimento fez os céus, porque a sua benignidade dura para sempre; àquele que estendeu a terra sobre as águas, porque a sua benignidade dura para sempre; àquele que fez os grandes luminares, porque a sua benignidade dura para sempre; o sol para governar de dia, porque a sua benignidade dura para sempre; a lua e as estrelas para presidirem a noite, porque a sua benignidade dura para sempre". (Salmos 136:5-9,). Orações como essa chamam a atenção para a celebração da beleza e da maravilha da criação. A gratidão pulsa no centro da maioria das religiões e é considerada uma importante porta de entrada para a realização espiritual.

Robert Emmons, um dos principais pesquisadores sobre o tema, encontrou um forte apoio para a noção de que a gratidão leva diretamente à felicidade. Define o sentimento como o reconhecimento e o agradecimento pelos dons que nos são dados por outras pessoas, por Deus ou pela própria vida. Estudos mostram que indivíduos gratos sentem-se mais felizes, esperançosos, vitais e satisfeitos com sua vida; são também menos materialistas e invejosos com o sucesso dos outros. Felizmente, a pesquisa sugere que a gratidão é algo que pode ser aprendido.

Em um estudo de dez semanas de duração, os pesquisadores solicitaram a um grupo de universitários relatórios semanais sobre a sua experiência de vida naquele momento. Os alunos foram divididos aleatoriamente em três grupos diferentes. Os indivíduos do grupo A escreveram sobre coisas pelas quais se sentiram gratos (por exemplo, "a generosidade de amigos", "pais maravilhosos", "The Rolling Stones"). Os alunos do grupo B escreveram sobre coisas que os incomodaram ou irritaram (por exemplo, "encontrar um lugar para estacionar", "cozinha bagunçada e ninguém limpa", "pessoas estúpidas no trânsito"). O grupo C foi um grupo de controle: a esses alunos foi simplesmente pedido que escrevessem sobre a sua semana, sem especificações (por exemplo, "limpar o armário de sapatos"). Os pesquisadores descobriram que as pessoas no grupo da gratidão não só eram mais felizes, mas também relataram menos sintomas de doença e se exercitaram mais frequentemente do que as pessoas dos outros dois grupos. A gratidão parece mudar para melhor tanto a nossa experiência emocional quanto a física.

Exercício dois
Manter um diário de gratidão

A manutenção de um diário de gratidão parece ser uma das melhores e mais confiáveis formas de aumentar a felicidade. Talvez você queira escolher um caderno especial para seu diário, algo belo e reverente, mas isso não importa. O importante é reservar um tempo específico para escrever sobre os presentes, as gentilezas, as surpresas agradáveis e os bons momentos de cada dia, bem como as suas fontes de alegria na vida em geral.

Certifique-se continuamente de tentar encontrar novas coisas pelas quais ser grato. Provavelmente seus amigos, familiares e entes queridos serão regulares, mas não deixe o exercício se tornar obsoleto ou repetitivo. Pense em presentes bacanas que você recebeu, mas não soube valorizar. A luz do sol, o estado de direito, a água encanada? Há inúmeras coisas surpreendentes que nos permitem levar uma vida cheia de lazer.

Seja o mais específico possível nos seus agradecimentos. Isso ajuda a torná-los mais reais e concretos. Por exemplo, em vez de dizer: "Eu sou grato por meu gato", tente escrever: "Sou grato pela forma como o meu gato mia e como se esfrega na minha perna, fazendo-me sentir amado."

Um tempo relativamente curto mantendo um diário de gratidão pode fazer uma contribuição substancial no seu nível de felicidade. E esse é um item a mais na sua lista de agradecimentos!

Saborear

A prática de saborear está intimamente relacionada com a gratidão. Saborear refere-se ao *usufruto consciente* daquilo que nos dá prazer. Isto é, debruçamo-nos sobre as experiências agradáveis, fazendo-as girar em nossa consciência como a taça cheia de um bom vinho. Muitas vezes pensamos no verbo saborear em termos de uma experiência sensorial: percebendo o sabor sutil e o aroma da nossa comida, em vez de simplesmente devorá-la como um cão. Cheirar, saborear e acariciar a pele do nosso amante, em vez de simplesmente "fazer sexo". O ato de saborear pode ser aplicado a todas as experiências agradáveis, revelando-se no som da risada encantadora de um amigo, na beleza de uma folha caída, na profundidade satisfatória e na complexidade de um romance bem escrito.

Quando saboreamos uma experiência, ela permanece na nossa consciência atenta e prestamos atenção em todos os pensamentos, sensações e emoções agradáveis que surgem no momento presente. Também podemos saborear lembranças deliciosas, de modo a revivermos experiências alegres e apreciá-las mais uma vez; o dia em que conhecemos o parceiro de nossa vida; quando pegamos nosso filho recém-nascido no colo pela primeira vez; ou, ainda, quando fizemos uma viagem romântica para Praga. Saborear é um ato intencional concebido para prolongar e aprofundar o prazer, deleitando-se com sua beleza.

Exercício três
Saborear o momento

Escolha um alimento ou uma bebida que você considere particularmente saborosos. Pode ser um pedaço de chocolate meio amargo, uma fatia de pizza quente, lagosta na manteiga, uma xícara de Earl Grey, uma taça de champanhe – qualquer alimento ou bebida prazeroso para você.

Ao prová-lo, tente saborear o máximo possível. Observe todas as suas nuances. Que gosto tem? Sente a sutileza dos sabores? Doce, amargo, salgado? Como é o cheiro? Que aromas você consegue detectar? Como se sente ao segurar, mastigar e engolir sua comida? Que textura tem? Como se parece? Tem cores interessantes ou reflete a luz de uma forma particular? Tem algum som? Diminua a velocidade e mergulhe plenamente em todas as sensações prazerosas do seu deleite, saboreando totalmente cada sensação.

Em seguida, observe como se sente ao experimentar o prazer em si. Você sente bolhas de felicidade em sua garganta, uma sensação de calor no peito, formigamento no nariz? Desfrute a sensação de prazer pelo máximo tempo possível e, quando acabar, deixe-a ir embora. Em seguida, permita-se utilizar um momento para agradecer e apreciar um dos grandes dons da vida: a comida ou a bebida!

Os psicólogos começaram a examinar o efeito que o saborear tem no bem-estar. Estudos indicam que as pessoas capazes de saborear aspectos agradáveis de sua vida são mais felizes e menos deprimidas. Em um estudo, as pessoas foram convidadas a dar uma caminhada de 20 minutos uma vez por dia durante uma semana. Os participantes foram aleatoriamente conduzidos em uma das três seguintes condições. Na primeira, do grupo "foco positivo", as pessoas foram orientadas a reconhecer conscientemente tantas coisas agradáveis quanto possível – flores, luz do sol e assim por diante – e a pensar sobre o que faz essas coisas serem agradáveis (o exercício caminhada prazerosa, no Capítulo 12, foi inspirado neste estudo). A outra condição, do grupo "foco negativo", instruía os participantes a observar o máximo possível de coisas desagradáveis – o lixo, o ruído do tráfego e assim por diante – e a pensar sobre o que faz essas coisas serem tão desagradáveis. No grupo de controle, foi simplesmente dito para as pessoas "darem uma caminhada", sem instruções específicas. Os convidados a saborear experiências positivas estavam significativamente mais felizes após o exercício em comparação com os outros grupos. Nas entrevistas de acompanhamento, eles também afirmaram conseguir apreciar melhor o mundo ao seu redor.

O simples ato de tomarmos um tempo para perceber e saborear os detalhes cotidianos que nos dão prazer intensifica drasticamente a nossa experiência de alegria.

O DOM QUE CONTINUA A DOAR

A autoapreciação permite que nos deleitemos com os aspectos positivos em nós mesmos e em nossas vidas. Nada de especial ou fora do comum precisa acontecer a fim de aproveitarmos esse manancial de bom sentimento, e isso é o mais incrível. Os sentimentos bons podem ser sempre a média maravilhosamente revigorante. Você não precisa de uma novidade para parar e cheirar as rosas. Só precisa prestar atenção ao que está bem na frente de seu nariz. Em vez de andar o dia todo no modo de resolução de problemas, pensando principalmente no que você quer melhorar a seu respeito ou sobre sua vida, pode fazer uma pausa por alguns momentos ao longo do dia e se maravilhar com o que *não precisa de conserto*.

Você pode sentir o quanto é fantástico ter um corpo pulsando com vida nesse momento, enquanto lê essas palavras. Pode considerar o admirável fato de que, ao olhar para alguns rabiscos numa página, você é capaz de receber e reter a transmissão de ideias. Você e eu nunca nos encontramos, mas nossas mentes podem se comunicar graças ao poder absoluto da palavra escrita. Notável! Você pode sentir o frescor suave da respiração entrando e saindo de suas narinas e apreciar plenamente o processo geralmente inconsciente que torna a sua vida possível. A maravilha da existência normal do dia a dia ultrapassa, de longe, a nossa capacidade de absorver tudo, mas, ao apreciamos ao menos um pouco da vida cotidiana, somos capazes de aumentar nossa felicidade extraordinariamente. Como observado pelo escritor francês De La Rochefoucauld: "A felicidade não consiste nas coisas em si, mas no prazer que extraímos delas".

A autoapreciação é um dom a ser explorado. Todas as pessoas têm aspectos sobre si – e sobre as suas vidas – dignos de serem valorizados. O bom e o belo estão ao nosso redor e dentro de nós. O esplendor é uma qualidade humana e pertence a todos.

Conclusão

A autoestima e a autocompaixão são, na verdade, dois lados da mesma moeda. A primeira foca no nosso prazer, a segunda no nosso sofrimento. Uma celebra os nossos pontos fortes como seres humanos, a outra aceita nossas fraquezas. O importante é que os nossos corações e mentes estejam abertos. Em vez de nos avaliarmos continuamente, comparando, resistindo, ficando obcecados e distorcendo os fatos, ficamos simplesmente abertos. Estamos atentos para observar a nós mesmos e às nossas vidas exatamente como são, em toda a nossa glória e ignomínia. Assim, podemos amar toda a criação, incluindo nós mesmos, sem exceção.

Conforme caminhamos por triunfos e tragédias de nossas vidas, o nosso relacionamento com o mundo é bondoso. Sentimos a nossa interconexão com tudo e com todos. Tornamo-nos conscientes do momento presente, sem julgamento. Experimentamos o espectro completo da vida sem a necessidade de mudá-lo.

Não precisamos ser perfeitos para nos sentirmos bem conosco, nossa vida não precisa ser de uma determinada forma para ficarmos contentes. Cada um tem a capacidade de resiliência, crescimento e felicidade, simplesmente relacionando as novas experiências – sempre em surgimento – com a compaixão e com a apreciação. Se você for incapaz de mudar, se achar muito difícil – pelo fato de as forças de contraponto da nossa cultura serem muito fortes –, tenha imediatamente compaixão por esse sentimento e comece a partir daí. Cada novo momento apresenta uma oportunidade para uma forma radicalmente diferente de ser. Podemos abraçar tanto a alegria quanto a tristeza do ser humano e, assim, transformar as nossas vidas.

Notas

CAPÍTULO 1
Página

6 *vencendo no jogo da vida* Como exemplo, veja Sidney J. Blatt, "Dependency and Self-Criticism: Psychological Dimensions of Depression," Journal of Consulting and Clinical Psychology 50 (1982): 113–24.

8 *Apesar dos milhares de artigos* Para exemplo, veja Jennifer Crocker e Lora E. Park, "The Costly Pursuit of Self-Esteem," Psychological Bulletin 130 (2004): 392–414.

10 *Autocompaixão, por definição* Kristen D. Neff, "Self-Compassion: An Alternative Conceptualization of a Healthy Attitude Toward Oneself," Self and Identity 2 (2003): 85–102.

12 *"os seres humanos por natureza,"* Sua Santidade Tenzin Gyatso, *Kindness, Clarity and Insight* (Ithaca, NY: Snow Lion Publications, 1989).

A pesquisa que meus colegas e eu Para revisão, leia Neff, "Self-Compassion," in *Handbook of Individual Differences in Social Behavior*, ed. Mark R. Leary and Rick H. Hoyle (New York: Guilford Press, 2009), 561–73.

15 *Você pode determinar o seu nível preciso* Neff, "Development and Validation of a Scale to Measure Self-Compassion," Self and Identity 2 (2003): 223–50.

CAPÍTULO 2
Página

19 *Porque os seres humanos tendem a viver* Paul Gilbert, Human Nature and Suffering (Hove, UK: Erlbaum, 1989).

a frase "o efeito Lake Wobegon" Mark D. Alicke and Olesya Govorun, "The Better Than-Average Effect," in *The Self in Social Judgment*, ed. Mark D. Alicke, David A. Dunning, and Joachim I. Krueger (New York: Psychology Press, 2005), 85–106.

20 *Mesmo as pessoas que acabaram de causar* Caroline E. Preston and Stanley Harris, "Psychology of Drivers in Traffic Accidents," Journal of Applied Psychology 49 (1965): 284–88.

Ironicamente, a maioria das pessoas também pensa Emily Pronin, Thomas Gilovich, and Lee Ross, "Objectivity in the Eye of the Beholder: Divergent Perceptions of Bias in Self Versus Others," Psychological Review 111 (2004): 781–99.

20 *Uma pesquisa sugere que todas as pessoas que se autovalorizam* For example, see Constantine Sedikides, Lowell Gaertner, and Jack L. Vevea, "Evaluating the Evidence for Pancultural SelfEnhancement," Asian Journal of Social Psychology 10 (2007): 201–3.

o termo "comparação social descendente" Abraham Tesser, "Toward a Self-Evaluation Maintenance Model of Social Behavior," in The Self in Social Psychology, ed. Roy F. Baumeister (New York: Psychology Press, 1999), 446–60.

21 *o filme foi baseado no livro de não ficção* Rosalind Wiseman, *Meninas Malvadas*. (Rio de Janeiro: Best Seller, 2012).

24 *O nosso comportamento pode se tornar mais compreensível* Gilbert, "Compassion and Cruelty: A Biopsychosocial Approach," in *Compassion: Conceptualisations, Research and Use in Psychotherapy*, ed. Paul Gilbert (London: Routledge, 2005), 9–74.

25 *uma pesquisa mostra que os indivíduos que crescem* Sidney J. Blatt, *Experiences of Depression: Theoretical, Clinical, and Research Perspectives* (Washington, D.C.: American Psychological Association, 2004).

27 *Recentemente, realizamos um estudo nos Estados Unidos* Kristen D. Neff, "Development and Validation of a Scale to Measure Self-Compassion," Self and Identity 2 (2003): 223–50.

30 *a pesquisa mostra que as pessoas altamente autocríticas* Darcy A. Santor and David C. Zuroff, "Interpersonal Responses to Threats to Status and Interpersonal Relatedness: Effects of Dependency and Self-Criticism," British Journal of Clinical Psychology 36 (1997): 521–41.

"teoria da autoverificação" William B. Swann, *Self-Traps: The Elusive Quest for Higher Self-Esteem* (New York: W. H. Freeman, 1996).

33 *exteriorizar e liberar a dor emocional* Katie Williams, Paul Gilbert, and Kirsten McEwan, "Striving and Competing and Its Relationship to Self-Harm in Young Adults," International Journal of Cognitive Therapy 2 (2009): 282–91.

Uma série de estudos em larga escala Blatt, "The Destructiveness of Perfectionism: Implications for the Treatment of Depression," American Psychologist 50, (1995): 1003–20.

CAPÍTULO 3
Página

41   *Como já defini antes, a autocompaixão* Kristen D. Neff, "Self-Compassion: An Alternative Conceptualization of a Healthy Attitude Toward Oneself," Self and Identity 2 (2003): 85–102.

43   *instinto que diz: "Tome conta e seja amigo"* Shelley E. Taylor, *The Tending Instinct: How Nurturing Is Essential to Who We Are and How We Live* (New York: Holt, 2002).

44   *O conhecido psicólogo Harry Harlow* Harry F. Harlow, "The Nature of Love," American Psychologist 13 (1958): 573–685.

John Bowlby e outro influente psicólogo John Bowlby, *Apego e Perda. Vol. 1: Apego* (São Paulo: Martins Fontes, 2004).

criando uma insegurança profunda Klaus E. Grossmann, Karin Grossmann e Everett Waters, eds., *Apego da infância à idade adulta: os principais estudos longitudinais* (São Paulo: Roca, 2008)

Provavelmente, então, não é surpreendente Kristen D. Neff and Pittman McGehee, "Self-Compassion and Psychological Resilience Among Adolescents and Young Adults," Self and Identity 9 (2010): 225–40.

46   *Uma pessoa que teve essa conexão insegura* Cindy Hazan and Phillip R. Shaver, "Love and Work: An Attachment Theoretical Perspective," Journal of Personality and Social Psychology 59 (1990): 270–80.

48   *vínculo mãe-filho após o nascimento* R. Feldman et al., "Evidence for a Neuroendocrinological Foundation of Human Affiliation: Plasma Oxytocin Levels Across Pregnancy and the Postpartum Period Predict Mother-Infant Bonding," Psychological Science 18 (2007): 965–70.

A pesquisa mostrou também que esse nível elevado Uma ótima fonte de revisão na literatura sobre a ocitocina é http://www.oxytocin.org.

além de facilitar a capacidade de sentirmos empatia Helen Rockliff et al., "Effects of Intranasal Oxytocin on 'Compassion Focused Imagery' "

A ocitocina é liberada em diferentes situações sociais Julianne Holt-Lunstad, Wendy A. Birmingham, and Kathleen C. Light, "The Influence of a 'Warm Touch' Support Enhancement Intervention Among Married Couples on Ambulatory Blood Pressure, Oxytocin, Alpha Amylase and Cortisol," Psychosomatic Medicine 70 (2008): 976–85.

Devido ao fato de que os pensamentos e as emoções têm esse mesmo Dacher Keltner, "The Compassionate Instinct," The Greater Good 1 (2004): 6–9.

Embora esse sistema tenha se desenvolvido conforme a evolução humana Paul Gilbert, "Compassion and Cruelty: A Biopsychosocial Approach," in Compassion:

Conceptualisations, Research and Use in Psychotherapy, ed. Paul Gilbert (London: Routledge, 2005), 9-74.

Ao longo do tempo, o aumento dos níveis de cortisol Richard J. Davidson et al., "Depression: Perspectives from Affective Neuroscience," Annual Review of Psychology 53 (2002): 545-74.

Um estudo recente, utilizando a tecnologia da fMRI (imagem por ressonância magnética funcional), analisou reações ao fracasso pessoal Olivia Longe et al., "Having a Word with Yourself: Neural Correlates of Self-Criticism and Self-Reassurance," Neuroimage 49 (2009): 1849-56.

49 *A pesquisa indica que o contato físico* Para ver um excelente vídeo feito por um dos maiores pesquisadores sobre a ciência do contato em http://www.greatergoodscience.org, selecione "Videos and Podcasts," selecione "The Science of a Meaningful Life Video Series," e assista ao vídeo de apresentação do Dr. Dacher Keltner.

51 *Marshall Rosenberg, autor do livro best-seller* Marshall Rosenberg, *Comunicação Não-Violenta: técnicas para aprimorar relacionamentos pessoais* (São Paulo: Agora Editora, 2006).

54 *O poder de cura da autobondade* Allison C. Kelly, David C. Zuroff, and Leah B. Shapira, "Soothing Oneself and Resisting Self-Attacks: The Treatment of Two Intrapersonal Deficits in Depression Vulnerability," Cognitive Therapy Research 33 (2009): 301-13.

CAPÍTULO 4
Página

62 *Em vez de enquadrar sua imperfeição* Kristen D. Neff, "Development and Validation of a Scale to Measure Self-Compassion," Self and Identity 2 (2003): 223-50.

63 *mais separados e vulneráveis nos sentimos* Tara Brach, Radical Acceptance: Embracing Your Life with the Heart of a Buddha (New York: Bantam Books, 2003).

Abraham Maslow, psicólogo americano bem conhecido Abraham Maslow, Motivation and Personality (New York: Harper, 1954).

64 *Da mesma forma, o psicanalista Heinz Kohut* Heinz Kohut, *A análise do self* (Rio de Janeiro: Imago, 1988).

A solidão decorre do sentimento Roy F. Baumeister e Mark R. Leary, "The Need to Belong: Desire for Interpersonal Attachments as a Fundamental Human Motivation," Psychological Bulletin 117 (1995): 497-529.

A pesquisa indica que o isolamento social Como exemplo, ver Lisa F. Berkman, "The Role of Social Relations in Health Promotion," Psychosomatic Medicine 57 (1995): 245–54.

a participação em um grupo de apoio diminui David Spiegel et al., "Effect of Psychosocial Treatment on Survival of Patients with Metastatic Breast Cancer," Lancet 9 (1989): 888–91.

66   *Quando estamos profundamente ávidos em nos ver* Abraham Tesser, "Toward a Self-Evaluation Maintenance Model of Social Behavior," in Advances in Experimental Social Psychology, vol. 21, ed. Leonard Berkowitz (New York: Academic Press, 1988), 181–227.

Uma das consequências mais tristes Robert Pleban e Abraham Tesser, "The Effects of Relevance and Quality of Another's Performance on Interpersonal Closeness," Social Psychology Quarterly 44 (1981): 278–85.

67   *De acordo com a teoria da identidade social de Henri Tajfel* Henri Tajfel, "Social Identity and Intergroup Behaviour," Social Science Information 13 (1974): 65–93.

68   *A pesquisa de Tajfel mostrou* Tajfel, "Experiments in Intergroup Discrimination," Scientific American 223 (1970): 96–102.

Um estudo ilustra muito bem esse ponto Michael J. A. Wohl e Nyla R. Branscombe, "Forgiveness and Collective Guilt Assignment to Historical Perpetrator Groups Depend on Level of Social Category Inclusiveness," Journal of Personality and Social Psychology 88 (2005): 288–303.

69   *Há um programa maravilhoso* Para maior informação, acesse http://www.challengeday.org. Pode-se, também, assistir ao videoclipe do exercício descrito fazendo uma busca no YouTube por "The Teen Files—Part 2: Lines That Divide Us".

71   *Uma pesquisa indica que os perfeccionistas* Gordon L. Flett e Paul L. Hewitt, Perfectionism: Theory, Research, and Treatment (Washington, D.C.: American Psychological Association, 2002).

Uma personagem muito popular no YouTube, Kelly O Vídeo por Liam Sullivan, chamado "Let Me Borrow That Top" pode ser visto fazendo-se uma busca com esse título no YouTube.

72   *Se você é um poeta* Thich Nhat Hahn, *Vivendo em paz* (São Paulo: Pensamento, 1996).

73   *É útil estabelecer aqui uma distinção* Joseph Goldstein e Jack Kornfield, *Buscando a essência da sabedoria: o caminho da meditação perceptiva* (São Paulo: Roca, 1995).

CAPÍTULO 5

Página

98   *Muitas centenas de estudos já mostraram* Kirk W. Brown e Richard M. Ryan, "The Benefits of Being Present: Mindfulness and Its Role in Psychological WellBeing," Journal of Personality and Social Psychology 84(2003): 822–48.

98   *Por exemplo, usando a tecnologia FMRI, foram escaneados cérebros* J. David Creswell et al., "Neural Correlates of Dispositional Mindfulness During Affect Labeling," Psychosomatic Medicine 69 (2007): 560–65.

99   *O programa de Jon Kabat-Zinn, MBSR – Mindfulness-Based Stress Reduction (A Redução do Estresse Baseada na Atenção Plena)* Jon Kabat-Zinn, Full Catastrophe Living: Using the Wisdom of Your Body and Mind to Face Stress, Pain, and Illness (New York: Dell Publishing, 1991).

A pesquisa mostrou que aprender a ser Alberto Chiesa e Alessandro Serretti, "Mindfulness-Based Stress Reduction for Stress Management in Healthy People: A Review and Meta-Analysis," Journal of Alternative and Complementary Medicine 15 (2009): 593–600.

A MBSR também ajuda as pessoas a lidarem com a dor crônica Kabat-Zinn, "An Outpatient Program in Behavioral Medicine for Chronic Pain Patients on the Practice of Mindfulness Meditation: Theoretical Considerations and Preliminary Results," General Hospital Psychiatry 4 (1982): 33–47.

101   *curso de MBSR durante as oito semanas aumenta os níveis de autocompaixão* Shauna L. Shapiro, Kirk W. Brown e Gina Biegel, "Teaching Self-Care to Caregivers: Effects of Mindfulness-Based Stress Reduction on the Mental Health of Therapists in Training," Training and Education in Professional Psychology 1 (2007): 105–15.

mais autocompaixão do que aquelas que são Kevin M. Orzech et al., "Intensive Mindfulness Training-Related Changes in Cognitive and Emotional Experience," Journal of Positive Psychology 4 (2009): 212–22.

103   *O diário é uma maneira eficaz* Joshua M. Smyth, "Written Emotional Expression: Effect Sizes, Outcome Types, and Moderating Variables," Journal of Consulting and Clinical Psychology 66 (1998): 174–84.

CAPÍTULO 6

Página

110   *Uma das descobertas mais fortes e consistentes* Kristen D. Neff, "Self-Compassion," in Handbook of Individual Differences in Social Behavior, ed. Mark R. Leary and Rick H. Hoyle (New York: Guilford Press, 2009), 561–73.

Uma pesquisa demonstrou que o nosso cérebro Tiffany A. Ito et al., "Negative Information Weighs More Heavily on the Brain: The Negativity Bias in Evaluative Categorizations," Journal of Personality and Social Psychology 75 (1998): 887–900.

111   pode causar depressão e ansiedade Jay K. Brinker e David J. A. Dozois, "Ruminative Thought Style and Depressed Mood," Journal of Clinical Psychology 65 (2009): 1–19.

Algumas pesquisas indicam que as mulheres são muito mais Susan Nolen-Hoeksema, "Responses to Depression and Their Effects on the Duration of Depressive Episodes," Journal of Abnormal Psychology 100 (1991): 569–82.

112   *pessoas que são autocompassivas tendem a ter* Kristen D. Neff, Stephanie S. Rude e Kristin L. Kirkpatrick, "An Examination of Self-Compassion in Relation to Positive Psychological Functioning and Personality Traits," Journal of Research in Personality 41 (2007): 908–16.

porque descobriram que as pessoas autocompassivas Neff, "Development and Validation of a Scale to Measure Self-Compassion," Self and Identity 2 (2003): 223–50.

114   *os pesquisadores pediram aos participantes para identificarem* Martina Di Simplicio et al., "Oxytocin Enhances Processing of Positive Versus Negative Emotional Information in Healthy Male Volunteers," Journal of Psychopharmacology 23 (2009): 241–48.

116   *Num estudo clássico* Daniel M. Wegner et al., "Paradoxical Effects of Thought Suppression," Journal of Personality and Social Psychology 53 (1987): 5–13.

117   *As pesquisas mostram que as pessoas com nível* Neff, "Development and Validation."

122   *Conforme definido no influente livro de Daniel Goleman* Daniel Goleman, *Inteligência Emocional* (Rio de Janeiro: Objetiva, 1996)

123   *pessoas que são mais autocompassivas têm maior* Neff, "Development and Validation."

reação das pessoas em relação a uma tarefa estranha Mark R. Leary et al., "Self-Compassion and Reactions to Unpleasant Self-Relevant Events: The Implications of Treating Oneself Kindly," Journal of Personality and Social Psychology 92 (2007): 887–904.

informar sobre problemas vividos Ibid.

Os pesquisadores mediram os níveis de cortisol Helen Rockliff et al, "A Pilot Exploration of Heart Rate Variability and Salivary Cortisol Responses to Compassion-Focused Imagery," Clinical Neuropsychiatry 5 (2008): 132–39.

124 *O TEPT é uma reação emocional grave e permanente* American Psychiatric Association, Diagnostic and Statistical Manual of Mental Disorders: DSM-IV (Washington, D.C.: American Psychiatric Association, 1994).

numa pesquisa com estudantes universitários que apresentaram Brian L. Thompson e Jennifer Waltz, "Self-Compassion and PTSD Symptom Severity," Journal of Traumatic Stress 21 (2008): 556–58.

Paul Gilbert, um clínico da Universidade de Derby Paul Gilbert, The Compassionate Mind (London: Constable, 2009).

Assim, esse medo da compaixão age como um obstáculo Gilbert et al., "Fear of Compassion: Development of a Self-Report Measure," Psychology and Psychotherapy: Theory, Research and Practice (forthcoming).

129 *Em um estudo sobre a eficácia da TMC* Paul Gilbert e Sue Procter, "Compassionate Mind Training for People with High Shame and Self-Criticism: Overview and Pilot Study of a Group Therapy Approach," Clinical Psychology & Psychotherapy 13 (2006): 353–79.

131 *Ele escreveu o livro maravilhoso* Chris K. Germer, The Mindful Path to Self-Compassion (New York: Guilford Press, 2009).

CAPÍTULO 7
Página
136 *É claro, isso não impediu que a Força-Tarefa* Andrew M. Mecca, Neil J. Smelser, and John Vasconcellos, eds., The Social Importance of Self-Esteem (Berkeley: University of California Press, 1989).

137 *Em uma revisão influente da literatura sobre autoestima* Roy F. Baumeister et al., "Does High Self-Esteem Cause Better Performance, Interpersonal Success, Happiness, or Healthier Lifestyles?," Psychological Science in the Public Interest 4 (2003): 1–44.

abaixo da média em um teste de inteligência Todd F. Heatherton e Kathleen D. Vohs, "Interpersonal Evaluations Following Threats to Self: Role of Self-Esteem," Journal of Personality and Social Psychology 78 (2000): 725–36.

138 *William James, um dos fundadores* William James, Principles of Psychology (Chicago: Encyclopedia Britannica, 1890).

139 *Charles Horton Cooley, um conhecido sociólogo* Charles Horton Cooley, Human Nature and the Social Order (New York: Charles Scribner, 1902).

Uma pesquisa mostra que a autoestima é fortemente Susan Harter, The Construction of the Self: A Developmental Perspective (New York: Guilford Press, 1999).

140   *investigadores examinaram como estudantes universitários* Duane Buhrmester et al., "Five Domains of Interpersonal Competence in Peer Relationships," Journal of Personality and Social Psychology 55 (1988): 991–1008.

pessoas com elevada autoestima são mais confiantes Jonathan D. Brown, "Self--Esteem and Self-Evaluation: Feeling Is Believing," in Psychological Perspectives on the Self, ed. J. Suls (Hillsdale, NJ: Erlbaum, 1993), 27–58.

142   *Inventário da Personalidade Narcisista* Robert Raskin e Howard Terry, "A Principal Components Analysis of the Narcissistic Personality Inventory and Further Evidence of Its Construct Validity," Journal of Personality and Social Psychology 54 (1988): 890–902.

Mas os narcisistas são pegos, na verdade, numa armadilha social W. Keith Campbell e Laura E. Buffardi, "The Lure of the Noisy Ego: Narcissism as a Social Trap," in Transcending Self-Interest: Psychological Explorations of the Quiet Ego, ed. Heidi A. Wayment and Jack J. Bauer (Washington: American Psychological Association, 2008), 23–32.

Acontece que os narcisistas acham que são maravilhosos Jean M. Twenge e W. Keith Campbell, The Narcissism Epidemic: Living in the Age of Entitlement (New York: Free Press, 2009).

143   *Quando Paris Hilton afirmou* Como foi dito ao Sunday Times (Londres), em 16 de julho de 2006.

Num estudo clássico Brad J. Bushman e Roy F. Baumeister, "Threatened Egotism, Narcissism, Self-Esteem, and Direct and Displaced Aggression: Does SelfLove or Self-Hate Lead to Violence?" Journal of Personality and Social Psychology 75 (1998): 219–29.

Esse padrão ajuda a explicar por que o médico Otto G. Kernberg, Aggressivity, Narcissism, and Self-Destructiveness in the Psychotherapeutic Relationship: New Developments in the Psychopathology and Psychotherapy of Severe Personality Disorders (New Haven, CT: Yale University Press, 2004).

145   *O método mais comumente usado para medir* Morris Rosenberg, Society and the Adolescent SelfImage (Princeton, NJ: Princeton University Press, 1965).

146   *Jean Twenge escreveu sobre essa tendência* Twenge, Generation Me: Why Today's Young Americans Are More Confident, Assertive, Entitled—and More Miserable Than Ever Before (New York: Free Press, 2006).

147   *Um estudo descobriu que 48%* Linda J. Sax et al., The American Freshman: National Norms for Fall 2004 (Los Angeles: UCLA, Higher Education Research Institute, 2004).

Twenge e suas colegas examinaram as pontuações Twenge et al., "Egos Inflating Over Time: A Cross-Temporal Meta-analysis of the Narcissistic Personality Inventory," Journal of Personality 76 (2008): 875–902.

Entender a epidemia do narcisismo Twenge and Campbell, The Narcissism Epidemic.

148   *Tal elogio, dado por professores* Martin E. Seligman, The Optimistic Child (Boston: Houghton Mifflin, 1995).

Várias áreas comuns da autoestima contingente Jennifer Crocker et al., "Contingencies of Self-Worth in College Students: Theory and Measurement," Journal of Personality and Social Psychology 85 (2003): 894–908.

149   *A pesquisa mostra que, quanto mais seu sentimento de autoestima* Jennifer Crocker, Samuel R. Sommers e Riia K. Luhtanen, "Hopes Dashed and Dreams Fulfilled: Contingencies of SelfWorth and Admissions to Graduate School," Personality and Social Psychology Bulletin 28 (2002): 1275–86.

150   *Os psicólogos se referem a esse processo como* Philip Brickman e Donald Campbell, "Hedonic Relativism and Planning the Good Society," in Adaptation Level Theory: A Symposium, ed. Mortimer H. Apley (New York: Academic Press, 1971), 287–302.

153   *Por exemplo, num estudo que meus colegas e eu realizamos* Kristen D. Neff, Stephanie S. Rude e Kristin Kirkpatrick, "An Examination of Self-Compassion in Relation to Positive Psychological Functioning and Personality Traits," Journal of Research in Personality 41 (2007): 908–16.

154   *Outro estudo solicitava que as pessoas imaginassem* Mark R. Leary et al., "Self-Compassion and Reactions to Unpleasant Self-Relevant Events: The Implications of Treating Oneself Kindly," Journal of Personality and Social Psychology 92 (2007): 887–904.

155   *Recentemente, meu colega Roos Vonk e eu* Kristen D. Neff e Roos Vonk, "SelfCompassion Versus Global Self-Esteem: Two Different Ways of Relating to Oneself," Journal of Personality 77 (2009): 23–50.

CAPÍTULO 8
Página
162   *Dezenas de estudos confirmaram* Albert Bandura, Self-Efficacy: The Exercise of Control (New York: Freeman, 1997).

seguiram mais de duzentos Thomas D. Kane et al., "Self-Efficacy, Personal Goals, and Wrestlers' Self-Regulation," Journal of Sport & Exercise Psychology 18 (1996): 36–48.

163 *informar o progresso que tinham feito* Theodore A. Powers, Richard Koestner e David C. Zuroff, "Self-Criticism, Goal Motivation, and Goal Progress," Journal of Social and Clinical Psychology 26 (2007): 826–40.

166 *Buda se refere à qualidade motivacional* Extraído de uma palestra do Ajahn Brahmavamso no Monastério Bodhinyana, 7 fev 2001.

168 *examinamos como as pessoas reagiram* Kristen D. Neff, "Development and Validation of a Scale to Measure Self-Compassion," Self and Identity 2 (2003): 223–50.

Descobrimos que as pessoas com autocompaixão Kristen D. Neff, Stephanie S. Rude e Kristin Kirkpatrick, "An Examination of Self-Compassion in Relation to Positive Psychological Functioning and Personality Traits," Journal of Research in Personality 41 (2007): 908–16.

A psicóloga e pesquisadora Carol Dweck Carol S. Dweck, *Mindset: a nova psicologia do sucesso* (Rio de Janeiro: Objetiva, 2017).

170 *Como você pode suspeitar, nossa pesquisa concluiu* Kristen D. Neff, Ya-Ping Hseih e Kullaya Dejittherat, "Self-Compassion, Achievement Goals, and Coping with Academic Failure," Self and Identity 4 (2005): 263–87.

Entre um grupo de estudantes universitários Ibid.

o fracasso é menos propenso a danificar Ibid.

tendem a reorientar a sua energia Michelle E. Neely et al., "Self-Kindness When Facing Stress: The Role of Self-Compassion, Goal Regulation, and Support in College Students' Well-Being," Motivation and Emotion 33 (2009): 88–97.

costumam procrastinar menos de que as Jeannetta G. Williams, Shannon K. Stark e Erica E. Foster, "Start Today or the Very Last Day? The Relationships Among Self-Compassion, Motivation, and Procrastination," American Journal of Psychological Research 4 (2008): 37–44.

173 *pessoas autocompassivas tendem a ser mais autênticas* Neff, "Development and Validation."

175 *Uma pesquisa mostra que a percepção da própria atratividade dos meninos* Susan Harter, The Construction of the Self: A Developmental Perspective (New York: Guilford Press, 1999).

O problema é que os padrões de beleza feminina April E. Fallon e Paul Rozin, "Sex Differences in Perceptions of Desirable Body Shape," Journal of Abnormal Psychology 94, (1985): 102–5.

a pesquisa indica que quatro em cada cinco Brenda L. Spitzer, Katherine A. Henderson e Marilyn T. Zivian, "Gender Differences in Population Versus Media Body Sizes: A Comparison Over Four Decades, Sex Roles 40 (1999): 545–65.

Quase 50% de todas as meninas Kristina Thomas, Lina A. Ricciardelli e Robert J. Williams, "Gender Traits and Self-Concept as Indicators of Problem Eating and Body Dissatisfaction Among Children, Sex Roles 43 (2000): 441–58.

176   *Para alguns, a obsessão com a magreza* Laurie B. Mintz e Nancy E. Betz, "Prevalence and Correlates of Eating Disordered Behaviors Among Undergraduate Women," Journal of Counseling Psychology 35 (1988): 463–71.

177   *Um estudo recente corrobora essa afirmação* Claire E. Adams e Mark R. Leary, "Promoting Self-Compassionate Attitudes Toward Eating Among Restrictive and Guilty Eaters," Journal of Social and Clinical Psychology 26 (2007): 1120–44.

178   *mulheres autocompassivas tendem a ter* Cathy M. R. Magnus, Kent C. Kowalski e Tara-Leigh F. McHugh, "The Role of Self-Compassion in Women's SelfDetermined Motives to Exercise and Exercise-Related Outcomes," Self and Identity (forthcoming).

pessoas autocompassivas são mais confortáveis Amber D. Mosewich, "Young Women Athletes' Self-Conscious Emotions and Self-Compassion" (master's thesis, University of Saskatchewan, Saskatoon, Saskatchewan, Canada, 2006).

Elas também são menos propensas a se preocupar Katie-Ann Berry, Kent C. Kowalski, Leah J. Ferguson e Tara-Leigh F. McHugh, "An Empirical Phenomenology of Young Adult Women Exercisers' Body Self-Compassion," Qualitative Research in Sport and Exercise (forthcoming).

A Oprah, cujos esforços de perda de peso têm sido foco Disponível em http://www.oprah.com. Acesso em 9 dez 2010.

180   *Uma pesquisa indica que as pessoas que sofrem* June P. Tangney et al., "Shamed into Anger? The Relation of Shame and Guilt to Anger and Self-Reported Aggression," Journal of Personality and Social Psychology 62 (1992): 669–75.

181   *criou um programa para homens emocionalmente* Para maiores informações sobre os programas de gerenciamento da raiva de Steven Stosny, acesse www.compassionpower.com.

Os participantes foram convidados a recordar Mark R. Leary et al., "Self-Compassion and Reactions to Unpleasant Self-Relevant Events: The Implications of Treating Oneself Kindly," Journal of Personality and Social Psychology 92 (2007): 887–904.

CAPÍTULO 9
Página
187   *No primeiro estudo que realizei* Kristen D. Neff, "Development and Validation of a Scale to Measure Self-Compassion," Self and Identity 2 (2003): 223–50.

188   *pessoas autocompassivas não tinham pontuação mais alta* Kristen D. Neff, Lisa M. Yarnell e Elizabeth Pommier, The Relationship between Self-Compassion and Other-Focused Concern (submitted for publication).

189   *as mulheres tendem a ter níveis de autocompaixão um pouco menores* Neff, "Development and Validation."

as mulheres tendem a ser mais solidárias Nancy Eisenberg, "Empathy," in Encyclopedia of Psychology, Vol. 3, ed. Alan E. Kazdin (Washington, D.C.: American Psychological Association, 2000), 179–82.

Possa falar objetivamente, tudo bem Dana Crowley Jack, Silencing the Self: Women and Depression (Cambridge, MA: Harvard University Press, 1991).

190   *objetivos diferentes em relação às suas amizades* Jennifer Crocker e Amy Canevello, "Creating and Undermining Social Support in Communal Relationships: The Role of Compassionate and Self-Image Goals," Journal of Personality and Social Psychology 95 (2008): 555–75.

191   *são mais propensas a se envolverem na tomada da perspectiva* Neff, Yarnell e Pommier, The Relationship between Self-Compassion and Other-Focused Concern.

nos permite sentir a dor dos outros sem se deixar Ibid.

192   *Concentrar ao máximo a nossa energia para ajudar os outros* Charles R. Figley, Compassion Fatigue: Coping with Secondary Traumatic Stress Disorder in Those Who Treat the Traumatized (Philadelphia: Brunner/Mazel, 1995).

Estima-se que cerca de um quarto Beth H. Stamm, "Work-Related Secondary Traumatic Stress," PTSD Research Quarterly 19 (1997): 49–64.

Entre aqueles que trabalham com sobreviventes David F. Wee e Diane Myers, "Stress Responses of Mental Health Workers Following Disaster: The Oklahoma City Bombing," in Treating Compassion Fatigue, ed. Charles R. Figley (New York: Brunner-Routledge, 2002), 57–84.

cuidadores que foram treinados Shauna L. Shapiro et al., "Mindfulness-Based Stress Reduction for Health Care Professionals: Results from a Randomized Trial," International Journal of Stress Management 12 (2005): 164-76.

autocompaixão leva à maior Ron Ringenbach, "A Comparison between Counselors Who Practice Meditation and Those Who Do Not on Compassion Fatigue, Compassion Satisfaction, Burnout and Self-Compassion," Dissertation Abstracts International (2009) AAT 3361751.

193   *atos concretos do autocuidado* Figley, Compassion Fatigue.

195   *ligação direta entre a autocompaixão e o perdão* Neff, Yarnell e Pommier, The Relationship between Self-Compassion and Other-Focused Concern.

205   *Um estudo recente de Richie Davidson* Richie Davidson, "Changing the Brain by Transforming the Mind. The Impact of Compassion Training on the Neural Systems of Emotion (paper presented at the Mind and Life Institute Conference, Investigating the Mind, Emory University, Atlanta, GA, October 2007).

CAPÍTULO 10
Página

211   *A nossa pesquisa mostra que a crítica contínua* Kristen D. Neff e Pittman McGehee, "SelfCompassion and Psychological Resilience Among Adolescents and Young Adults," Self and Identity 9 (2010): 225-40.

213   *O programa é chamado ACP* Rebecca Coleman, Mindful Awareness Parenting (MAP™) Instructor Manual (Australia: Wiseheart Consulting & Publishing, 2009).

217   *Para piorar as coisas, a introspecção* Daniel K. Lapsley et al., "Separation Individuation and the 'New Look' at the Imaginary Audience and Personal Fable: A Test of an Integrative Model," Journal of Adolescent Research 4 (1989): 483-505.

218   *A nossa pesquisa mostra que os adolescentes* Neff e McGehee, "Self-Compassion and Psychological Resilience."

CAPÍTULO 11
Página

225   *O psicólogo e pesquisador* John Gottman John Gottman, The Marriage Clinic: A Scientifically Based Marital Therapy (New York: Norton Press, 1999).

226 *Felizmente, Gottman também identificou fatores* Gottman et al., "Predicting Marital Happiness and Stability from Newly Wed Interactions," Journal of Marriage and the Family 60 (1998): 5–22.

228 *Um colega e eu recentemente realizamos um estudo* Kristen D. Neff e S. Natasha Beretvas, The Role of Self-Compassion in Healthy Relationship Interactions (submitted for publication).

Muitas vezes, as pessoas ficam com raiva Steven R. H. Beach et al., "Self-Evaluation Maintenance in Marriage: Toward a Performance Ecology of the Marital Relationship," Journal of Family Psychology 10 (1996): 379–96.

229 *quando a autoestima vem sob a forma* W. Keith Campbell, Craig A. Foster e Eli J. Finkel, "Does Self-Love Lead to Love for Others? A Story of Narcissistic Game Playing," Journal of Personality and Social Psychology 83 (2002): 340–54.

237 *Aproximadamente dois terços das canções* Brian A. Primack et al., "Degrading and Nondegrading Sex in Popular Music: A Content Analysis," Public Health Reports 123 (2008): 593–600.

"Algumas horas depois, enquanto se preparava" Laura S. Stepp, Unhooked: How Young Women Pursue Sex, Delay Love, and Lose at Both (New York: Riverhead Books, 2007).

Quase um quarto das meninas adolescentes Peter S. Bearman e Hannah Brückner, "Promising the Future: Virginity Pledges and First Intercourse," American Journal of Sociology 106 (2001): 859–912.

Vários estudos, em larga escala, descobriram que Janet E. Rosenbaum, "Patient Teenagers? A Comparison of the Sexual Behavior of Virginity Pledgers and Matched Nonpledgers," Pediatrics 123 (2009): 110–20.

240 *Um estudo reuniu um grupo* R. Gina Silverstein e Willoughby B. Britton, "Get Out of Your Mind and into Your Body: The Role of Mindfulness in the Treatment of Female Sexual Dysfunction" (poster presented at the Sixth World Congress of Behavioral and Cognitive Therapies, Boston, MA, June 2010).

CAPÍTULO 12
Página
250 *tendências à ação específica* Richard S. Lazarus, Emotion and Adaptation (New York: Oxford University Press, 1991).

251 *teoria chamada ampliando-e-construindo* Barbara L. Fredrickson, "The Role of Positive Emotions in Positive Psychology: The Broaden-and-Build Theory of Positive Emotions," American Psychologist 56 (2001): 218–26.

"A positividade nos abre" Fredrickson, Positivity (New York: Crown, 2009).

254 Recentemente, Fredrickson e colegas ficaram Fredrickson et al., "Open Hearts Build Lives: Positive Emotions, Induced Through Meditation, Build Consequential Personal Resources," Journal of Personality and Social Psychology 95 (2008): 1045–62.

Da mesma forma, um estudo de fMRI por Richie Davidson Antoine Lutz et al., "LongTerm Meditators Self-Induce High-Amplitude Gamma Synchrony During Mental Practice," Proceedings of the National Academy of Sciences, USA 101 (2004): 16369– 73.

255 podem ajudar a maximizar a saúde e o bem-estar Martin E. Seligman e Mihaly Csikzentmihalyi, "Positive Psychology: An Introduction," American Psychologist 55 (2000): 5–14.

pessoas autocompassivas experimentam sentimentos mais positivos Kristen D. Neff, Stephanie S. Rude e Kristin Kirkpatrick, "An Examination of Self-Compassion in Relation to Positive Psychological Functioning and Personality Traits," Journal of Research in Personality 41 (2007): 908–16.

pessoas autocompassivas são muito mais otimistas Ibid.

256 pessoas autocompassivas tendem a ser mais curiosas Ibid.

demonstramos essa descoberta entre pessoas que vivem Kristen D. Neff, Kasom Pisitsungkagarn e YaPing Hseih, "Self-Compassion and Self-Construal in the United States, Thailand, and Taiwan," Journal of Cross-Cultural Psychology 39 (2008): 267–85.

CAPÍTULO 13
Página
276 muitos psicólogos argumentam que temos David T. Lykken, Felicidade (Rio de Janeiro: Objetiva, 1999).

277 Lyubomirsky entende que vários elementos-chave Sonia Lyubomirsky, A Ciência da Felicidade (Rio de Janeiro: Elsevier, 2008).

Estudos mostram que indivíduos que são gratos Robert A. Emmons, Agradeça e seja feliz: como a ciência da gratidão pode mudar sua vida para melhor (Rio de Janeiro: Best Seller, 2009).

os pesquisadores solicitaram a um grupo de estudantes de graduação Robert A. Emmons e Michael E. McCullough, "Counting Blessings Versus Burdens: An Experimental Investigation of Gratitude and Subjective Well-Being in Daily Life," Journal of Personality and Social Psychology 84 (2003): 377–89.

280 *o efeito que o saborear tem no bem-estar* Fred B. Bryant, "Savoring Beliefs Inventory (SBI): A Scale for Measuring Beliefs About Savoring," Journal of Mental Health 12 (2003): 175–96.

as pessoas foram convidadas a dar uma caminhada de vinte minutos Fred B. Bryant e Joseph Veroff, Savoring: A New Model of Positive Experiences (Mahwah, NJ: Lawrence Erlbaum, 2007).

Índice de exercícios

Como você reage a si mesmo e à sua vida?..................22
Explorando a autocompaixão por meio da escrita de uma carta..........24
Vendo-se como você é..................29
O Crítico, o Criticado e o Observador Compassivo..................42
A prática do abraço..................54
Mudando sua autoconversa crítica..................57
Deixando de lado nossas autodefinições e identificando nossa interconectividade..................80
A prática da percepção..................94
Trabalhando a dor com atenção plena..................99
Atenção plena na vida diária..................105
Diário da autocompaixão..................107
Lidando com emoções difíceis no corpo: Suavizando, Aliviando, Permitindo..................117
Desenvolvendo seu próprio mantra de autocompaixão..................123
Usando o compassivo imaginário..................131
Varredura compassiva do corpo..................134
Identificando o trapaceiro..................158
Identificar o que realmente queremos..................167
Autocompaixão e procrastinação..................171
A autocompaixão e o nosso corpo..................179
Cuidar do cuidador..................192
Perdoando alguém que nos machucou..................198
Direcionando a benevolência para o nosso sofrimento..................201
Ter compaixão por nossos erros como pais..................207
Usar o canto do CARINHO com seu filho..................212
Identificando seus padrões de relacionamento..................222

Fazendo uma pausa para a autocompaixão 231
Liberando-se da vergonha sexual 236
Transformando a negatividade. 245
Uma caminhada prazerosa 250
Encontre o conteúdo de prata 261
Apreciando-se 269
Manter um diário de gratidão 273
Saborear o momento 275

Sumário detalhado

PARTE UM: POR QUE AUTOCOMPAIXÃO?

    CAPÍTULO UM: DESCOBRINDO A AUTOCOMPAIXÃO 12
        Espelhos distorcidos. 13
        O preço do autojulgamento 14
        Outra maneira 15
        Compaixão pelos outros 17
        Compaixão por nós mesmos 19

    CAPÍTULO DOIS: ACABANDO COM A LOUCURA 26
        A necessidade de se sentir melhor do que os outros. 27
        Por que é tão difícil pararmos de nos maltratar? 31
        O papel dos pais 32
        O papel da cultura 34
        Um meio para um fim 35
        Uma profecia autorrealizável. 37
        Minha história: abandonada e indigna de ser amada. 38
        O quanto pode ficar ruim?. 40
        A saída 41

PARTE DOIS: OS PRINCIPAIS COMPONENTES DA AUTOCOMPAIXÃO

    CAPÍTULO TRÊS: SER GENTIL CONSIGO MESMO 46
        O caminho da autobondade 46
        O sistema de conexão e de cuidado. 48
        A química do cuidado .52
        O poder de uma carícia gentil 55
        Minha história: errar é humano 60
        Um dom precioso 65

    CAPÍTULO QUATRO: ESTAMOS JUNTOS NESSA. 66
        Isolado e sozinho. 67
        A necessidade de pertencer 68
        O jogo da comparação .70

    Nós contra eles 72
    A ilusão da perfeição. 75
    Interconectividade 77
    Minha história: afinal, o que é normal?. 81
  Capítulo cinco: Estar plenamente atento ao que é 85
    Parar para observar momentos de sofrimento 85
    Fugindo de sentimentos dolorosos 87
    Consciência da consciência. 90
    Brilhando a luz da consciência. 92
    Responder é melhor que reagir. 95
    Sofrimento = dor x resistência 98
    O que está fora do nosso controle. 100
    Aprender a ficar plenamente atento. 103
    Três portas para entrar 106
    Minha história: ultrapassando os tempos sombrios 109
Parte três: Os benefícios da autocompaixão
  Capítulo seis: A resiliência emocional 112
    Libertando-se dos laços. 114
    Sentindo tudo 118
    Uma viagem para a totalidade. 120
    A autocompaixão e a inteligência emocional 124
    O poder de cura da autocompaixão. 127
    Treinamento para a mente compassiva 129
    Autocompaixão plenamente consciente 132
  Capítulo sete: Saindo do jogo da autoestima. 137
    O imperador está nu 138
    Seja como for, o que é mesmo autoestima? 139
    Espelho, espelho meu 141
    O lago de Narciso 143
    O elogio indiscriminado. 146
    A autovaloração contingente 150
    Confundindo o mapa com o território. 152
    Autocompaixão versus autoestima 153

Sumário detalhado

LIBERDADE DO EGO 159
CAPÍTULO OITO: MOTIVAÇÃO E CRESCIMENTO PESSOAL 160
   O CHICOTE QUE DESMORALIZA 161
   PORQUE VOCÊ SE IMPORTA 166
   AUTOCOMPAIXÃO, APRENDIZADO E CRESCIMENTO PESSOAL 168
   PROCURANDO A VERDADEIRA FELICIDADE. 173
   A AUTOCOMPAIXÃO E O NOSSO CORPO 175
   AUTOCLAREZA E AUTOAPERFEIÇOAMENTO. 180
   MINHA HISTÓRIA: AINDA TENTANDO DEPOIS DE TODOS ESSES ANOS 182

PARTE QUATRO: A AUTOCOMPAIXÃO EM RELAÇÃO AOS OUTROS

   CAPÍTULO NOVE: COMPAIXÃO PELOS OUTROS 186
      COLOCANDO AS COISAS EM PERSPECTIVA 188
      A FADIGA DA COMPAIXÃO 190
      A AUTOCOMPAIXÃO E O PERDÃO. 193
      MINHA HISTÓRIA: PERDOAR É DIVINO 194
      CULTIVANDO A BONDADE AMOROSA 199

   CAPÍTULO DEZ: PAIS AUTOCOMPASSIVOS 205
      COMPAIXÃO POR SERMOS PAIS E MÃES IMPERFEITOS 205
      CORRIGINDO SEU FILHO AO INCENTIVAR A AUTOCOMPAIXÃO 208
      PAIS DE CRIANÇAS PEQUENAS 210
      PAIS DE ADOLESCENTES 214
      MINHA HISTÓRIA: SER MÃE DO ROWAN. 216

   CAPÍTULO ONZE: AMOR E SEXO 219
      AMOR E ROMANCE. 219
      DINÂMICA DO RELACIONAMENTO 223
      OS BENEFÍCIOS DA AUTOCOMPAIXÃO NO RELACIONAMENTO. 226
      MINHA HISTÓRIA: PROMETO AJUDAR VOCÊ A TER COMPAIXÃO POR SI MESMO . . 228
      A AUTOCOMPAIXÃO NA CAMA 233
      MINHA HISTÓRIA: A CURA SEXUAL 238

PARTE CINCO: WA ALEGRIA DA AUTOCOMPAIXÃO   241

   CAPÍTULO DOZE: A BORBOLETA EMERGE 242
      SINCERIDADE 242

    Mente aberta 246
    A autocompaixão e a Psicologia Positiva 251
    Celebrando a experiência humana 253
    Minha história: o menino do cavalo 254

Capítulo treze: Autoapreciação 263
    Apreciando o nosso lado bom 263
    Alegria solidária 266
    As raízes da autoapreciação 267
    Autoapreciação versus autoestima 270
    Apreciar o que é bom em nossas vidas 271
    Agradecendo e saboreando 272
        Agradecer 272
        Saborear 274
    O dom que continua a doar 276

Conclusão   278

Notas 279

ESCALA DE AUTOCOMPAIXÃO

Como eu geralmente lido comigo em momentos difíceis

Por favor, leia com cuidado antes de responder. Para cada frase, marque o número que mostra com que frequência você se comporta da forma descrita. Use a escala de 1 até 5 para marcar sua escolha: 1 corresponde a "quase nunca" (QN) e 5 significa "quase sempre" (QS). Não existem respostas certas ou erradas. Gostaríamos de sua opinião pessoal. Você pode escolher qualquer número de 1 até 5.

Por favor, para cada frase, marque com um "X" a sua resposta.	QN 1	2	3	4	QS 5
1. Sou realmente crítico e severo com meus próprios erros e defeitos.					
2. Quando fico "pra baixo", não consigo parar de pensar em tudo que está errado comigo.					
3. Quando as coisas vão mal para mim, vejo as dificuldades como parte da vida e que acontecem com todo mundo.					
4. Quando penso nos meus defeitos, eu me sinto realmente isolado do resto do mundo.					
5. Tento ser amável comigo quando me sinto emocionalmente mal.					
6. Quando eu falho em algo importante para mim, fico totalmente consumido por sentimentos de incompetência.					
7. Quando me sinto realmente mal, lembro que há outras pessoas no mundo se sentindo como eu.					
8. Quando as coisas estão realmente difíceis, costumo ser duro comigo mesmo.					
9. Quando algo me deixa aborrecido, tento buscar equilíbrio emocional.					
10. Quando percebo que fui inadequado, tento lembrar que a maioria das pessoas também passa por isso.					
11. Sou intolerante e impaciente com os aspectos de que não gosto na minha personalidade.					

Por favor, para cada frase, marque com um "X" a sua resposta.	QN 1	2	3	4	QS 5
12. Quando estou passando por um momento realmente difícil, eu me dou o apoio e o cuidado de que preciso.					
13. Quando fico "pra baixo", sinto que a maioria das pessoas é mais feliz do que eu.					
14. Quando algo doloroso acontece, tento ver a situação de forma equilibrada.					
15. Tento entender meus defeitos como parte da condição humana.					
16. Quando vejo características que eu não gosto em mim, sou duro comigo mesmo.					
17. Quando eu falho em algo importante para mim, tento ver as coisas por outro ângulo.					
18. Quando passo por dificuldades emocionais, costumo pensar que as coisas são mais fáceis para as outras pessoas.					
19. Sou bondoso comigo quando estou passando por algum sofrimento.					
20. Quando algo me deixa incomodado, sou completamente tomado por sentimentos negativos.					
21. Costumo ser um pouco insensível comigo quando estou sofrendo.					
22. Quando fico "pra baixo", tento aceitar e entender meus sentimentos.					
23. Sou compreensivo com meus próprios erros e defeitos.					
24. Quando algo doloroso acontece comigo, costumo reagir de forma exagerada.					
25. Quando eu falho em algo importante para mim, costumo me sentir muito sozinho nessa situação.					
26. Tento ser compreensivo e paciente com os aspectos da minha personalidade dos quais não gosto.					

(Original de Neff, 2003; para o Brasil por Souza e Hutz, 2016 – versão atualizada)

Preencha a escala online em: www.lucidaletra.com.br/pages/autocompaixao

O selo eu**reciclo** faz a compensação ambiental das embalagens usadas pela Editora Lúcida Letra.

Que muitos seres sejam beneficiados

Impresso na gráfica da Editora Vozes, utilizando-se as fontes Alegreya e Flamenco.